本书获外交学院中央高校
基本科研业务费专项资金资助

美国社会运动的政治过程

POLITICAL PROCESS OF THE AMERICAN SOCIAL MOVEMENTS

杨 悦◎著

社会科学文献出版社
SOCIAL SCIENCES ACADEMIC PRESS (CHINA)

序　言

在美国研究的领域里，近年来已经很少有人愿意下功夫从历史和理论的角度来深入探讨有关美国政治的问题了。中美关系、美国全球战略、美国的地区政策、美国同重要国家的双边关系等各种引人注目的热门题目，吸引了众多从事美国研究的学者的注意力，美国政治可以说成了一个相对冷清的研究领域。

若干年前，我在美国所建所20周年纪念会上发言时说，美国的中国研究专家同中国的美国研究专家的一个明显差别是，所有知名的美国中美关系专家首先都是研究中国国内政治的专家。例如，李侃如曾著书《治理中国》，兰普顿曾出版《改革时代的中国外交与安全政策决策，1978～2000》，哈里·哈丁则撰写了《中国第二次革命：后毛泽东时代的改革》。这样的例子不胜枚举。但在中国，前几年就有朋友对我戏言，鉴于美国对中国的重要性，现在"全中国人民都是中美关系专家"。此话虽然是调侃，却也反映了在美国研究领域里过度集中于中美关系的研究而忽视了对美国本身研究的现象。可惜的是，这种现象至今还没有明显改变。2013年，有一位教授朋友想要组织一次有关美国政治的研讨会，所能想到的可以邀请的北京地区的专家也不过寥寥十几人。

我的前博士生杨悦就恰恰选择了美国政治这一较冷清的领域。这本书是在其博士学位论文的基础上修改出版的，其主题是对20世纪70年代以来的美国左右翼社会运动进行比较。杨悦的博士论文得到了评委的一致好评。

我们知道，21世纪初期美国相继发生了两场大规模的社会运动——右翼的茶党运动和左翼的"占领华尔街"运动，它们分别是美国自20世纪60年代民权运动以来发生的规模最大的右翼和左翼社会运动。这样，搞清自那时以来美国社会运动产生的深刻社会原因、运动的特点及运动发生时的国际背景，对两场运动进行比较，运用理论框架来对它们进行说明，对于我们了解美国当前的社会矛盾、政治动向、左翼和右翼社会运动的强度及其原因、政治运动对美国政治的影响，甚至美国的社会发展趋势，都是很有价值的，既具有现实意义，也具有理论意义。

杨悦广泛阅读了有关政治过程的理论著作，对其做了详尽的陈述和评介，并结合了相关理论来对现实社会运动进行分析和比较。她着重做了两个案例分析——茶党运动和"占领华尔街"运动，并在书中提出了一些自己独到的观点，例如：美国社会运动组织普遍出现职业化趋势、运动诉求出现碎片化、组织动员方式由以草根动员为主向象征性联络方式转变；在向后工业社会过渡过程中发生的左右翼社会运动出现了与工业社会中的社会运动不同的新特点，即较少关注物质再生产，更多关注文化再生产、集体身份认同以及社会一体化等。

作者的一个重要观察和观点是，总体来讲，自 20 世纪 70 年代以来，美国右翼社会运动相对强势于左翼社会运动，特别是与其群众基础、传统政党联盟联系更为紧密。作者认为，其中的一个重要原因是，60 年代左翼社会运动发展后期过于激进，导致美国社会无论是民众还是精英层面的意识形态都趋于保守。作者同时恰当地指出，无论是美国的左翼还是右翼社会运动，都没有也不会背离美国的基本意识形态和价值观念。

杨悦在取得博士学位之前就已经是外交学院英语系教授英语的副教授了，她当年以英语和专业第一名的成绩考入中国社会科学院美国研究所，在语言方面具有相当的天赋。她曾在美国乔治敦大学留学两年，取得美国政治专业法学硕士学位，对美国政治也有一些感性认识。虽然如此，如果没有她在攻读博士学位三年期间的勤奋努力，刻苦研习政治学理论和有关社会运动的理论，她也难以完成这样一部难度较大的著作。作为她的导师，我为她在学术研究领域里的进步感到欣喜，也衷心祝愿她以此作为新的起点，在未来创造出更多、更好的成果。

周　琪

2014 年 3 月 20 日

于北京

目　录

绪 论

一　问题的提出及理论、现实意义

苏黎世大学比较政治学教授汉斯比特·克里艾斯（Hanspeter Kriesi）将社会运动爆发的根源归结为社会、政治与文化的分裂和矛盾。[①] 自 2007 年年底次贷危机爆发以来，美国先后经历了右翼茶党运动与左翼"占领华尔街"运动的崛起。至今，两场运动仍在美国蔓延。尽管目前对两场运动盖棺定论还为时尚早，但从两场运动的发展轨迹来看，左右翼社会运动在美国大规模爆发不仅暴露了美国社会的深层矛盾以及近年来愈发严重的政治极化现象，而且也表现出了右翼运动较之左翼运动相对强势的特点。甚至"占领华尔街"运动已经被有些美国学者认为是一场失败的运动。诚如美国《旗帜周刊》高级编辑克里斯托弗·考德威尔（Christopher Caudwell）所说，蔓延资本主义世界的"占领"运动失败了。[②]

尽管茶党运动与"占领华尔街"运动都是在金融危机的大背景下发生的，对奥巴马政府的"救市新政"都表示了怨愤，但从两场运动自身的特点，即运动组织动员、运动诉求、参与者构成，及其与媒体、政治、政党的关系来看，存在诸多显著差异。在美国面临经济与政治双重困境之时，最先行动的是社会右翼力量。全国性的茶党抗议运动始于 2009 年 4 月 15

---

① 参见 Hanspeter Kriesi, "Movements of the Left, Movements of the Right: Putting the Mobilization of Two New Types of Social Movements into Political Context," in Herbert Kitschelt et al., eds., *Continuity and Change in Contemporary Capitalism* (New York: Cambridge University Press, 1999), pp. 398 – 423。

② 克里斯托弗·考德威尔：《"占领"运动的警示》，《金融时报》2011 年 11 月 25 日，http://www.ftchinese.com/story/001041906？page＝2，最后访问日期：2012 年 12 月 20 日。

日，此后影响迅速遍及全美。2010 年 4 月 15 日，运动达到高潮，约有 200 万人参与示威活动。① 自 2009 年兴起以来，茶党运动显示出了以下几方面的特点：第一，完善的组织动员（上千个地方茶党组织以及 5 个核心组织：FreedomWorks, Our Country Deserves Better, Tea Party Nation, The Tea Party Patriots, Americans For Prosperity）②；第二，统一的运动诉求（尽管上千个地方组织参与茶党运动，但在联邦层面，运动诉求的对外表达是相对一致的，即"恢复美国国家的财政责任与有限政府"③）；第三，运动领袖刻意将右翼抗议运动与左翼抗议运动区分，并把左翼运动刻画成为粗鲁、破坏公物甚至采取人身攻击的暴力行为；第四，得到右翼媒体（尤其是福克斯新闻台）以及共和党保守派的支持；第五，运动策略，即通过影响选民选举支持其主张的共和党候选人上台执政来实现自己的运动诉求。从目前来看，茶党运动已经对选举政治产生了非常大的影响。例如，2009 年年底，在茶党运动的帮助下，共和党候选人斯科特·布朗（Scott Brown）当选马萨诸塞州参议员，结束了民主党自 20 世纪 70 年代以来对本州参议员位置的垄断。在 2010 年中期选举中，被茶党重点支持的 50 名共和党众议员候选人中有 31 名当选。④ 最终，在茶党运动的帮助下，共和党在 2010 年中期选举中一举收复众议院失地。

再来看看左翼"占领华尔街"运动。在茶党运动开始了将近两年半之后，"占领华尔街"运动才在国外人士的策动下爆发，并一直处于国内缺乏领袖的状态。2011 年 9 月 17 日开始的"占领华尔街"运动打出"我们是 99%"的口号，将怨愤目标直指华尔街超级富豪。占领运动是自 20 世纪 60 年代以来美国发生的又一次大规模的左翼社会运动，运动迅速得到了全美

① PR Newswire, "Tea Party Numbers Released: 2 Million, 2 Thousand," April 29, 2010, http://www.breitbart.com/article.php?id=xprnw.20100429.DC96062andshow_article=1, 最后访问日期：2012 年 12 月 20 日。

② Scott Rasmussen and Douglas Schoen, *Mad as Hell: How the Tea Party Movement is Fundamentally Remaking Our Two - Party System* (NY: New York HarperCollins Publishers, 2009), p146.

③ Tea Party Movement, June 22, 2012, http://www.conservapedia.com/Tea_Party_Movement, 最后访问日期：2012 年 12 月 20 日。

④ Election Day Tea Party 2010, a Project of the Nationwide Tea Party Coalition, http://www.electiondayteaparty.com/, 最后访问日期：2012 年 12 月 20 日。

100 多个城市乃至全球 1500 多个城市民众的呼应，规模最大的一次示威游行曾有上万人参与。① 然而，抗议示威活动过程中频频出现的警方人员对抗议者的镇压、抗议者制造的暴力事件、上千名抗议者被捕以及自 2011 年 11 月中旬开始的全美许多城市警方对"占领华尔街"运动抗议者"扎营"的营地进行强制性清场，这些都大大消减了抗议者参与示威活动的热情和勇气。与茶党运动不同，"占领华尔街"运动开始时并未得到美国媒体的关注。根据皮尤研究中心发布的数据，直到占领运动发起半个月之后，也就是在 2011 年 10 月的第一周，美国媒体对占领运动的报道数量才首次与其对茶党运动初期的报道数量持平。② 从占领运动自身的特点来看，即国外策动、缺乏核心组织领导、缺乏统一运动诉求以及缺乏与民主党的有效联姻与互动，它无法像茶党运动那样通过影响州议会和联邦国会的选举来实现自己的运动目标。事实上，占领运动的抗议者也并未选择与政党联姻以及影响选举政治的运动策略。根据占领运动的官方网站 occupywallst. org 发布的信息，占领运动在全美及全球约有 30 个线下运动组织。这个数字与茶党运动的组织数量相去甚远。众所周知，"占领华尔街"运动一直未能提出解决问题的具体方案。"我们是 99%"的运动口号又被前国会众议院议长共和党人纽特·金里奇（Newt Gingrich）认为会挑起美国国内的阶级战争，是反美并分裂国家的。③ 尽管占领运动仍在继续，但从目前来看，运动取得的成果极为有限，占领运动招致的批评和质疑声也频现。"占领华尔街"运动究竟能够走多远将是一个大大的问号。

通过上述对茶党运动与"占领华尔街"运动的简要对比，笔者不禁要问，为什么右翼茶党运动要相对强势于左翼"占领华尔街"运动？自 20 世纪 60 年代美国左翼社会运动高潮退去之后，美国左右翼社会运动各自的发展轨迹如何？茶党运动与"占领华尔街"运动力量的对比是 20 世纪 70 年

---

① 本节有关"占领华尔街"运动的基本信息来自其网站，http：//www. occupywallst. org。

② "Wall Street Protests Receive Limited Attention," http：//www. people - press. org/2011/10/12/wall - street - protests - receive - limited - attention/？ src = prc - headline, Pew Research Center for the People and the Press, October 12, 2011, 最后访问日期：2012 年 12 月 20 日。

③ "Occupy Movement," *The New York Times*, May 2, 2012, http：//topics. nytimes. com/top/reference/timestopics/organizations/o/occupy_wall_street/index. html, 最后访问日期：2012 年 12 月 20 日。

代以来美国左右翼运动力量对比的一个缩影吗？这种力量对比与左右翼社会运动自身的结构性变化有何关联？与此时的美国社会文化、政治与经济变迁又有怎样的联系？这些都是本书要研究与回答的核心问题。

　　社会运动贯穿着美国国家的整个发展进程，但是美国建国后爆发的武装起义与暴力革命则是寥寥无几。最为有名的是美国谢思起义（1786 年 8 月 ~1787 年 2 月）和南北战争（1861 年 4 月 ~1865 年 4 月）。除此以外，美国历史上再没有爆发过暴力流血革命。然而，各种社会运动以及伴随而来的社会变革则是此起彼伏，从未间断。社会运动成为美国实现社会变革、推进社会发展的重要的自我调节方式之一。

　　先让我们简要地追述一下美国社会运动发展的历史。19 世纪 30 年代和40 年代发生的两次宗教大觉醒与随后的各类社会运动有着千丝万缕的联系，它们并非是单纯的宗教运动。两次宗教改革运动领袖采用的宗教普及形式被普遍认为是社会运动人员动员形式的雏形，教会组织也成为后来各类社会运动的重要组织资源。在内战开始前的废奴运动也表明宗教使美国社会运动能够游刃有余地在制度化与非制度化政治参与形式之间自由转换。虽然美国宪法第一修正案禁止美国建立国教，但规定不得立法禁止宗教信仰和活动自由。[①] 这就为宗教改革者提供了像社会运动组织者一样的动员和组织人们信教的自由与动力。政教分离和信教自由不仅造成了宗教的商品化，同时也使其成为促进社会运动发展的一个重要因素。

　　随后，19 世纪末 20 世纪初进步运动的兴起推动了现代文官制度的改革，公民普选权利进一步扩大，形成了从 20 世纪二三十年代延续到战后的以社区基层组织为基础，分性别、分种族的凝聚力极强的公民社会组织方式。[②] 20 世纪 60 年代又见证了美国社会运动的高涨：从黑人民权运动到美国国会通过《公民权利法案》与《选举权利法》，以立法形式结束了黑人在选举权方面以及各种公共设施使用方面的种族隔离制度，再到随后的和平反战运动、学生运动、反正统文化运动与新左派运动的大发展。60 年代末，左翼运动相继衰退。取而代之的是 70 年代勃兴的右翼社会运动，特别是新

---

① *The Declaration of Independence and the Constitution of the United States of America*, The Cato Institute, 1998, p. 43.

② 郦菁：《美国社会运动兴衰的秘密》，《社会观察》2011 年第 11 期，第 30 页。

基督教右翼运动，对社会文化、政治与经济都产生了深远影响。新基督教右翼运动对政治右翼自由主义倾向耿耿于怀，力图纠正美国在向后工业社会过渡过程中社会传统价值观的缺失，动员组织草根阶层的保守力量，重新确立了以中低阶层白人草根群体为支撑的价值体系，与政治右翼保守主义精英联姻。直至"9·11"事件的发生，宗教右翼势力又迅速崛起，对美国的内政外交政策产生了巨大影响。此时，尽管左翼运动仍然频繁发生，其中也不乏大规模的抗议活动，如1999年年底发生在美国的"西雅图风暴"掀开了全球性反全球化运动的序幕，2003年年初发生在美国首都华盛顿的多达60万~80万人参加的反对政府攻打伊拉克的反战和平运动，2011年秋发生的"占领华尔街"运动等，但它们都只是昙花一现。像20世纪60年代那样能够长时间持续并产生深远影响的左翼运动十分少见。

　　美国过去40年的社会运动史呈现了右翼社会运动相对强势的特点。最近的两个社会运动案例，即茶党运动与"占领华尔街"运动，似乎也在延续着这一特点。本书选择20世纪70年代以来美国左右翼社会运动政治过程比较研究视角，全方位考察左右翼社会运动自身结构性特征及其与美国社会文化、政治与经济变迁的关联与互动，以此挖掘左右翼社会运动力量对比的深层原因。历史一再证明，社会运动的兴衰与其自身结构性变化以及社会宏观结构性变化都存在密切关联。[①] 因此，通过对20世纪70年代以来美国左右翼社会运动自身特征及其与社会文化、政治与经济变迁的关系考察，本书试图论证这样一个假设，即社会运动是否具有完善的社区基层组织基础、是否具有统一的运动诉求、是否注重运动话语道德层面的构建、是否具有重心放在影响政党和选举政治层面的策略与手段、是否具有有利的社会结构性诱因，与其对社会和政治的影响力的大小有关系。

　　对20世纪70年代以来美国左右翼社会运动政治过程的比较分析和考察，有助于更好地了解自20世纪60年代美国社会运动高涨时期之后左右翼社会运动的发展与嬗变，进而揭示两者力量对比的特点、内在规律以及周期性。这是本书研究的现实意义之一。

---

　　① 郦菁：《美国社会运动兴衰的秘密》，第28~30页。

本书研究的现实意义之二在于其有助于了解美国自 20 世纪 70 年代以来的社会文化、政治与经济变迁。哈佛大学著名社会学教授丹尼尔·贝尔（Daniel Bell）认为，美国在 20 世纪 60 年代就已经开始了从工业社会向后工业社会的过渡。[①] 事实上，贝尔在 20 世纪 50 年代末就提出了"后工业社会"的概念[②]，此后在 1973 年出版了受到国际学术界广泛瞩目的《后工业社会的来临：对社会预测的一项探索》一书，详细阐述了"后工业社会"理论。贝尔认为，"分析起来，社会可以分为社会结构、政体和文化三个部分。社会结构包括经济、技术和职业制度。政体则调整权力的分配和评判个人之间与集团之间发展矛盾的权力和要求。文化是指表达象征和含意的领域。"[③] 贝尔划分社会的方式的价值在于允许人们从多个视角认识和了解社会，从而避免单纯的经济和技术决定论。社会运动是宏观社会变迁的一面镜子，是社会结构、政治经济体制以及文化变迁的晴雨表。社会运动也是美国社会中的一个重要现象。因此，研究美国社会运动是了解美国社会方方面面的一个重要切入点。

20 世纪 70 年代恰逢从工业社会向后工业社会过渡。研究该时期的左右翼社会运动有助于深入了解美国在向后工业社会过渡的过程中出现的新的社会文化与政治经济生态，诸如美国社会结构变化、精英阶层内部的结构变化、民众与政治精英的意识形态变化以及政党政治与选举政治呈现的新特点等，从而更加准确地认知和解读美国当下的社会分化与矛盾及其愈发严重的政治极化现象。

本书研究的理论意义有三。其一在于本书将左右翼社会运动置于历史框架下进行研究。诚如查尔斯·蒂利（Charles Tilly）在《社会运动，1768 ~ 2004》一书中表明的那样，"对斗争政治的这种特殊形式需要历史性地予以理解"。[④] 他认为，"历史将有助于我们：第一，理解社会运动何以具有一些至关重要的特性（如有秩序的街头示威），从而使之与其他的政治形式相区分；第二，了解社会运动的运作过程中存在哪些至关重要的变化（如出现了一些专业化的组织和人员，他们拥有充足的资金支持并具有贯彻社会运

---

① 〔美〕丹尼尔·贝尔：《后工业社会的来临：对社会预测的一项探索》，高铦、王宏周、魏章玲译，新华出版社，1997，第 15 页。

② 1959 年夏，丹尼尔·贝尔在奥地利萨尔茨堡的一次学术讨论会上首次使用"后工业社会"一词。

③ 〔美〕丹尼尔·贝尔：《后工业社会的来临：对社会预测的一项探索》，第 12 页。

④ 〔美〕查尔斯·蒂利：《社会运动，1768 ~ 2004》，胡位钧译，上海人民出版社，2009，第 4 页。

动纲领的专长），从而使我们对未来可能发生的新变化有所警醒；第三，对那些变动不居的政治条件加以关注，这些条件使社会运动得以成为可能"。①本书以史为论，有助于对美国左右翼社会运动进行深入的历史解读。

理论意义之二在于本书选择的比较研究视角。社会运动是一种复杂的社会现象，因此对它的研究伊始就显示出跨学科的研究特征。社会运动不仅是社会学家的一个重要研究领域，而且社会心理学家、经济学家、政治学家、历史学家、传播学家、人类学家对社会运动研究的发展也功不可没。本书也将继承跨学科研究趋势，着重从政治社会学研究视角透视美国左右翼社会运动及其与社会文化、政治与经济的内在联系。从目前国内外对美国社会运动的研究现状看，学术界对左右翼社会运动案例进行横向比较的研究较为少见。这种现状的缺陷在于不同学者对事物的解读方式各有不同，如果缺乏横向案例比较，就很难全面、科学地理解事物。这是本书要对美国左右翼社会运动进行比较研究的原因及价值所在，也将为社会运动的政治过程研究提供新的理论视角。

理论意义之三在于本书对已有的社会运动研究理论的贡献。本书的理论基础是政治过程理论。政治过程理论是目前社会运动研究领域中的主流理论范式。社会运动研究理论的嬗变是一个不断进化的动态过程，政治过程理论就是在传统社会运动理论的基础上提出并通过不断吸收后来社会运动研究的新思想而逐渐完善的。已有的社会运动研究表明，发生在不同国家以及一个国家的不同历史时期的社会运动都具有不同的特点。本书在研究中加入了对美国最新左右翼社会运动案例的考察，这无疑是对政治过程理论的一次全新考证，并存在发现理论缺陷和进一步完善理论的可能性。

二　相关概念阐述

本书研究涉及三个概念的界定：其一，社会运动；其二，社会运动组织；其三，左翼、右翼。以往社会运动研究的文章和著述中都会首先界定社会运动的概念。目前有关社会运动的定义也是林林总总、五花八门。诚

---

① 〔美〕查尔斯·蒂利：《社会运动，1768~2004》，第4页。

如查尔斯·蒂利所说的:"没有人拥有'社会运动'这一术语的所有权,不论是社会运动的分析者、批评者,还是社会运动的参与者,都可以按照自己的想法使用这个术语。"① 因此,本书在开篇也有必要对相关概念做出界定,以避免在研究过程中出现概念模糊混淆等问题。

(一)社会运动

德国社会学家劳伦兹·冯·斯坦(Lorenz von Stein)在 1848 年出版的《第三次法国革命以来的社会主义与共产主义运动》一书中首次将"社会运动"这一术语引用到学术讨论当中。他在书中将社会运动定义为争取社会权利即福利所进行的政治运动。② 社会运动作为一种社会现象进入学术研究视野以来得到了诸多学科研究者的关注,他们也从不同意义层面讨论了社会运动。表 1 列出的是 7 个引自一些重要社会运动研究文献中的关于社会运动的定义,通过从中梳理出社会运动界定的核心标准,笔者将给出本书研究的社会运动的定义。

表 1 社会运动研究重要文献中关于"社会运动"的定义

作 者	定 义
汉斯·托克	1. 社会运动是"许多人集体解决他们共有的问题的一种行为"
扎尔德、艾什	2. 社会运动是"许多人为改变个人或社会制度与结构进行的一次有目的的集体尝试"
麦卡锡、扎尔德	3. 社会运动是"人们支持的旨在改变社会的自愿集体行动"
阿尔伯托·麦鲁茨	4. 社会运动是"为建立政治制度和权威所产生的断断续续的社会冲突而出现的制度化政治之外的行为"
西德尼·塔罗	5. 社会运动是"基于共同目标和社会的团结一致,与精英、反对者和当局之间的持续互动的集体挑战"
查尔斯·蒂利	6. 社会运动是"一套独特的、相互关联的、逐渐演化的、历史的政治交互行为和政治实践活动,是运动、常备剧目和 WUNC 展示的特殊结合体"

---

① 〔美〕查尔斯·蒂利:《社会运动,1768~2004》,第 9 页。

② 参见 Werner J. Cahnman, "Book Review: *Lorenz von Stein*: *The History of the Social Movement in France*, *1789 - 1850*, Translated by Kaethe Mengelberg," *The American Journal of Sociology*, Vol. 71, No. 6, 1966, pp. 746 - 747。

续表

作　者	定　义
詹金斯、佛尔姆	7. 社会运动 "传统上被视为会带来社会改变的有组织的行为"

资料来源：表中"社会运动"定义依次引自以下文献：H. Toch, *The Social Psychology of Social Movements* (Indianapolis, IN: Bobbs‑Merrill, 1965), p. 5; Mayer N. Zald and Roberta Ash, "Social Movement Organizations: Growth, Decay and Change," *Social Forces*, Vol. 44, No. 3, 1966, p. 328; John D. McCarthy and Mayer N. Zald, "The Trend of Social Movements in America: Professionalization and Resource Mobilization," monograph (Morristown: General Learning Press, 1973), p. 2; Alberto Melluci, *Nomads of the Present: Social Movements and Individual Needs in Contemporary Society* (Philadelphia: Temple University Press, 1989), p. 29; Sidney Tarrow, *Power in Movement: Social Movements and Contentious Politics*, 2nd edition (Cambridge: Cambridge University Press, 1998), p. 4; 〔美〕查尔斯·蒂利：《社会运动，1768～2004》，第 10 页；J. C. Jenkins and W. Form, "Social Movements and Social Change," in T. Janoski, R. Alford, A. Hicks and M. A. Schwartz, eds., *The Handbook of Political Sociology: States, Civil Societies, and Globalization* (Cambridge: Cambridge University Press, 2005), p. 331。

　　尽管上述 7 个定义的表达方式各有不同，但大都涵盖了构成社会运动的一些基本要素。首先，除了 4 和 7，其他定义都将社会运动界定为"集体行动"的一种，以此区别于个人的政治参与形式，如投票、个人抗议行为。需要说明的是，蒂利将社会运动视为"运动、常备剧目和 WUNC 展示的特殊结合体"。其中，运动指"不间断和有组织地向目标当局公开提出群众性的诉求伸张"；常备剧目指社会运动的各种行为形式，如"为特定目标组成的专项协会和联盟、公开会议、依法游行、守夜活动、集会、示威、请愿、声明、小册子"；WUNC 指"参与者协同一致所表现出的 WUNC：价值（worthiness）、统一（unity）、规模（numbers）以及参与者和支持者所做的奉献（commitment）"。① 其次，所有 7 个定义都表达了"以改变为导向的运动目标"。另一个要素是"抗议对象"，蒂利和塔罗（Sidney Tarrow）的定义（5 和 6）都有所提及。此外，蒂利和塔罗的定义为社会运动加上了"时间维度"，即时间的持续性而非一次性的行为。定义 6 和 7 提及了社会运动的"组织因素"，即社会运动是否是有组织的行为。定义 4 谈到社会运动的"制度化"问题，认为社会运动是非制度化行为。

　　斯诺（David A. Snow）和奥利弗（Pamela E. Oliver）在研究中也曾讨论过社会运动的界定问题，并总结道："大多数定义涵盖了下列要素：以改变

———————

① 〔美〕查尔斯·蒂利：《社会运动，1768～2004》，第 4～5 页。

为导向的目标；组织程度；时间的持续性；制度外（如游街抗议）与制度内（如政治游说）活动。"① 上述 7 个定义除了包含斯诺和奥利弗总结的 4 个要素之外，还涵盖了"集体行动"与"抗议对象"2 个基本要素。由此可见，社会运动的定义要尽量涵盖以上归纳的 6 个基本核心要素，即"集体行动""以改变为导向的目标""抗议对象""组织程度""时间的持续性""制度内与制度外活动"。

　　本书将社会运动作为一种政治参与形式进行研究，从跨学科的视角对美国社会运动与社会文化、政治、经济的互动展开动态分析。蒂利曾说过，"在为政治现象命名时，有必要对拟采用的概念进行仔细地考察：它是否宽泛得足以承载事物本身的价值，是否清晰得足以涵盖事物未来的发展"。② 在上述 7 个定义中，只有塔罗和蒂利的定义是在研究社会运动与政治的框架下给出的。事实上，社会运动之所以能够进入政治学研究视野也主要归功于这两位——西德尼·塔罗和查尔斯·蒂利。那么相比较而言，哪一个定义在符合上面讨论的社会运动所应该涵盖的基本核心概念的同时又符合本书的研究内容与特点呢？笔者选择蒂利的定义。相比之下，蒂利的定义涵盖的内容要更加丰富。首先，蒂利的定义将社会运动视为一种制度化的政治参与形式，符合本研究对社会运动的界定。许多学者将社会运动界定为制度化之外的行为。这种体制外的界定不仅不符合本书研究的特点，更不符合社会运动在西方民主国家当下的现实。本书的研究对象是美国，诸如依法游行、示威、集会、请愿等形式的社会运动在美国都是制度化程度较高的政治行为。当然这些行为与常规政治行为（游说、投票）不尽相同，但诚如杰克·A. 戈德斯通（Jack A. Goldstone）所说的，它们"对于影响政治结果而言却是同等重要的方法，两者常常是同样一批参与者，其活动指向相同的机构，追求同样的目标"。他还认为，社会运动与常规政治行为是互为补充的。③ 其次，蒂利的定义还包含了社会学者对社会运动进行研究

① David A. Snow and Pamela E. Oliver, "Social Movements and Collective Behavior: Social Psychological Dimensions and Considerations," in Karen S. Cook, Gary Alan Fine and James S. House, eds., *Sociological Perspectives on Social Psychology* (Boston: Allyn and Bacon, 1995), p571.

② 〔美〕查尔斯·蒂利：《社会运动，1768~2004》，第 8 页。

③ 〔美〕杰克·A. 戈德斯通：《国家、政党与社会运动》，章延杰译，上海人民出版社，2009，序言，第 22 页。

的主要内容，如社会运动组织及协作、社会运动的规模及参与者等。这也契合了本书试图从社会学视角透视社会运动与其所处外部环境关系的研究方法。

（二）社会运动组织

20 世纪中期以来，社会运动在一些西方民主国家的发展趋势使社会运动的研究者开始重视社会运动与制度化政治参与形式的关系。三种趋势尤为值得注意：第一，20 世纪 60 年代以来，静坐、示威、游行成为西方民主国家内人们采用最为广泛的社会运动形式。第二，美国和西欧的警察也逐渐改变了对社会运动的态度，现在，他们对社会运动更多地持一种管理态度。这就表明一些非暴力社会运动形式已经合法化，已然成为政治参与的一部分。[①]第三，20 世纪 60 年代以来，出现了大量兼具传统利益集团与社会运动组织功能的组织，塔罗将其称为公共利益集团或特许运动组织（public interest group/franchised movement organization）。[②]如美国知名绿色环保组织"绿色和平组织"（Greenpeace），其活动既包括有关环保的教育项目、向政府施压的游说及向媒体宣传等活动，也包含社会运动的组织活动。由此看来，绿色和平组织兼具了非政府组织、利益集团与社会运动组织的三重功能。[③]由此我们可以提出一个问题，究竟如何界定社会运动组织？它与利益集团有何差别？

社会运动组织概念最早由资源动员理论家在 20 世纪 60 年代提出。这也反映了当时社会运动研究深受经济学理论的影响，将社会运动等同于商业，都是社会的有机组成部分。最为典型的社会运动组织是民权运动中的学生

---

① 参见 John D. McCarthy, Clark McPhail and Jackie Smith, "Images of Protest: Dimensions of Selection Bias in Media Coverage of Washington Demonstrations, 1982 and 1991," *American Sociology Review*, Vol. 61, No. 3, 1996, pp. 478－499; Donatella della Porta, *Social Movements, Political Violence, and the State: A Comparative Analysis of Italy and Germany* (New York: Cambridge University Press, 1995)。

② Sidney Tarrow, "'The Very Excess of Democracy': State Building and Contentious Politics in America," in Ann N. Constain and Andrew S. McFarland, *Social Movements and American Political Institution* (New York: Rowman and Littlefield Publishers, 1998), p. 33.

③ 参见 Paul Wapner, "Politics beyond the State: Environmental Activism and World Civic Politics," *World Politics*, Vol. 47, No. 3, 1995, pp. 311－340。

非暴力统一行动委员会（Student Non - violent Coordinating Committee）与种族平等大会（Congress of Racial Equality）以及绿色环保运动中的地球之友（Friends of the Earth）与绿色和平国际（Greenpeace International）。[①]扎尔德（Mayer N. Zald）和艾什（Roberta Ash）于 1966 年在《社会力量》杂志的一篇文章中首次提出社会运动组织这一概念。文章认为，"社会运动组织为了维持下去会变得越发保守并将替换此前与社会运动一致的目标"。[②] 自此，社会运动组织概念开始被社会运动研究者广泛使用和研究，尤其经常在资源动员理论的著述中出现。麦卡锡（John D. McCarthy）和扎尔德认为，社会运动组织是在社会运动中正式组织起来的，是社会运动的一个组成部分，社会运动中可能存在若干个社会运动组织；社会运动组织与社会运动具有相同的目标和偏好，同时也设定了具体的目标；社会运动组织还具有实现其目标的各种资源，包括专业人士的技能、设备、劳力、资金以及为了实现其目标利用这些资源的合法性。[③]

从学科角度讲，社会运动组织和利益集团通常被社会学家和政治学家有意区分。然而，有些学者反对这种学术分工，认为应该打破这些学科的藩篱。麦克亚当（Doug McAdam）、塔罗和蒂利就认为，社会运动组织和利益集团相互影响、相互竞争，应该将这两种组织综合并进行研究才能全面了解抗争政治。[④] 保尔·博斯坦（Paul Burstein）也赞成将它们放在一起研究，因为他认为社会运动组织无异于利益集团，只不过是社会学家和政治学家为其贴上了不同的标签。[⑤] 社会学家试图从三个方面来区分社会运动组织和利益集团：目标、所代表的群体以及策略。正如前文给出的社会运

① Graeme Chesters and Ian Welsh, *Social Movements: The Key Concepts* (New York: Routledge, 2011), p. 153.

② Mayer N. Zald and Roberta Ash, "Social Movement Organizations: Growth, Decay and Change," p. 327.

③ John D. McCarthy and Mayer. N. Zald, "Resource Mobilization and Social Movements: A Partial Theory," *American Journal of Sociology*, Vol. 82, No. 6, 1977, p. 1221.

④ 参见 Doug McAdam, Sidney Tarrow and Charles Tilly, "To Map Contentious Politics," *Mobilization*, Vol. 1, No. 1, 1996, pp. 17 - 34。

⑤ Paul Burstein, "Interest Organizations, Political Parties, and the Study of Democratic Politics," in Ann N. Constain and Andrew S. McFarland, *Social Movements and American Political Institution* (New York: Rowman and Littlefield Publishers, 1998), p. 39.

动定义所提及的, 社会运动组织的目标就是"改变"。然而, 众所周知, 利益集团的目标也是要"改变"。按照戴维·杜鲁门 (David Truman) 给出的利益集团的定义, "利益集团是一个持有共同态度、向社会其他集团提出要求的集团。如果它通过向政府的任何机构提出其要求, 它就变成一个政治性的利益集团"。[1] 由此可见, 利益集团的目标是通过向政府机构提出要求或施加压力来改变其政策并使之符合它们的利益。因此, 目标是无法作为两种组织的区分标准的。有些学者认为社会运动组织和利益集团代表不同的群体。麦卡锡、扎尔德、弗里曼 (Jo Freeman)、麦克亚当、加姆森 (William A. Gamson) 以及蒂利都认为社会运动组织所代表的群体是"局外人" (outsider)。[2] 但究竟谁是"局外人", 他们并未给出满意的答案。加姆森将"局外人"定义为早前没有被成功动员参与政治的选民。事实上, "局外人"也并未将社会运动组织和利益集团明确区分开来。按照加姆森的逻辑, 不参与选举投票的选民通常被界定为"局外人", 那么动员这些群体将是很多利益集团的目标, 毕竟选举也是利益集团影响政客的一种极为有效的施压手段。策略或许能够将社会运动组织与利益集团区分开来。提到社会运动组织, 人们自然会联想到静坐、示威、游行、抵制等一些非制度化的政治参与形式。而人们通常认为利益集团会采用制度化的院外活动方式, 如参与听证会作证、与政府官员直接或间接接触、向政府官员提交研究报告等。事实上, 请愿和示威也是利益集团所采用的向政府施压的公开的和较为激烈的方式。[3] 自 20 世纪 60 年代以来, 利益集团频频参与社会运动, 如民权运动、妇女运动、反战运动、环保运动。最近的茶党运动和"占领华尔街"运动也有许多利益集团参与其

---

[1] David Truman, *The Governmental Process: Political Interests and Public Opinion* (Knopf, New York, 1951), p. 28.

[2] J. D. McCarthy and M. N. Zald, "Resource Mobilization and Social Movements: A Partial Theory," p. 1227; Jo Freeman, *The Politics of Women's Liberation* (New York: McKay, 1975), pp. 46 - 47; Doug McAdam, *Political Process and the Development of Black Insurgency, 1930 - 1970* (Chicago: University of Chicago Press, 1982), p. 25; Charles Tilly, "Social Movements and National Politics," in Charles Bright and Susan Harding, eds., *Statemaking and Social Movements* (Ann Arbor: University of Michigan Press, 1984), p. 306.

[3] 刘杰:《当代美国政治》(修订版), 社会科学文献出版社, 2011, 第 247 页。

中。此外，提起或参加诉讼也是利益集团和社会运动组织经常采用的活动方式。① 由此可见，目标、所代表的群体与策略都不能将社会运动组织与利益集团进行有效区分。

事实上，自非暴力社会运动形式在西方民主国家获得合法性以来，社会运动与制度化政治的界限日益模糊。一方面，利益集团频繁参与并组织社会运动，如茶党运动中的"自由事业"（FreedomWorks）、"我们国家理应更好"（Our Country Deserves Better）、"茶党国家"（Tea Party Nation）；另一方面，社会运动组织一旦建立，获得了一定知名度、合法性以及通往政治的渠道，它们就不再是站在制度化政治之外的挑战者，而将逐渐转变成利益集团，也将通过选举捐款、游说等方式影响政府及其决策。加姆森在对社会运动组织进行考察时就曾发现，社会运动组织通常会从一个激进的局外人转变为被制度化政治所接受的局内人。② 鉴于此，本书也不对社会运动组织和利益集团进行严格区分，将在社会运动中建立的组织以及积极参与其中的原有社会运动组织和利益集团统称为社会运动组织。事实上，很多美国学者在社会运动研究中也是这样做的，如美国西北大学法学院约翰·海恩斯（John P. Heinz）教授。③

（三）左翼、右翼

阿莱恩·诺约尔（Alain Noel）和简·泰瑞恩（Jean - Philippe Therien）在《全球政治中的左与右》一书中说道："全球政治是左与右的一场最重要的辩论。左与右是诠释地方、国家与全球政治的最为常见的视角。"④诚然，这也是本书要选择比较左右翼社会运动来更加全面地呈现美国社会运动与美国社会文化、政治与经济之间的动态关系的原因所在。那么，什么是左翼、右翼？美国的左翼、右翼又指什么？美国的左右翼社

---

① 刘杰：《当代美国政治》（修订版），第 245 页。

② 参见 William A. Gamson, *The Strategy of Social Protest*, 2nd ed. (Belmont, CA: Wasdsworth, 1975/1990)。

③ John P. Heinz, Edward Laumann, Robert L. Nelson and Robert H. Salisbury, *The Hollow Core: Private Interests in National Policy Making* (Cambridge, MA: Harvard University Press, 1993).

④ Alain Noel and Jean - Philippe Therien, *Left and Right in Global Politics* (New York: Cambridge University Press, 2008), p. 3.

会运动又包含了哪些社会运动？这些是本书研究首先要搞清的几个重要概念。

从政治传统上讲，左翼和右翼是一个社会内部政治领域中的两种意识形态。左翼、右翼作为政治光谱的概念可以追溯到 18 世纪末的法国大革命时期。在 1791 年的立法大会上，激进的、主张废除王政的雅各宾派①坐在会场的左边，而保守的维持现状、保留王政的吉伦特派②坐在右边，从此便产生了政治派别中的左翼和右翼，并随着法国军队向外侵略而传遍欧洲各地。然而，左翼和右翼的概念自产生之日起，其含义并不是一成不变的，而是随着时间的推移和地点的不同，指代的含义也各有不同。在法国大革命时期，左翼和右翼的区别往往一年内就有所变化。

在当下的美国，广义上的自由主义指左翼政治；而在当今的欧洲，自由主义则指右翼政治。事实上，在 20 世纪 30 年代罗斯福新政之前，美国和欧洲的古典自由主义者持有相同的信仰，如政府不干预的原则和政策。然而，自罗斯福新政以来，美国自由主义者信奉的则不再是古典自由主义了，而是修正了的自由主义。相反，美国的保守主义，即右翼政治则信奉的是古典自由主义。对于美国意识形态的嬗变，周琪在《意识形态与美国外交》一书中有详尽的论述，③ 笔者就不在此赘述。此外，除了美国当代的自由主义，进步主义也是美国左翼的特色之一。进步主义起源于 19 世纪末 20 世纪初的北美大陆。目前，在美国，由于进步主义和自由主义所支持的议题基本相同，因此两者也经常被交互使用。事实上，虽然两者在许多议题上的主张相同，但各自支持的理由则不尽相同。归根结底，自由主义是建立在自然权力之上的，其认为建立政府的唯一目的就是保护这些权力；进步主义则是功利主义的，对完美的政府形式和状态并无概念，只是追求持续不

---

① 雅各宾派（Jacobins）是法国大革命时期激进派成员，因其俱乐部会址设在巴黎雅各宾修道院而得名。雅各宾派成员大多是小业主，代表中小资产阶级利益，主张严惩国王、废除君主制、实行共和。

② 吉伦特派（Girondins）是法国大革命时期立法大会和国民公会中的一个政治派别。最初的吉伦特派主要成员来自雅各宾派，后来形成了独立的新派别，因大多该派领袖来自吉伦特郡而得名。

③ 周琪主编《意识形态与美国外交》，上海人民出版社，2006。

断的进步。① 本书中的左翼指自美国新政以来经过修正的自由主义（在下文中通称自由主义）和进步主义（对两者在支持相同议题的理由方面的差异，本书将忽略不计），而不包括激进左翼，如社会主义和共产主义；右翼则指广义上的保守主义。

美国左右翼的区别主要体现在政治、经济与文化道德三个层面。左翼一般认为政府应该干预经济和社会生活，保护和促进社会平等，主张结果上的平等，主张在文化领域的平等主义、民主与多样性，并且左翼大多支持同性恋、同性恋婚姻、堕胎，而在战争问题上持反对态度。右翼一般主张自由放任的原则，认为政府不应该对经济和社会生活进行干预，自由优先于平等，主张机会均等，主张少数人不可缓和的统治，重视宗教信仰、传统家庭观念和道德价值观，并且右翼大多支持战争，反对同性恋、同性恋婚姻及堕胎，支持减税。

本书中的美国左翼社会运动包括民权运动、少数族裔争取权利运动、妇女运动、环保运动、和平反战运动、支持同性恋运动、反对全球化运动；右翼运动则涵盖了新基督教右翼运动以及与具体左翼运动相对应的右翼运动，如反对同性恋运动、反对堕胎运动等。鉴于左右翼意识形态以及左右翼社会运动的特点，即左翼社会运动参与者通常是社会的边缘力量，不满社会现状，希望通过改革的方式改变社会；而右翼社会运动的参与者通常是能够适应现状的社会力量，因此有些美国学者也将左翼社会运动称为危机型运动，右翼社会运动则称为防御型运动。②

三 研究现状、文献综述及研究路径

总体来说，学术界对美国左右翼社会运动的政治过程比较研究还相当薄弱。国内外学术界尚无此方面的著作，国内学术界甚至在此方面的论文都非常少见。国外研究成果主要集中在美国，且数量极为有限，并多见于

① Ruy Teixeira and John Halpin, "The Progressive Tradition in American Politics: Part Two of the Progressive Tradition Series," Center for American Progress, April 2010, p. 1.

② Duane Murray Oldfield, *The Right and the Righteous: The Christian Right Confronts the Republican Party* (Lanham, Md.: Rowman and Littlefield Publishers, 1996), p. 55.

一些非营利组织的工作报告。这些比较研究主要从政治层面入手，如马沙尔·甘孜（Marshall Ganz）的论文《"落后"：社会运动，政党与改革政治》[1] 从运动口号构建、组织以及运动领袖三个方面对美国 20 世纪 70 年代以来的左右翼社会运动进行了比较；詹尼·克瑞恩思琪（Jeni Krencicki）与大维·威尔逊（Dahvi Wilson）的论文《来自右翼的经验：拯救环保运动的灵魂》[2] 从右翼运动的经验中提炼精华为左翼环保运动提供建议。值得注意的是，这类比较研究几乎都达成了一个共识，即 20 世纪 70 年代以来的美国左翼社会运动在政治影响力方面要逊色于右翼社会运动。然而，目前这些少量的研究只局限于从左右翼社会运动的自身结构性特点对左右翼运动进行比较，忽视了对左右翼社会运动与广泛的社会文化、政治与经济等外部环境的关系的考察。更重要的是，这些研究都未上升到社会运动研究理论的高度。这就留下了进一步研究的空间。尽管如此，与美国左右翼社会运动相关的国内外研究成果仍然为本研究提供了理论与实证研究的借鉴。与本书相关的研究现状与文献综述包含两方面内容：一是社会运动的理论范式研究；二是美国社会运动的实证研究。在归纳和梳理这两部分内容后，本书将确定自己的研究路径。

（一）社会运动的理论范式研究

西方尤其是美国学者对社会运动理论范式的研究成果颇丰，论文著述汗牛充栋。自 20 世纪 60 年代美国经历了社会运动高涨期以来，美国学者对社会运动理论范式的研究更是突飞猛进、日新月异。20 世纪 60 年代也是早期社会运动理论范式和当代社会运动理论范式的分水岭。综观社会运动理论范式研究的发展，可以梳理出一个简单的发展逻辑和脉络（如图1）。

早期的社会运动研究主要是围绕着社会运动发生的原因以及个人为

[1] Marshall Ganz, "Left Behind: Social Movements, Parties, and the Politics of Reform," paper prepared for Annual Meeting of the American Sociological Association, Montreal, P. Q., 2006.

[2] Jeni Krencicki and Dahvi Wilson, "Lessons from the Right: Saving the Soul of the Environmental Movement," Spring 2005, http://www.commonwealinstitute.org/cw/files/LessonsFromTheRightSavingEnvironMovt.pdf, 最后访问日期：2012 年 12 月 22 日。

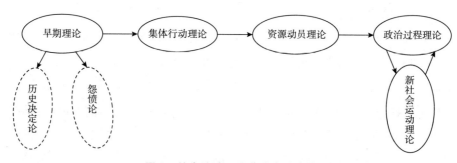

图 1   社会运动理论范式发展脉络

什么要参与社会运动而展开的。20 世纪 60 年代末之前，西方学者对于社会运动发生的原因主要持两种观点：历史决定论和怨愤论。历史决定论的代表人物是马克思（Karl Marx）和恩格斯（Fredrick Engels）。他们认为社会运动是社会结构发展的必然结果，无产阶级与资产阶级之间的阶级矛盾以及无产阶级自我意识的觉醒是社会运动产生的根本原因。[①]怨愤论的主要代表人物是古尔（Ted R. Gurr）、特纳（Ralph T. Turner）、凯利安（Lewis M. Killian）和斯梅尔瑟（Neil J. Smelser）。他们从社会心理学的角度来回答人们为什么要参与社会运动。尽管他们提出的理论各有不同，但最重要的是他们都有一个相同的假设，即人是非理性的，并都认为社会运动发生的前提条件是人们的怨愤以及对产生怨愤的原因与减少怨愤的方式持有的共同信念。[②] 1965 年，美国经济学家和社会学家曼瑟尔·奥尔森（Mancur Olson）著述的《集体行动的逻辑》一书出版，为随后的社会运动理论研究起到了非常重要的推动作用。奥尔森认为，人是理性的、自私的，既然人们具有共同利益，那么只要目标实现，公众都会受益，这种利益不具排他性，因此每个人都有"搭便车"的心理，倾向于选择以最低成本或零成本（即不参与集体行动）实现目标的方式。[③] 集体行动理论提出后便遭到美国众多社会运动研究者的诸多诟病。尽管集体行动理

① Robert C. Tucker ed, *The Marx – Engels Reader*, 2nd ed. （New York：Norton, 1978）, p. 481.

② Ted R. Gurr, *Why Men Rebel* （Princeton：Princeton University Press, 1971）；Ralph T. Turner and Lewis M. Killian, *Collective Behavior*, 2nd ed. （Englewood Cliffs, N. J.：Prentice Hall, 1972）；Neil J. Smelser, *Theory of Collective Behavior* （London：Routledge and Kegan Paul, 1962）.

③ Mancur Olson, *The Logic of Collective Action* （Cambridge, Mass.：Harvard University Press, 1965）.

论存在很多缺陷，但随后的社会运动理论研究者都接受了集体行动理论中有关"理性人"的假设。

自 20 世纪 60 年代大量社会运动在美国出现之后，美国学者开始对这些社会运动进行实证研究以及对早期的社会运动理论范式进行反思，并在批判与合理吸收早期理论的基础上提出了新的社会运动理论模型。首先是 20 世纪 70 年代麦卡锡和扎尔德提出的资源动员理论，代表作是 1973 年的《美国社会运动趋势：职业化与资源动员》[1] 和 1977 年发表在《美国社会学杂志》上的《资源动员和社会运动：一个部分理论》[2]。麦卡锡和扎尔德认为怨愤并不是人们参与社会运动的充分条件，只是一个常量。生活在任何一个社会中的人都有怨愤，但社会运动在一个社会发生却没有在另外一个社会发生的原因是怨愤群体能否掌控可支配的组织资源。资源动员理论强调社会运动发生的各种外部资源因素，如社会运动组织的规模，社会运动与媒体、政治精英的互动，社会运动的策略与手段。

鉴于怨愤论、集体行动理论和资源动员理论都未能从社会的宏观层面来解释社会运动发生的原因，后来的社会运动研究者就将社会、文化、政治、经济等宏观因素纳入社会运动研究的理论范式当中。最早考察社会运动发生的政治经济背景的是美国政治社会学家皮文（Frances Fox Piven）和克劳沃德（Richard A. Cloward）[3]。1978 年，蒂利出版了政治过程理论的奠基之作《从动员到革命》。在书中蒂利中和了此前的社会运动理论，提出了"政体模型"与"动员模型"，认为利益、组织与机遇三者的互动能够有效解释社会运动发生的原因。其中，利益指人们参与社会运动可能带来的潜在收益；组织指身份认同与组织网络的强度；机遇指社会运动面对的政治力量的强弱，即政治当权者对社会运动的支持或镇压。[4] 最终，美国社会学家道格·麦克亚当在 1982 年出版的《政治过程与黑人运动的发展（1930～1970）》一书中批判继承了早期社会运动理论并吸收了资源动员理论与蒂利

① Mayer. N. Zald and John, D. McCarthy, "The Trend of Social Movements in America: Professionalization and Resource Mobilization".

② John D. McCarthy and Mayer N. Zald, "Resource Mobilization and Social Movements: A Partial Theory".

③ Frances Fox Piven and Richard A. Cloward, *Poor People's Movements: Why They Succeed, How They Fall* (New York: Vintage Books, 1977).

④ Charles Tilly, *From Mobilization to Revolution* (Reading, Mass.: Addison-Wesley, 1978).

的理论精髓，提出了至今仍在社会运动研究领域中占主导地位的政治过程理论。1999 年该书的第二版问世。在第二版中，麦克亚当吸收了 20 世纪 80 年代以来新社会运动理论的核心思想，进一步完善了政治过程理论模型。①这也是图 1 中用双箭头来表示政治过程理论与新社会运动理论的关系的原因所在。双箭头既能表明理论产生的先后关系，又可表明两者相互影响、相互渗透的互动关系。

新社会运动理论开辟了社会运动研究的新方向，如社会运动研究向参与者个体情感因素与文化因素的回归，即集体身份认同、意识形态与"框定"理论都是新社会运动理论的重要研究内容。新社会运动理论的代表作包括了伯特·克兰德曼斯（Bert Klandermans）、汉斯彼特·科瑞艾斯与西德尼·塔罗著述的《从结构到行为：不同文化中社会运动之比较》（1988 年）②、安东尼·奥伯施奥尔（Anthony Oberschall）著述的《社会运动：意识形态、利益和身份》（1995 年）③、威廉·加姆森和戴维·迈耶（David S. Meyer）著述的《框定政治机遇》（1996 年）④、古德温（Jeff Goodwin）等合著的《激情政治：情感与社会运动》（2001 年）⑤。麦克亚当在后来完善的政治过程理论模型中也加入了对情感和文化因素的考察。政治过程理论试图从以下五个方面来解释社会运动的起因、发展及其衰落：一是广泛的社会政治经济变迁（涵盖了国内外环境的变迁、社会精英的变化）；二是内在组织强度（既包括社会运动发生之前已经在怨愤群体中存在的组织，也包括在运动中产生的组织）；三是认知解放（涵盖参与者个体以及运动组

---

① Doug McAdam, *Political Process and the Development of Black Insurgency*, *1930 - 1970*, 1982/ 1999.

② Bert Klandermans, Hanspeter Kriesi and Sidney G. Tarrow, eds., "From Structure to Action: Comparing Social Movement Research across Cultures," *International Social Movement Research*, Vol. 1, 1988.

③ Anthony Oberschall, *Social Movements: Ideologies, Interests, and Identities* (New Brunswick, NJ: Transaction Books, 1993).

④ W. A. Gamson and D. S. Meyer, "Framing Political Opportunity," in D. McAdam, J. McCarthy and M. N. Zald, eds., *Comparative Perspectives on Social Movements, Political Opportunities, and Cultural Framings* (Cambridge: Cambridge University Press, 1996), pp. 275 - 290.

⑤ Jeff Goodwin, James M. Jasper and Francesca Polletta, eds., *Passionate Politics: Emotions and Social Movements* (Chicago: University of Chicago Press, 2001).

织双重层面对运动合法性等的认可和集体认同）；四是集体属性（即集体身份认同）；五是社会控制程度（它是指社会运动发生之后，社会运动与外部环境特别是制度化政治的互动）。

国内学者对社会运动理论研究的成果集中在对西方社会运动理论范式的述评上，散见于一些论文和少数的著述，对社会运动理论的原创性研究成果极为少见。执教于美国芝加哥大学社会学系的赵鼎新著述的《社会与政治运动讲义》①与同济大学谢岳教授著述的《抗议政治学》②都对西方社会运动研究理论进行了详尽全面的介绍和评述。尽管《抗议政治学》的研究对象是集体抗议，但由于社会运动是集体抗议的表现形式之一，加之该书的分析框架是抗议政治理论，而抗议政治理论模型大多又来自对社会运动的研究，因此，其对本研究也有很大的理论借鉴作用。相关的比较重要的论文包括：《社会运动的政治过程——评〈美国黑人运动的政治过程和发展（1930～1970）〉》（2009年）③、《集体行动理论化系谱：从社会运动理论到抗争政治理论》（2009年）④、《认同感政治：西方新社会运动述评》（2007年）⑤、《西方集体行动理论的四种取向》（2008年）⑥。

（二）美国社会运动的实证研究

美国社会运动的实证研究可以分为两大类：一类是解释性研究，另一类是历史描述性研究。解释性研究又可细分为理论解释性研究与政治层面研究两类。

---

① 赵鼎新：《社会与政治运动讲义》，社会科学文献出版社，2012。由于此书是《清华社会学讲义》系列著述之一，因此笔者将其列为国内文献范畴。

② 谢岳：《抗议政治学》，上海教育出版社，2010。

③ 杨灵：《社会运动的政治过程——评〈美国黑人运动的政治过程和发展（1930～1970）〉》，《社会学研究》2009年第1期。杨灵与本书笔者对麦克亚当的著述 *Political Process and the Development of Black Insurgency, 1930–1970* 的中文译名有所不同，但都指代同一本书。笔者将其译为《政治过程与黑人运动的发展（1930～1970）》。

④ 谢岳、曹开雄：《集体行动理论化系谱：从社会运动理论到抗争政治理论》，《上海交通大学学报》（哲学社会科学版）2009年第3期。

⑤ 何平立：《认同感政治：西方新社会运动述评》，《探索与争鸣》2007年第9期。

⑥ 冯建华、周林刚：《西方集体行动理论的四种取向》，《国外社会科学》2008年第4期。

　　有关美国社会运动的理论解释性研究成果，最有代表性的是麦克亚当对黑人民权运动的实证研究，他在此基础上提出了著名的政治过程理论模型。① 麦克亚当的政治过程理论及其实证研究成果都为本研究提供了重要的理论及经验层面的借鉴。还有些美国学者使用社会运动理论范式对具体的美国社会运动案例以及社会运动组织进行研究，这方面的研究成果有很多，如安妮·考斯泰恩（Anne N. Costain）的著述《邀请妇女抗议：妇女运动的政治过程解读》及其论文《框定妇女运动》，② 汉斯比特·科瑞艾斯的论文《新社会运动的政治机遇结构：对运动动员的影响》③，戴维·迈耶的论文《抗议周期与政治过程：核时代中的美国和平运动》④，杰克·瓦尔克（Jack L. Walker）的著述《美国利益集团的动员：资助、职业与社会运动》⑤，劳拉·图森特（Laura L. Toussaint）的著述《当代美国和平运动》⑥ 等。

　　美国社会运动研究进入政治学视野始于 20 世纪六七十年代，恰逢微观政治研究在美国学术界的兴起。从国家建立和发展的过程看，在国家建立的初始阶段，政治学的主要研究对象是社会的上层建筑和决策的核心。究其原因是由于当时研究的数据来源单一，主要是来自国家权力的中心，如君主、内阁、行政机构、国会、法院等。然而，随着 19 世纪和 20 世纪初选举权的扩大和普及，政治学研究的内容也随之发生变化。20 世纪六七十年代美国政治学开始与社会学交叉，推动了微观政治学研究的兴起。美国政治学家对社会运动的研究就是始于这个时期，尤其是对 20 世纪 60

①　McAdam, *Political Process and the Development of Black Insurgency, 1930 – 1970*, 1982/1999.

②　Anne N. Costain, *Inviting Women's Rebellion: A Political Process Interpretation of the Women's Movement* (Baltimore, MD: Johns Hopkins University Press, 1992); Anne N. Costain, Richard Braunstein and Heidi Berggren, "Framing the Women's Movement," in Pippa Norris ed., *Women, Media, and Politics* (New York: Oxford University Press, 1996), pp. 205 – 220.

③　Hanspeter Kriesi, "The Political Opportunity Structure of New Social Movements: its Impact on their Mobilization," in J. Craig Jenkins and Bert Klandermans, eds., *The Politics of Social Protest* (Minneapolis: University of Minnesota Press, 1995), pp. 167 – 198.

④　David Meyer, "Protest Cycles and Political Process: American Peace Movements in the Nuclear Age," *Political Research Quarterly*, Vol. 46, Issue 3, 1993, pp. 451 – 479.

⑤　Jack L. Walker, *Mobilizing Interest Groups in America: Patrons, Professions, and Social Movements* (Ann Arbor: University of Michigan Press, 1991).

⑥　Laura L. Toussaint, *The Contemporary U. S. Peace Movement* (New York: Routledge, 2009).

年代在美国发生的大量左翼社会运动进行的研究。早期的研究较多关注社会运动对公共政策决策的影响，以及研究者为政府做出的有关管理和应对当时大量兴起的社会运动的研究报告。近二十年来，有关社会运动与美国民主制度、国家、政党、选举之间关系的研究开始逐步涌现。安妮·考斯泰恩和安德鲁·麦克法兰（Andrew S. McFarland）合编的《社会运动与美国政治制度》①与杰克·A. 戈德斯通著述的《国家、政党与社会运动》②是这类研究成果中较有代表性的两部著作。《社会运动与美国政治制度》一书的大部分作者在具体政治层面上对社会运动进行了考察，如社会运动与行政、立法与司法机构的相互影响和联系，研究的核心问题是社会运动对政府议程设定、决策以及司法裁定的影响。《国家、政党与社会运动》考察了20世纪50年代以来在美国乃至全世界发生的社会运动与政党政治之间的相互作用。此前的学者都认为社会运动和政党研究是毫不相干、截然不同的两个独立的研究领域。然而，戈德斯通的著作却揭示了二者相互交叠的密切关系：社会运动不但塑造政党内部结构、政党政策以及选举竞争，更可以导致新政党的出现；政党政治活动反过来也会为社会运动提供机遇或限制，并塑造其人员结构和结果。维多利亚·卡蒂（Victoria Carty）著述的《网络与动员：社会运动、新技术和选举政治》也详细论述了社会运动与选举政治的关系。③ 类似的研究还有切达·斯考切波（Theda Skocpol）与瓦内莎·威廉姆森（Vanessa Williamson）合著的《茶党与共和党保守主义的重塑》④，马克·罗泽尔（Mark J. Rozell）与克莱德·威尔考克斯（Clyde Wilcox）合编的著作《草根阶层的神（1996）：1996年选举中的基督教右翼》⑤，艾瑞克·约翰森（Eric W. Johnson）的论文《社会运动规模、组织多

---

① Anne N. Costain and Andrew S. McFarland, *Social Movements and American Political Institutions* (New York: Rowman and Littlefield Publishers, 1998).

② Jack A. Goldstone, *States*, *Political Parties and Social Movement* (Cambridge, MA: Cambridge University Press, 2003).

③ Victoria Carty, *Wired and Mobilizing: Social Movements*, *New Technology*, *and Electoral Politics* (New York: Routledge, 2011).

④ Theda Skocpol and Vanessa Williamson, *The Tea Party and the Remaking of Republican Conservatism* (New York: Oxford University Press, 2012).

⑤ Mark J. Rozell and Clyde Wilcox, eds., *God at the Grass Roots, 1996: The Christian Right in the 1996 Elections* (New York: Rowman and Littlefield Publishers, 1997).

样性与联邦立法》①，肯尼斯·瓦尔德（Kenneth D. Wald）的论文《基督教右翼与公共政策》②，鲍尔·伯斯泰恩（Paul Burstein）与爱普瑞尔·林顿（April Linton）的论文《政党、利益集团与社会运动组织对公共政策的影响》③，等等。

有关 20 世纪 70 年代以来的美国左右翼社会运动的历史描述性研究成果也非常多，它们主要集中在对具体社会运动案例的历史考察方面。这方面的研究包括亨利·考尔菲尔德（Henry P. Caufield）的论文《保护与环保运动：一个历史的分析》④，斯蒂夫·布鲁斯（Steve Bruce）的著述《新基督教右翼的兴衰》⑤，乔·弗里曼的著述《60 和 70 年代的社会运动》⑥，等等。

国内学者对美国社会运动的实证研究大多采用历史社会学的分析方法，并多以选取某一社会运动案例作为研究对象。如张友伦著述的《当代美国社会运动和美国工人阶级》⑦，张惠玲的博士论文《当代美国政治中新基督教右翼运动》⑧。也偶见运用社会运动理论范式对某一社会运动进行考察和分析的文献，如刘颖的博士论文《新社会运动理论视角下的反全球化运动》⑨。

有关美国社会运动的政治层面的研究，国内学者的成果则多见于一些

① Erik W. Johnson, "Social Movement Size, Organizational Diversity and the Making of Federal Law," *Social Forces*, Vol. 86, No. 3, 2008, pp. 967 - 993.

② Kenneth D. Wald and Jeffrey C. Corey, "The Christian Right and Public Policy: Social Movement Elites as Institutional Activists," *State Politics and Policy Quarterly*, Vol. 2, No. 2, 2002, pp. 99 - 125.

③ Paul Burstein and April Linton, "The Impact of Political Parties, Interest Groups, and Social Movement Organizations on Public Policy: Some Recent Evidence and Theoretical Concerns," *Social Forces*, Vol. 81, No. 2, 2002, pp. 380 - 408.

④ Henry P. Caufield, "The Conservation and Environmental Movements: An Historical Analysis," in James P. Lester ed., *Environmental Politics and Policy: Theories and Evidence* (Durham, NC: Duke University Press, 1989), pp. 13 - 56.

⑤ Steve Bruce, *The Rise and Fall of the New Christian Right* (New York: Clarendon, 1988).

⑥ Jo Freeman, *Social Movements of the Sixties and Seventies* (New York: Longman, 1983).

⑦ 张友伦：《当代美国社会运动和美国工人阶级》，天津人民出版社，1993。

⑧ 张惠玲：《当代美国政治中的新基督教右翼运动》，华东师范大学博士学位论文，2007。

⑨ 刘颖：《新社会运动理论视角下的反全球化运动》，山东大学博士学位论文，2006。

漫谈式的文章和少数学术论文，如郦菁的文章《美国社会运动兴衰的秘密》①，周琪等的文章《占领华尔街：资本主义的困惑》②，江涛的文章《茶党搅局美国中期选举》③ 以及胡文涛的论文《"占领华尔街"运动的特征、动因及影响》④。相关的著作成果更是匮乏，仅有张友伦与李剑鸣主编的《美国历史上的社会运动和政府改革》⑤。

（三）研究路径

通过上述文献考察可以看出，目前国内外学界对美国社会运动的研究主要存在两大问题。第一个问题是，美国社会运动理论范式的研究大多基于学者对左翼运动的实证研究。事实上，在美国，社会运动已不再是左翼和社会底层或被边缘化的群体争取利益的专有手段，右翼与社会中上层也在使用社会运动的方式来为自己争取利益。20 世纪 70 年代在美国崛起的新基督教右翼运动就是一例，还有最近发生的茶党运动也同样如此。因此，现有的社会运动理论范式能否适用于对右翼运动的研究还需要大量右翼运动案例的实证研究来加以验证。

第二个问题是，从整体上讲，目前国内外有关美国社会运动的研究碎片化严重，比较研究严重匮乏。目前的研究大多局限于对某一社会运动个案的实证研究以及解释性研究。研究者从不同视角对同一社会运动案例的解读也不尽相同。这种缺乏横向案例比较的研究现状使人们很难全面、科学地理解和认识社会运动及其所发生的社会。

为解决上述问题，本书力图做些尝试。具体做法是，既以现有社会运动理论范式作为指导，又以目前关于美国左右翼社会运动的研究成果为基础，将美国左右翼社会运动置于限定的历史阶段内进行横向比较研究。这是本书拟定采取的研究路径。事实上，将美国左右翼社会运动放在一起进行研究，采用统一的研究标准对两类运动进行考察，不仅有助于我们客观

① 郦菁：《美国社会运动兴衰的秘密》。
② 周琪等：《占领华尔街：资本主义的困惑》，《世界知识》2011 年第 21 期。
③ 江涛：《茶党搅局美国中期选举》，《瞭望》2012 年第 Z2 期。
④ 胡文涛：《"占领华尔街"运动的特征、动因及影响》，《现代国际关系》2011 年第 11 期。
⑤ 张友伦、李剑鸣：《美国历史上的社会运动和政府改革》，天津教育出版社，1992。

地解读左右翼社会运动，还有助于全方位地还原美国社会文化、政治与经济的生态面貌。近些年来，大规模的左右翼社会运动又极为少见地在美国社会同时上演。或许只有通过对美国左右翼运动进行比较研究，才能完整、客观、深刻地解读美国社会与政治。左与右是政治光谱中的一对相对的概念。左与右对作为一种社会现象的社会运动来讲也同样如此，对其中一个现象进行考察和研究的同时，需要以另外一个作为参照。

四 研究方法、创新之处和研究框架

与大多数美国社会运动学者的研究一样，本书也将以社会运动研究理论为基础。本书的理论基础是政治过程理论。笔者在研究中将采用比较、实证、历史以及少量文本分析的研究方法对美国左右翼社会运动进行定性比较分析，同时辅以个案考察。本书以史为论，在宏观描述理论的同时注重对特定社会、政治、经济、历史背景、社会运动发展演变和内在特征的综合考察。

本书的研究阶段限定在20世纪70年代至今。20世纪70年代是"60年代"美国左翼运动衰落与右翼运动崛起的分界点。此后，美国左右翼运动各自发生了嬗变，右翼运动也经历了崛起、发展、兴盛到衰落的过程。在21世纪的头十年，大规模左右翼运动又在美国相继出现。

本书使用的资料主要来源于以下几个方面：（1）国内外社会运动研究理论的相关著述与文章，特别是与政治过程理论相关的著述与文章；（2）国内外有关美国左右翼社会运动实证研究的著述与文章；（3）美国社会运动百科全书（Immanuel Ness ed.，*Encyclopedia of American Social Movements*，NY：M. E. Sharpe Inc.，2004）；（4）美国城市年鉴；（5）相关美国政策法规文献资料；（6）权威民意调查机构（权威媒体、皮尤、盖洛普等）；（7）美国主要媒体对社会运动报道脚本（律商联讯数据库）；（8）社会运动组织的相关情况介绍（来自各组织官网的一手资料）。

本书创新之处有两点。第一，将右翼社会运动置于政治过程理论框架下进行研究。第二，以政治过程理论为基础，对美国左右翼社会运动进行比较研究，并辅以最近发生的美国左右翼社会运动案例分析。如上所述，政治过程理论范式的提出和发展是基于理论家对美国左翼社会运动的实证研究，因此本书将右翼社会运动及最新左右翼社会运动案例置于该理论框架下进行研究是对该理论范式的一次全新验证。此外，国内外学界对美国国内左右翼社会运动比较研究的不足是笔者选择比较分析视角的重要原因。对 20 世纪 70 年代以来美国左右翼运动的比较考察和分析，有助于揭示美国社会运动与其社会、国内外政治环境的内在联系，有助于全面了解处在向后工业时代过渡时期的美国社会文化与政治经济特点，并有助于深度挖掘当下美国面临的社会矛盾及其政治困境。

　　本书除绪论与结论外共分五章。第一章详细梳理了社会运动研究的政治过程理论，并在此基础上建立了本书的研究模型；第二章概述了 20 世纪 70 年代以来美国社会运动的变迁，其中着重探讨了 20 世纪 60 年代左翼社会运动衰落的原因及其对 70 年代以来美国左右翼社会运动的影响，并从新社会运动理论、后工业社会理论以及公民社会三个视角考察了 20 世纪 70 年代以来美国社会运动的结构性变化及其与广义的社会、政治和经济变迁的关系；第三章运用本书提出的研究模型比较分析了 20 世纪 70 年代以来美国左右翼社会运动的组织动员模式、运动诉求、运动话语构建与传播、运动策略与手段及其所处的外部机遇环境——社会运动的社会、政治与经济机遇；第四、第五章运用本书提出的研究模型对美国左右翼运动的最新案例，即茶党运动与"占领华尔街"运动分别进行了比较分析。

第一章　理论视角：政治过程理论

社会运动是一个复杂的社会现象。社会运动研究的议题在不断扩充，从最初关注的社会运动发生的原因，到社会运动发展的宏观规律，再到后来对社会运动中观以及微观机制的研究。与此同时，社会运动研究的理论视角也经历了从社会心理学视角、经济学视角向政治社会学视角的转变。在这些宏观理论视角下，西方学者提出了诸多社会运动研究范式。目前在美国社会运动研究领域中占主导地位的是政治过程理论。政治过程理论是本书研究的理论基础。政治过程理论在批判继承早期社会运动理论的基础之上发展而来，并深受后来社会运动研究内容及方向的影响，因此，为了全面了解政治过程理论，有必要首先梳理社会运动研究理论的发展脉络及其内在逻辑。

第一节　美国早期社会运动研究理论

社会运动学者通常将 20 世纪 70 年代视为传统和现代社会运动研究理论的分界点，其原因有三。一是早期的社会运动学者很少对社会运动持肯定的态度，大多认为社会运动是一种野蛮、暴力、反动的非理性行为。二是20 世纪 60 年代在美国出现了很多大规模的社会运动之后，一些投身于社会运动研究的年轻学者往往都是这些运动的同情者或直接参与者。在研究中，他们发现传统的社会运动理论过于强调社会运动的负面效应，无法全面评价 20 世纪 60 年代发生的社会运动，因此他们在批判传统理论的基础上提出了两个重要的现代社会运动研究理论，即资源动员理论和政治过程理论。三是美国经济学家和社会学家曼瑟尔·奥尔森著述的《集体行动的逻辑》①在 1965 年的问世对现代社会运动研究理论的兴起和发展产生了重要而深远

---

① 　Mancur Olson, *The Logic of Collective Action*.

的影响。现代社会运动研究理论家都接受了奥尔森提出的理性经济人的假设，并认为社会运动的参与者都是理性的。下面笔者将从两方面梳理美国早期的社会运动研究理论：一是在社会心理学视角下提出的传统社会运动研究理论；二是作为现代社会运动研究理论奠基人的奥尔森提出的集体行动理论。

一 美国社会运动研究理论的思想渊源

美国学者对社会运动的解读或多或少地受到了欧洲传统理论思想的影响。在系统地梳理美国社会运动研究理论之前，有必要先厘清它们与欧洲传统理论思想的内在传承逻辑与关系。四种欧洲传统理论思想对美国社会运动研究理论的发展产生了较为明显和深刻的影响，它们是社会学的功能主义流派、马克思主义社会学、欧洲启蒙思想家基于人性论和利己心的个人自由主义思想以及欧洲早期的社会心理学思想。这四种理论传统的主要代表人物分别是法国社会学家涂尔干（Emile Durkheim），卡尔·马克思，早期的欧洲启蒙思想家约翰·洛克（John Locke）、托马斯·霍布斯（Thomas Hobbes）和亚当·斯密（Adam Smith），以及群体心理学的创始人、法国社会心理学家古斯塔夫·勒庞（Gustave Le Bon）。

涂尔干是社会学的奠基人之一。他的思想对大多数社会学分支研究领域都产生了重要影响。尤其是他著述的《社会学方法的准则》[1] 一书系统地描述了社会学的研究对象以及科学的社会学研究方法，并成为社会学功能主义流派的奠基之作。社会学功能主义的一些核心思想在早期美国集体行动研究[2]的著作和理论思想中清晰可见，如美国社会学家斯梅尔塞的《集体行为理论》[3] 以及美国社会学家、符号互动论的主要倡导者布卢默（Herbert Blumer）的集体行为形成理论。尽管涂尔干本人没有具体针对社会运动进行研究，但他提出的一些概念，如社会失范、社会规范、社会整合、社会平衡、社会团结与集体意识，以及他所做的针对自杀行为的研究都对美国早期的集体行动研究者具有巨大的启迪作用。在《社会学方法的准则》一书

---

① 〔法〕埃米尔·涂尔干：《社会学方法的准则》，狄玉明译，商务印书馆，1995。

② 美国集体行动研究是社会运动研究的先驱。

③ Neil J. Smelser, *Theory of Collective Behavior*.

中，涂尔干继承了孔德（Isidore Marie Auguste François Xavier Comte）和斯宾塞（Herbert Spencer）的社会学传统，借由社会生物学的分析方法将社会比喻为人的机体，并从这个类比方式中提出了区分社会正常现象和病态现象的准则。他认为社会现象的原因主要在于社会，而个人的心理因素则是次要的。① 涂尔干在《社会分工论》中贬低了传统社会中的集体意识，认为其接近于宗教，带有强制性。他认为这种由集体意识和宗教支配的传统社会必将由分工制所取代。② 然而，在涂尔干后来关于社会整合的研究中，他又重新强调了集体意识与宗教的社会作用。在《社会分工论》一书中，他还将社会平衡遭到破坏或社会失范的原因归结为社会解组的危险、反常分工对社会团结的破坏作用和有机团结受到威胁。③ 美国早期的集体行动理论，特别是斯梅尔塞的加值理论和布卢默自称为"循环反应"的集体行为形成理论中都有涂尔干思想的印记。在加值理论和循环反应理论中，斯梅尔塞和布卢默都从社会结构性诱导因素入手加以阐释和分析，从中可以看到美国早期集体行动理论与社会学功能主义流派存在着千丝万缕的联系。此外，涂尔干对自杀行为进行的实证研究也使美国早期集体行动理论家深受启迪。涂尔干在1897年出版的《论自杀》一书中对自杀的原因进行了深入研究和阐释。在19世纪末涂尔干生活的年代，社会上普遍认为自杀的原因来自于个人，如由家庭遗传或精神疾病等所致。然而，为了深入挖掘自杀的根本原因，通过运用社会学的理论和方法，涂尔干提出自杀是一种社会现实的理论，认为自杀是一种社会的病态现象。他将自杀的原因与社会结构性诟病相联系，把自杀分为四种类型：利己型自杀、利他型自杀、迷乱型自杀和宿命论自杀。涂尔干在书中提到，"除非人们的需求与他们的谋生手段完全相适应，否则他们不会幸福，甚至不可能活下去"④。在此，涂尔干隐含了一个自杀与社会结构有关联的假设。这也是涂尔干认为自杀是一种社会病态现象的原因所在。美国早期的集体行动理论家也接受了

---

① 〔法〕埃米尔·涂尔干：《社会学方法的准则》，第66~93页，第106~138页。

② 〔法〕埃米尔·涂尔干：《社会分工论》，渠东译，生活·读书·新知三联书店，2000，第240~262页。

③ 〔法〕埃米尔·涂尔干：《社会分工论》，第313~333页。

④ Emile Durkheim, *Suicide* (New York：Free Press, 1951), p. 246.

涂尔干的假设，认为一些集体行动如罢工、暴乱等是社会病态现象，并从社会结构层面阐释这些集体行动形成的原因。

与以涂尔干为代表的西方社会学不同，马克思主义社会学的目标在于批判资本主义社会的弊端以及推翻资本主义制度。因此，大多数美国学者拒绝接受马克思主义社会学的基本思想，特别是美国集体行动理论自兴起后一直深受社会学功能主义流派的影响，美国学者忽视了对马克思主义社会学思想的借鉴与吸收。直到 20 世纪中期，一些美国学者才开始用马克思主义社会学的理论与方法对社会运动做出了全新的解读，如塞缪尔·P. 亨廷顿（Samuel P. Huntington）以及皮文和克劳沃德。马克思主义思想的基础是唯物主义历史观。这种历史观将人们在社会生产中必然形成的社会经济结构以及与其物质生产力的发展阶段相适应的生产关系的总和，看作决定整个人类社会结构的基础。同时它还将受制于社会的政治、法律以及意识形态等上层建筑。随着社会生产力向前发展，社会经济结构与上层建筑的矛盾运动以及阶级斗争决定了人类社会历史的变迁。[1] 与涂尔干不同，马克思与恩格斯将社会运动直接作为研究对象，他们从经济决定论的角度对工人们为什么会卷入集体行动进行了解答。马克思在《共产党宣言》中写道：

> 资本主义无意促进的工业的进步，使工人通过结社而达到的革命联合代替了他们由于竞争而造成的分散状态……他们斗争的真正收获不在于直接的成效，而在于不断发展的工人联盟。[2]

正如上述所说，他们认为随着生产力的不断发展，资本主义将无产者打造成了一个阶级，并助推了由无产阶级组成的工会组织。随着资本主义矛盾的不断加深，无产阶级与资产阶级矛盾的不断激化，无产阶级终将看到自己的真正利益所在。那时，他们就会发起集体行动。由此看出，马克思与恩格斯是将社会运动置于社会政治与经济结构的宏观背景下进行研究的。至此，一直由以非政治、着眼于现状为基本特点的社会学功能主义流派思想占据主导地位的美国社会运动研究领域被注入了新鲜的分析视角。

---

[1] Robert C. Tucker ed. , *The Marx - Engels Reader*, pp. 70 - 81.

[2] 马克思：《共产党宣言》。参见〔美〕西德尼·塔罗《运动中的力量：社会运动与斗争政治》，吴庆宏译，译林出版社，2005，第 15 页。

　　从下面两个例子就可以看出，马克思主义社会学思想对美国社会运动学者的影响。亨廷顿在 1968 年出版的《变化社会中的政治秩序》一书中就从社会变迁的角度阐释了社会运动如政治动乱、革命的原因，其中社会变迁包含了诸多因素，如经济迅速增长、人均国民收入以及识字率等。[①] 皮文和克劳沃德在 1977 年出版的《穷人的运动：为什么成功，又如何失败》一书中也从经济、社会以及政治变迁的角度对美国的民权运动加以阐释。他们认为，美国北方在二战后的迅速工业化大大增加黑人的流动性以及南方农业的机械化导致对黑人劳动力需求的减少是民权运动发生的主要原因。正是由于经济上的原因，大量的黑人才能够被动员起来，参与到民权运动当中。也正是由于这个原因，美国黑人才有机会通过使用手中握有的选票重组民主党，进而导致《民权法案》在 20 世纪 60 年代的通过。[②] 从以上学者对社会运动的解读方式中可以看出，马克思主义社会学思想对美国社会运动研究的最大贡献在于它使美国学者关注到了经济因素对社会结构变化的影响。

　　古典自由主义思想对美国社会运动研究，尤其是那些以社会运动参与者即个人为主要对象的研究产生了重要影响。理论界普遍认为洛克《政府论》的问世宣告了古典自由主义的诞生，并从此成为西方政治经济思想中的主流思想之一。17 世纪，洛克、霍布斯等思想家提出了天赋人权、自然法、契约论等学说，个人自由也随之在人类历史上首次被视为一个重要的议题来加以讨论。虽然洛克和霍布斯对自由主义的产生和理论思想的逻辑论述和表达从根本上讲是有区别的，如他们对自然法的有效性持有不同看法，但他们的政治思想中都提出了一些自由主义基本概念，如他们都认为人在自然状态中享有天生的自然权利，如生命、自由和财产权；人除了欲望之外还具有理性；等等。[③] 英国古典政治经济学鼻祖亚当·斯密也为古典

---

① 〔美〕塞缪尔·P. 亨廷顿：《变化社会中的政治秩序》，王冠华等译，上海人民出版社，2008，第 31~44 页。

② Frances Fox Piven and Richard A. Cloward, *Poor People's Movements: Why They Succeed, How They Fall.*

③ 〔英〕约翰·洛克：《政府论》，刘晓根译，北京出版社，2007，第一章；〔英〕托马斯·霍布斯：《论公民》（剑桥政治思想史原著系列影印本），中国政法大学出版社，2003，第一章。

自由主义思想的发展做出了巨大贡献。他将洛克和霍布斯的个人自由主义思想引进了经济学领域，成为第一位新兴资本主义秩序的经济代言人。在《国富论》中，他认为社会财富的根源是人对个人利益的追求，人不但具有某种自然的权力，也可以寻求经济上的自利目的。[①] 古典自由主义中有关个人自由主义思想的一些核心概念，如理性人、追求个人利益最大化等对美国社会运动研究者的影响颇深。美国学者奥尔森以及安东尼·奥伯施奥尔在研究集体行动和社会运动时都秉承了个人自由主义思想的精髓。他们都将人作为集体行动和社会运动研究的主要对象，都接受理性人的假设，提出了人为什么要参与集体行动和社会运动的核心研究问题，并认为人为了追求自身利益的最大化，在参与集体行动和社会运动之前会做成本和收益计算。[②]

　　美国早期社会运动研究还受到西方社会心理学的影响，尤其是深受 19 世纪末 20 世纪初的法国思想家勒庞的群体心理学思想的影响。有些学者甚至认为美国社会运动研究就是在勒庞的社会心理学思想的基础上起步的。[③] 的确，美国早期的集体行动和社会运动的研究到处可以见到勒庞群体心理学思想的影子，如布卢默提出的集体行为循环反应理论的核心就是群体聚众的心理特征，古尔提出的"相对剥夺感"以及斯梅尔塞提出的加值理论中的社会结构性怨愤和一般信念同样如此。勒庞在 1895 年出版的《乌合之众：大众心理研究》一书中研究的核心问题就是群体心理学特征。勒庞思想的核心被称为"群体精神统一性的心理学规律"（law of the mental unity of crowds）。他认为，与一人独处时相比，个人聚集成群时会表现出明显的差别。进入了群体的个人，在"集体潜意识"机制的作用下，在心理上会产生一种本质性的变化。就像"动物、痴呆、幼儿和原始人"一样，这样的个人会不由自主地失去自我意识，完全变成另一种智力水平十分低下的生物。群体中的个人会表现出明显的从众心理，这种倾向会造成一些重要后

---

① 〔英〕亚当·斯密：《国富论》（英文版），中央编译出版社，2012，导论部分（Introduction and Plan of the Work）。

② Mancur Olson, *The Logic of Collective Action*; Anthony Oberschall, *Social Movements: Ideologies, Interests, and Identities*.

③ 赵鼎新：《社会与政治运动讲义》，第 26 页。

果，如教条主义、偏执、人多势众不可战胜的感觉，以及责任意识的放弃。①

二　美国传统社会运动研究理论：功能主义与社会心理学视角

美国早期社会运动研究理论打上了深刻的社会学功能主义与社会心理学思想的印迹。早期研究的核心议题是社会运动为什么会发生。主要代表人物有威廉姆·科恩豪泽（William Kornhauser）、布卢默、古尔、斯梅尔塞、詹姆斯·格斯克文德（James A. Geschwender）。道格·麦克亚当在回顾美国早期社会运动研究理论时曾做出这样的评价：尽管早期理论家在分析社会运动形成的原因时提出了不同的概念，但其分析论述的核心逻辑是相同的。他使用下面的模型来总结早期社会运动研究理论的核心思想（如图 1 - 1）。②

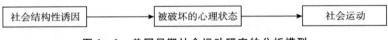

图 1 - 1　美国早期社会运动研究的分析模型

从麦克亚当归纳的模型中可以看到，美国早期社会运动研究理论家在分析社会运动的成因时都是从社会结构性诱导因素开始，再分析这些因素对个人心理所造成的影响，最后认为这种被破坏的个人心理状态成为社会运动形成的核心原因。这种论述逻辑和研究模式彰显了社会学功能主义流派与社会心理学思想对美国早期社会运动研究者的深刻影响。尽管美国早期社会运动研究者都遵循了上述分析模式，但他们对于社会结构性诱因及被破坏的个人心理状态特征的论述各不相同。下面将对一些代表性学者的理论进行简要梳理。

美国社会学家科恩豪泽在《大众社会政治学》一书中提出了"大众社会理论"来解释人参与社会运动的原因。大众社会理论认为正常的社会结构应该具有三层结构，即政治精英、中层组织和民众。中层组织为民众提

---

① 〔法〕古斯塔夫·勒庞：《乌合之众：大众心理研究》，冯克利译，中央编译出版社，2004，第 9 ~ 11 页。

② Doug McAdam, *Political Process and the Development of Black Insurgency*, *1930 - 1970*, 1999, p. 7.

供了参与政治与社会生活的渠道。如果一个社会中的中层组织薄弱或缺失，那么这种社会原子化（social atomization）会催生民众的社会隔离感，使民众感到焦虑，而这种焦虑感会最终导致民众参加一些极端行为，如社会运动以摆脱这种焦虑的情绪。[①] 美国社会学家、符号互动论的倡导者布卢默也将社会学功能主义流派的思想引入对集体行动的研究中，其认为主要是社会价值观与社会规范的改变引起民众心理的不安，从而导致社会运动的产生。布卢默提出的循环反应理论认为社会运动要经历五个阶段：愤怒（即由个人价值观的变化与社会旧有的制度规范相冲突所引发的愤怒）、集体精神的发展、集体情绪的发展、意识形态的形成、具体行动策略的形成。[②]

1970 年，美国社会心理学家古尔著述的《人们为什么造反》一书出版。尽管古尔在书中提出的核心理论是"相对剥夺感"（relative deprivation），但是在阐述社会运动形成的原因时也讨论了社会结构性诱导因素，如社会变迁、政治经济因素等。他认为，个人具有价值期待，而社会则有价值能力。人们对价值期待与价值能力不一致的状态形成了认知之后，就会产生相对剥夺感。相对剥夺感越强烈，社会运动就越有可能发生。古尔将相对剥夺感分为三种形式，即下降的剥夺感（decremental deprivation）、渴望的剥夺感（aspiration deprivation）与渐进的剥夺感（progressive deprivation）。[③] 斯梅尔塞在《集体行为理论》一书中提出了加值理论模型，他认为集体行动的产生具有六个诱导因素：结构性诱导因素，结构性的怨愤、剥夺感或压迫感，一般化信念的产生，触发社会运动的因素或事件，有效的运动动员以及社会控制能力的下降。斯梅尔塞的加值理论受到了经济学的影响，后者认为每一个诱导因素都为最终产品的形成增加价值。该理论假定，只有这六个诱导因素在特定的情境中相互作用时，集体行动才会最终产生。在这个模型中，社会变迁，如斯梅尔塞在书中经常提到的工业化、城市化、

---

① William Kornhauser, *The Politics of Mass Society* (Glencoe, Ill. : The Free Press, 1959), p. 32.

② Herbert Blumer, "Elementary Collective Behavior," in Alfred McClung Lee, *New Outline of the Principles of Sociology* (Barnes and Noble, Inc. , 1951), pp. 166 – 222.

③ Ted R. Gurr, *Why Men Rebel*.

失业率高等是造成结构性压迫感的根源所在，这种压迫感会使人们感到焦虑甚至会使人们产生幻想和敌对的情绪。[1] 斯梅尔塞认为，这种情绪越强烈，社会运动就越有可能发生。[2] 格斯克文德在社会运动研究中引入了"地位不一致"（status inconsistency）的概念来解释社会运动形成的原因。"地位不一致"最早是由美国社会学家格哈德·伦斯基（Gerhard Lenski）提出的，[3] 其是指人们在社会地位方面的区别，如政治地位、经济地位、教育、收入、职业等方面的差异。格斯克文德认为，严重的地位不一致会导致人们的不安，进而会驱使人们通过采取社会运动的方式来缓解这种情绪。

由此可见，正如麦克亚当所总结的那样，美国早期社会运动研究理论一脉相承，深受社会学功能主义流派和社会心理学思想的影响。首先，这些理论家都将社会运动视为对某种社会结构性诱因的集体反应，因此也有学者将美国早期社会运动研究理论称为崩溃理论，即将社会运动形成的原因归结为社会变迁中社会安排与连接的崩溃。[4] 其次，尽管早期研究都讨论了社会结构性诱因，但大都将研究重点放在这些社会结构性诱因对个人的心理影响方面。最后，早期社会运动研究者都认为人们参与社会运动的目的更多的是缓解心理怨愤和心理压迫感，而并非为了达到某种政治目的。[5]

三　奥尔森的集体行动理论

美国现代社会运动研究兴起于 20 世纪 60 年代。当时经济学正在成为社会科学的主要学科，集体行动研究也因此受到了这种趋势的影响。1965 年，美国经济学家奥尔森著述的《集体行动的逻辑》一书出版。书中，奥尔森提出的集体行动理论为现代社会运动研究理论的兴起提供了重要的理论基础。此后，社会运动研究的议题也从社会运动形成的原因转变为社会运动发展的动态过程，研究理论也从宏观的结构性理论转为中观和微观的机制

[1] Neil J. Smelser, *Theory of Collective Behavior*, p. 11.

[2] Neil J. Smelser, *Theory of Collective Behavior*, p. 48.

[3] Gerhard Lenski, "Status Crystallization: A Non – vertical Dimension of Social Status," *American Sociological Review*, Vol. 19, No. 4, 1954, pp. 405 – 413.

[4] Nick Crossley, *Making Sense of Social Movements* (Philadelphia : Open University Press, 2002).

[5] Doug McAdam, *Political Process and the Development of Black Insurgency, 1930 – 1970*, 1999, p. 9.

性研究。

奥尔森的集体行动理论秉承了欧洲启蒙思想家的基于人性论和利己心的个人自由主义思想。奥尔森在研究集体行动时将集体行动的参与者，即个人作为研究对象。奥尔森提出了理性经济人的假设，即理性经济人做出决定之前都会进行成本收益计算，进而将理性人的成本收益平衡置于集体行动产生的研究核心。在奥尔森之前，几乎所有的学者都认为人们会为了实现共同的目标而组织起来共同采取行动。而在《集体行动的逻辑》一书中，奥尔森开宗明义，认为这个命题是错误的。他提出，"除非一个集团中人数很少，或者除非存在强制或其他某些特殊手段以使个人按照他们的共同利益行事，有理性的、寻求自我利益的个人不会采取行动以实现他们共同的或集团的利益"。①

在解释个人为什么不会采取行动以实现共同的或集团的利益时，奥尔森使用了"公共产品"这一概念。那么，什么是公共产品？根据奥尔森的定义，公共产品是指"实现了任一公共目标或满足了任一公共利益就意味着已经向那一集团提供了一件公共的或集体的物品。一个目标或意图对一个集团来说是公共的这一事实本身，就说明这个集团中没有人能被排除在实现这一目标所带来的利益和满足之外"。② 由此我们可以看出，一个集体行动的成功会为某一组织或集团提供一个公共产品，并且这个公共产品的获得不具有排他性。也就是说，即使组织或集团的成员不参加集体行动，在集体行动成功之后也会享有成功所带来的利益和满足。在这种情境下，奥尔森认为理性人都会选择成本为零的不参与集体行动，坐享其成，这便是奥尔森在集体行动研究中提出的著名的"搭便车理论"或"搭便车困境"（free - rider problem）。奥尔森认为"搭便车困境"只适用于人数众多的大集团。"因为小集团中的情况要复杂得多。在小集团中，为了小集团中成员的共同目的很可能会有某些自愿的行动，但在多数情况下，这类行动会在达到对集团成员作为一个整体来说的最佳水平之前止步不前。"③

---

① 〔美〕曼瑟尔·奥尔森：《集体行动的逻辑》，陈郁等译，上海世纪格致出版社，2011，第2页。

② 〔美〕曼瑟尔·奥尔森：《集体行动的逻辑》，第13页。

③ 〔美〕曼瑟尔·奥尔森：《集体行动的逻辑》，第3页。

　　为了解决集体行动中的搭便车困境，奥尔森提出了诸多"选择性激励"方式。"选择性激励"是指"社会制裁和社会奖励"。除了经济激励，奥尔森在书中提到最多的是社会激励，如"社会地位和社会承认是个人的非集体物品，属于可以用来动员一个潜在集团的激励"。"社会激励的本质就是它们能对个人加以区别对待，不服从的个人受到排斥，合作的个人被邀请参加特权小集团。"① 根据奥尔森的论述，社会激励只适用于人数少的小集团。人数众多的大集团只有在被分成诸多小集团成为"联邦集团"时，社会激励才会起作用。② 从某种意义上讲，奥尔森的集体行动理论是一个组织理论。许多组织理论家也明确指出，这种社会激励以及其他激励方式（心理激励与道德激励）能够解决搭便车的问题。③

　　《集体行动的逻辑》一书出版之后，奥尔森在书中提出的集体行动理论随即成为社会运动研究者广泛应用并遭到众多诟病的理论之一。对集体行动理论的批判可以简要地归纳为以下三种。第一种批判有关集体行动理论的适用性问题。斯德哥尔摩大学教授尤迪恩（Lars Udehn）认为，奥尔森的理论只适用于追求经济利益的利益集团。④ 奥尔森也在书中提到，他的理论可以适用于一些宗教与慈善组织的研究，但同时他承认在研究这些组织时该理论不一定特别有用，原因在于这些组织涉及许多非经济因素的利益。⑤ 事实上，这种对集体行动理论的批判并不能成立。在社会运动研究领域中，几乎每个理论都只具有有限的适用性。以资源动员理论为例，它就只在一些民主国家适用。原因非常简单，只有在民主制度下社会运动组织才能为资源展开竞争。第二种批判有关集体行动理论中的群体规模与个人对公共利益的贡献的比例关系。奥尔森认为二者存在反向关系，即群体规模越大，个人对公共利益的贡献越小。然而一些学者认为，这一观点忽略了个人对其行为影响的不同心理感受。即使个人对公共利益的实际贡献与群体规模

　① 〔美〕曼瑟尔·奥尔森：《集体行动的逻辑》，第 71 页。

　② 〔美〕曼瑟尔·奥尔森：《集体行动的逻辑》，第 71 ~ 72 页。

　③ Peter B. Clark and James Q. Wilson, "Incentive Systems: A Theory of Organizations," *Administrative Science Quarterly*, Vol. 6, No. 2, 1961, pp. 129 – 166.

　④ Lars Udehn, "Twenty – five Years with *The Logic of Collective Action*," *Acta Sociologica*, Vol. 36, No. 3, 1993, pp. 239 – 261, 240.

　⑤ 〔美〕曼瑟尔·奥尔森：《集体行动的逻辑》，第 6 页。

呈反向关系，但个人对其行为影响的心理感受存在个体差异。对政治参与即集体政治行为的大量实证研究发现，大规模群体中的成员对其行为所能够产生的政治影响的感受一般不为零，而是因群体中成员的个体差异而有所区别。[①] 第三种批判有关搭便车理论。一些学者认为，集体行动不会过多地充斥着搭便车的困境。奥尔森的搭便车理论暗含着一个错误的假设，即人不具备社会属性。康涅狄格大学的社会学教授费里（Myra Marx Ferree）认为，从女权主义以及社会结构主义的观点来看，这个假设的确存在很多问题。相互信任和依赖是最根本的、首要的人际关系，这个特性早在人处在婴儿阶段就已经存在。因此，这与搭便车的理论意义相悖。搭便车理论提出后之所以能够得到社会运动研究者的广泛关注，原因就在于在现实生活中存在那些拥有共同目标却没有参与到实现这些目标的集体行动当中去的群体。这些人让其他人为争取利益去抗争，最后享受成功的果实。奥尔森从个人的微观层面，运用搭便车理论解答了这个客观存在的现实问题。

正如奥尔森在导论部分论述的那样："尽管我只是一个经济学家，而且本书中使用的分析工具来源于经济学理论，但这一研究所做出的结论不仅对经济学家有用，而且对社会学家和政治学家也同样有用。"[②] 尽管社会运动不是奥尔森研究的直接对象，但作为集体行动的一种表现方式，奥尔森提出的集体行动理论理应适用于社会运动研究。奥尔森的集体行动理论提出伊始并没有被广泛地接受。究其原因，奥尔森提出的局限于物质动机和个人动机的个人是集体行动产生的主要障碍，即群体中的人数越多，个人参加集体行动的可能性越小，这一命题与当时正处于社会运动活跃期的美国现状不符。尽管奥尔森的理论与当时的实证经验相悖并遭到了许多美国学者的批判，但从今天看来，奥尔森的集体行动理论对于美国现代社会运动研究理论的兴起和发展所做出的贡献是巨大的。该理论不但为资源动员理论和政治过程理论提供了重要的理论支撑，而且为美国社会运动研究开辟了一条崭新的道路。

---

① 参见 S. E. Finkel, E. N. Muller and K. D. Opp, "Personal Influence, Collective Rationality, and Mass Political Action," *The American Political Science Review*, Vol. 83, No. 3, 1989, pp. 885 – 903；M. L. Gibson, "Public Goods, Alienation, and Political Protest: The Sanctuary Movement as a Test of the Public Goods Model of Collective Rebellious Behavior," *Political Psychology*, Vol. 12, No. 4, 1991, pp. 623 – 651。

② 〔美〕曼瑟尔·奥尔森：《集体行动的逻辑》，第 6 页。

首先，奥尔森在集体行动研究中提出的理性经济人假设，突破了美国早期社会运动研究中的非理性人的理论范式。理性人假设使新一代美国社会运动研究者获得了新的理论基础，并借此批判早期社会运动研究过分强调参与者的非理性与情感因素。其次，奥尔森提出的搭便车理论以及有关"选择性激励"的论述和分析，使新一代社会运动研究理论家意识到社会运动的个人参与困境的现实，并将研究重点由此前过多关注个人自身的情感与心理因素转移到外在的动员机制方面。最后，奥尔森在研究中强调"组织"对集体行动的动员和产生的重要性，使新一代社会运动研究者开始关注社会运动中的组织因素。这也是资源动员理论兴起的主要原因。

第二节　资源动员理论与政治过程理论

自从 20 世纪 60 年代进入社会运动高发期以来，美国社会运动研究经历了多次理论范式变迁。第一次范式变迁出现在 20 世纪 70 年代，即从强调社会结构性诱因以及人的非理性因素的崩溃论向以功利主义为导向的资源动员理论与政治过程理论的转变。这种转变主要得益于当时社会科学的最新理论成果，尤其是一些新的经济学理论的提出。在这些经济学理论的影响下，美国首先兴起了资源动员理论与政治过程理论，其中，政治过程理论至今仍然是美国社会运动研究领域中主流的理论范式。

一　资源动员理论

资源动员派理论家从奥尔森对集体行动的研究中获得了很多启示。首先，他们都接受了奥尔森提出的理性经济人假设，并从搭便车理论中认识到了集体行动的动员会遭遇的现实困境。奥尔森的研究为新一代学者提出的一个核心问题就是，如何解决搭便车困境并动员人们参与到集体行动当中。如前所述，奥尔森提出的集体行动理论，如搭便车理论与理性选择理论，是促成美国社会运动研究理论范式第一次转变的主要因素。20 世纪 70 年代初以麦卡锡和扎尔德为主要代表的资源动员派理论家为社会运动研究者提供了有别于相对剥夺感、大众社会理论的研究路径。整个 70 年代，在美国主流社会学杂志上，如《美国社会学评论》《美国社会学杂志》《社会力量》《美国政治科学评论》，使用这一新范式研究社会运动与集体行动的文章占到了 56%。到了 80

年代早期，这一比例又上升到了将近 75%。①

资源动员理论的兴起标志着美国社会运动研究理论学派的形成。20 世纪 70 年代，美国社会运动研究者将有组织的政治行为与非理性的集体行动区别开来。与早期理论家不同，资源动员派理论家将人们的怨愤视为一个常量，而并非社会运动产生的主要原因。他们认为，在每一个社会都会一直存在着民众的怨愤与不满。然而，为什么社会运动会在某些社会发生，某些社会则不会呢？什么力量将这些不满的人们动员起来导致社会运动的发生？为什么社会运动会在特定时刻发生？这些问题成为资源动员理论家思考和研究的重点。换言之，动员是资源动员理论研究的核心问题。在资源动员理论范式下，研究者主要通过对政治行为体的组织资源和理性驱动的研究来解释社会运动出现的原因及其发展的过程，主要的研究内容包含了参与、组织与政治成功三个方面。参与是个人微观层面的研究，即通过理性评估过程、成本收益计算分析个人参与社会运动的动机。组织是社会运动的中观层面研究，包括组织的规模、动员过程、成员构成等。政治成功也是个人参与者在参与社会运动之前的成本收益计算的一部分。资源动员理论家认为社会运动产生的主要动机是政治，而非符号学、社会与文化。社会运动组织与个人会在既有的政治体制内对政治机遇结构（political opportunity structures）以及运动将会产生的政治影响进行评估。② 在资源动员理论提出之前，集体行动一直被学者视为思想意识的抽象观念的表达，而资源动员理论的提出则将社会运动研究的重点转移到了微观与中观的具体机制层面。

资源动员理论在 20 世纪 60 年代后期开始逐步出现。理论界普遍认为该理论始于 1965 年出版的《集体行动的逻辑》一书。其他的早期代表学者及其著述包括莱特斯（Nathan Leites）与沃尔夫（Charles Wolf）对农民参加 20 世纪 70 年代起义的理性选择研究；③ 利普斯基（Michael Lipsky）在 1968

---

① 〔美〕艾尔东·莫里斯、卡洛尔·麦克拉吉·缪勒编《社会运动理论的前沿领域》，刘能译，北京大学出版社，2002，第 3 页。

② Graeme Chesters and Ian Welsh, *Social Movements: The Key Concepts*, pp. 7 - 9.

③ Nathan Leites and Charles Wolf, Jr., *Rebellion and Authority: An Analytic Essay on Insurgent Conflicts* (Chicago: Markham, 1970).

年发表的《抗议：一种政治资源》中阐述了抗议运动对政治当局的直接和间接影响；① 安东尼·奥伯施奥尔著述的《社会冲突与社会运动》一书在1973 年出版，随即成为美国社会运动研究的经典教材；② 1973 年麦卡锡与扎尔德合著的有关美国社会运动专业化趋势的文章。③ 1977 年，麦卡锡与扎尔德再次合著的文章《资源动员与社会运动：一个部分的理论》标志着资源动员理论范式的最终形成。④

与早期社会运动研究明显不同，资源动员理论提出了一套新的核心假设。根据扎尔德的总结，资源动员理论提出了五大核心假设。第一，行为需要成本。不满情绪或剥夺感并不能自动地或轻易地转化成社会运动，尤其是高风险性的社会运动。成本收益的权衡，无论多么原始，却总是意味着某种程度的选择和理性。因此，如何动员人们走出社会和家庭生活的常规例行，走出工作和闲暇的常规空间，是需要加以解决的问题。第二，对资源的动员可能发生在受到侵犯的群体之内，但也可以从其他途径获得。第三，资源需要被动员并组织起来，故组织行动十分关键。第四，参与运动的成本会随国家或社会采取支持或是镇压的态度而上升或降低。第五，正如动员是一个大问题，运动的后果也是如此。在动员的工作量和运动的成功之间并不存在直接的和一对一的对应关系。⑤ 随着资源动员理论范式的不断发展，尽管研究者会增添一些新的假设，但该范式始终不会偏离上述五大核心假设。

在资源动员理论范式形成的初期，即 1970 ~ 1980 年，学者在社会运动研究中主要关注微观与中观层面的分析。到了 80 年代，社会运动宏观层面的研究才逐渐受到关注，如政治机遇、国家与社会的关系等。此时，不但

---

① Michael Lipsky, "Protest as a Political Resource," *The American Political Science Review*, Vol. 62, No. 4, 1968, pp. 1144 – 1158.

② Anthony Oberschall, *Social Conflict and Social Movements* (Englewood Cliffs, N. J.: Prentice Hall, 1973).

③ J. D. McCarthy and M. N. Zald, *The Trend of Social Movements in America: Professionalization and Resource Mobilization*.

④ J. D. McCarthy and M. N. Zald, "Resource Mobilization and Social Movements: A Partial Theory".

⑤ 〔美〕艾尔东·莫里斯、卡洛尔·麦克拉吉·缪勒编《社会运动理论的前沿领域》，第382 ~ 383 页。

出现了资源动员理论范式上的转变，也在社会运动研究领域中形成了新的理论范式。美国社会运动理论家奥伯施奥尔是资源动员理论早期代表人物之一，他对社会运动的研究是资源动员理论范式转变的一个最好范例。奥伯施奥尔对社会运动的研究深受经济学理论以及 90 年代以来新社会运动理论的影响。他在 70 年代所做的一些研究中只强调了对社会运动微观层面的考察，直到 90 年代，他对社会运动的研究才逐步扩展到中观与宏观层面。他在《社会冲突与社会运动》一书中提到，苏格兰启蒙主义思想与政治经济学思想对他的影响颇深，如新制度经济学、成本收益分析、公共选择理论以及理性选择理论。[1] 他继承了奥尔森集体行动理论中的理性经济人假设，认为选择性激励是完全足以用来解释个人参与集体行动的动机的。奥伯施奥尔的理论内核是以研究个人行为动机为核心的个人主义方法论（methodological individualism）。在微观层面，个人主义方法论假设社会运动是一种适应性的规范行为，对社会运动抱有不同忠诚度的参与者的决策模式基于对个人价值、社会运动结果的预期以及各种不同的动机与成本做出的成本收益计算。根据对社会运动的忠诚度与贡献度从强到弱的标准，奥伯施奥尔将与社会运动有关的个人大致分成四类：处于社会运动核心位置的是运动领袖及其积极分子（leaders and activists）、临时性团队（transitory teams，参与运动领袖和积极分子组织的各种活动的运动兼职者）、良知参与者（conscience constituency，对社会运动给予少量的物质捐助或参与在请愿书上签名等成本较低的活动）、旁观者（bystanders）。[2] 从中观层面看，奥伯施奥尔的研究问题主要包括社会运动组织、社会运动专业化以及反运动的研究。对于奥伯施奥尔来讲，"社会运动"意味着"组织"，是一个建立和经营组织的动态过程。[3]从宏观层面看，奥伯施奥尔主要从社会冲突、社会变迁、社会政治文化等宏观因素来对社会运动的价值体系、意识形态、身份认同、成功的机遇进行研究。[4]

　　麦卡锡与扎尔德是资源动员理论最有影响力的代表人物。两位在 1973

---

[1]　Anthony Oberschall, *Social Conflict and Social Movements*, Chapter 1.

[2]　Anthony Oberschall, *Social Movements: Ideologies, Interests, and Identities*, pp. 22 – 23.

[3]　Anthony Oberschall, *Social Movements: Ideologies, Interests, and Identities*, p. 22.

[4]　Anthony Oberschall, *Social Movements: Ideologies, Interests, and Identities*, p. 37.

年第一次合写的文章《美国社会运动趋势：职业化与资源动员》被视为资源动员理论的奠基性作品。1977 年，两位学者再次合作并发表在《美国社会学杂志》上的文章《资源动员与社会运动：一个部分理论》标志着资源动员理论的最终形成。他们认为，早期社会运动研究理论过于强调运动参与者的心理因素，却忽视了社会运动与资源、媒体、权威机构等各方面的关系，甚至社会运动组织之间的互动也被忽视。事实上，麦卡锡与扎尔德并未完全否认早期理论范式中所强调的怨愤与不满因素，只是认为怨愤与不满并不是社会运动产生的充分条件。他们将人们的怨愤视为一个常量，进而将社会运动研究的视角转向能够使这些感到不满和怨愤的人被动员起来并参与到运动当中的资源动员的结构性因素。[1] 麦卡锡与扎尔德提出的资源动员理论模型注重社会对社会运动现象的支持与限制、社会运动必须要动员的各种资源、社会运动和其他群体的关联性、运动成功对外部支持的依赖、运动的策略与手段、社会运动组织的互动等方面。[2] 他们在研究中提出了许多带有浓厚经济色彩的概念，如社会运动部门（social movement sector）、社会运动产业（social movement industries）。他们认为，对社会运动组织的研究不能只对某一运动组织进行孤立的研究，必须将其置于社会运动产业的大背景中。[3] 由此可见，麦卡锡与扎尔德的研究也在很大程度上受到了经济学理论的影响。资源动员是麦卡锡与扎尔德研究的核心问题。他们认为，动员是把支持者转变为可以为社会运动提供资源的支持者，并使这些人参与到运动当中来。与公众支持者相比，精英群体拥有更多的能够自由支配和控制的资源。因此，社会运动与支持其目标的政治精英的互动是社会运动成功的关键。[4]

麦卡锡与扎尔德在《资源动员与社会运动：一个部分理论》一文中总结了资源动员理论与早期社会运动研究的三个区别：社会运动的支持基础、

---

① J. D. McCarthy and M. N. Zald, *The Trend of Social Movements in America： Professionalization and Resource Mobilization*, p. 1.

② J. D. McCarthy and M. N. Zald, "Resource Mobilization and Social Movements: A Partial Theory," p. 1213.

③ J. D. McCarthy and M. N. Zald, "Resource Mobilization and Social Movements: A Partial Theory".

④ J. D. McCarthy and M. N. Zald, "Resource Mobilization and Social Movements: A Partial Theory," p. 1221.

策略以及社会运动与社会的关系。在支持基础方面，早期社会运动理论认为社会运动的产生取决于愤怒的公众为运动提供必要的资源和劳力。尽管在一些早期研究中也提及了社会运动的一些外部支持条件，但一直未被列为研究分析的核心问题。相反，资源动员理论则认为，有良知的选民、个人和组织都可能为社会运动提供支持。在策略方面，早期社会运动理论认为社会运动领袖采用讨价还价、劝说或暴力的方式迫使权威机构变革，策略的选择取决于社会运动与政府的关系、运动的成功程度以及意识形态等因素。资源动员理论则认为，在考察社会运动与政府关系的同时，也要关注社会运动组织需要完成的其他使命，如动员。在社会运动与社会的关系层面，早期社会运动理论强调环境对社会运动组织的影响，尤其是目标变化对社会运动组织的影响，却忽视了社会运动组织同样可以将其所处环境为己所用，以此为实现自身的目标服务。社会提供了社会运动可以利用的基础设施，如媒体、社交网络、职业结构与发展等。[1]

资源动员理论的最大贡献在于它打破了早期社会运动理论的藩篱，为社会运动研究提供了一个崭新的理论视角，并为研究赋予了全新的具体内容。资源动员理论将社会运动正名为一场政治运动，而非心理运动。其重大的意义还在于将"精英群体"这一外在组织变量引入社会运动研究当中，并使后来的学者开始关注社会运动动员结构及其组织变量。然而，诚如麦卡锡与扎尔德将资源动员理论自诩为"一个部分理论"一样，资源动员理论也存在一些缺陷。一些学者认为，资源动员理论在对个人参与者以及运动对政治制度的影响进行研究时，过于强调理性的考量，忽视了社会运动的政治与意识形态内容，以及社会与文化等因素。资源动员理论包含一个错误的假设，即社会运动最终一定会融入传统政治制度，从而忽略了其他可能性。[2] 塔罗在《运动中的力量：社会运动与斗争政治》一书中也质疑道："当麦卡锡与扎尔德在资源动员理论范式中使用很多经济学语言并将许多20世纪60年代社会运动参与者的经验撇到一边时，那些思想意识、责任感、价值观和对不公正的抵抗又该如何解释呢？"他还认为，麦卡锡与扎尔

---

[1] J. D. McCarthy and M. N. Zald, "Resource Mobilization and Social Movements: A Partial Theory," pp. 1216 – 1217.

[2] Graeme Chesters and Ian Welsh, *Social Movements: The Key Concepts*, pp. 9 – 10.

德谈到的社会运动组织常常与利益群体相混淆以致很难区分，他们强调的社会运动组织的专业化也忽略了 20 世纪六七十年代在欧美大量出现的普通群众运动。①

二　政治过程理论

政治过程理论是由美国社会学家道格·麦克亚当在 1982 年出版的《政治过程与黑人运动的发展（1930～1970）》② 一书中首先提出的。在书中，麦克亚当从政治、组织与意识形态三个层面对美国民权运动进行了研究，提出了较为完善的社会运动发生、发展与衰退的"政治过程模型"。事实上，在美国 20 世纪 60 年代早期抗争政治运动频繁发生的影响下，美国学者率先使用了更加政治化的社会运动研究方法。政治过程理论的形成也得益于早期的社会运动实证研究以及一些早期兴起的社会运动理论范式，如理性选择理论、资源动员理论等。麦克亚当在研究中接受了奥尔森的理性经济人假设，认为有关是否参与社会运动的决策模式基于个人的成本收益分析。资源动员理论对麦克亚当的研究也具有非常大的启示意义。资源动员理论将社会运动视为一种理性的组织动员行为，更加关注"如何"的问题，而非"为什么"的问题，如社会运动组织领袖如何动员潜在的参与者？社会运动组织如何运作？社会运动如何获取或分配物质、民众支持、媒体关注等资源？政治过程理论同样关注"如何"的问题。然而，在与资源动员理论一样关注社会运动中观组织层面的同时，政治过程理论也关注社会运动的宏观政治因素与微观参与者的意识形态因素。

早在 20 世纪 60 年代末，社会运动研究者就开始在研究中加入了政治因素。美国政治学家利普斯基在 1968 年发表的《抗议：一种政治资源》③ 一文中给出了最早的政治过程理论的暗示，利普斯基在文中探讨了抗议运动对政治当局的单方面影响。而后来的政治过程理论分析的则是政治为社会运动带来的潜在机遇与限制。政治过程理论中的核心概念"政治机遇结构"

---

① 〔美〕西德尼·塔罗：《运动中的力量：社会运动与斗争政治》，第 22 页。

② Doug McAdam, *Political Process and the Development of Black Insurgency, 1930 – 1970*, 1982.

③ Michael Lipsky, "Protest as a Political Resource".

则是由美国政治学家彼特·艾辛格（Peter K. Eisinger）在 1973 年发表的文章《美国城市抗议行为的条件》中提出的。[1] 在文中，艾辛格考察了抗议行为发生的频率与政府开放程度之间的关系。他认为，抗议行为最有可能发生在政府的开放或封闭程度适中的城市里。如图 1 – 2 所示，在政府极度封闭或极度开放的城市中，抗议行为都不大可能发生。在极度封闭的政治结构中，社会运动在初期就极有可能遭到镇压，进而抑制其发生；在极度开放的政治结构中，社会运动则会显得没有太大的必要性。[2]

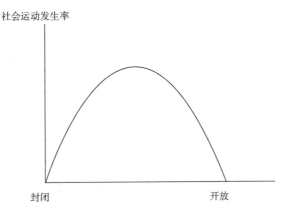

图 1 – 2　政府开放程度与社会运动发生率关系

　　1978 年，蒂利著述的《从动员到革命》一书出版，为政治过程理论的形成奠定了基石。与上述学者一样，蒂利也认为社会运动必须与政治联系起来进行研究。因此，在吸收和总结上述学者的研究方法与思想的基础上，蒂利在书中提出了分析社会运动的两个模型：政体模型与动员模型。蒂利还将政体模型（polity model）称为静态模型，而动员模型（mobilization model）则是动态模型。政体模型包含的核心概念有政体（polity）、政体内成员（members）、政体的挑战者（contenders）、联盟（coalition）。蒂利将政体等同于国家，包括政府、政体内成员及其挑战者。与政体的挑战者相比，政体内成员拥有影响政府的常规的、低成本的政治资源。政体的挑战

① Peter K. Eisinger, "The Conditions of Protest Behavior in American Cities," *The American Political Science Review*, Vol. 67, No. 1, 1973, p. 11.

② Peter K. Eisinger, "The Conditions of Protest Behavior in American Cities," p. 27.

者由于缺乏政治资源、身处弱势，自身的利益常常被政府忽视。为了改变现状，挑战者会想方设法融入政体当中，或者打破政体，于是社会运动就可能产生。在政体模型中，由于政体内成员出于某些政治原因，需要与政体外的挑战者建立联盟，而挑战者为了获得更多的政治资源也希望与政体内的成员建立联盟，这种双方对建立联盟关系的需求为社会运动的产生提供了机遇。[①]

蒂利用政体模型来阐释社会运动形成的原因，而提出动员模型的目的则在于解释社会运动发展的动态过程。蒂利认为，影响集体动员的决定性因素包括组织、利益以及机遇。根据蒂利的定义，组织是指集体认同以及网络化的程度；利益是指参与者从参与运动中可获得的潜在收益；机遇则是指社会运动可获得的政治力量资源、政治结构所带来的对社会运动的抑制程度以及社会运动抗议目标的脆弱性。[②]

学界认为蒂利的研究思想对社会运动研究理论范式产生了间接性影响。在其影响下，麦克亚当提出的政治过程理论成为到目前为止仍然在社会运动研究领域占主导地位的理论范式。麦克亚当著述的《政治过程与黑人运动的发展（1930～1970）》也成为社会运动研究者的必读书目。该书的第二版在 1999 年出版，麦克亚当对在第一版中提出的政治过程理论进行了修改和完善。与蒂利在研究大量社会运动案例的基础上试图找出一个具有普遍意义的理论模型不同，麦克亚当的研究聚焦在单一的社会运动案例，即美国民权运动上面。

麦克亚当认为，"社会运动的任何理论都应该隐含一个更为广义的制度政治的模型"。[③] 因此，他将社会运动定义为"被排斥群体通过非制度化手段动员充足的政治资源来推动集体利益的理性行为"。[④] 在评判早期社会运动理论以及资源动员理论时，麦克亚当也是从社会运动与政治理论的关系的视角来对其进行考量的。他分别将早期的社会运动理论与资源动员理论

---

① Charles Tilly, *From Mobilization to Revolution*, Chapter 3, pp. 1 – 4.

② Charles Tilly, *From Mobilization to Revolution*, Chapter 3, pp. 4 – 7.

③ Doug McAdam, *Political Process and the Development of Black Insurgency, 1930 – 1970*, 1999, p. 36.

④ Doug McAdam, *Political Process and the Development of Black Insurgency, 1930 – 1970*, 1999, p. 37.

比作社会运动的多元论与精英论。多元论与精英论是分析和描述民主政治的传统政治理论。多元论认为权力是分散的，确保了政治渠道的开放性与敏感度，进而抑制了使用暴力手段的抗议行为。早期社会运动理论家将社会运动定义为非理性行为源于他们是多元论的支持者，源于他们认为社会运动参与者放弃了对理性行为方式的选择。在多元的政治体制框架下，民众被给予了足够多的理性的政治参与方式。与之相比，资源动员理论家则是赞成精英论的，精英论认为权力集中在少数精英群体手中。同样，资源动员理论也认为只有拥有丰富资源的政治精英才能动员、组织和发动社会运动，推动社会变革。

从大的研究方向看，政治过程理论继承了资源动员理论对组织因素以及动员模式的重视。在此基础上，该理论又对资源动员理论进行了有力的弥补、扩展和补充。首先，麦克亚当认为资源动员理论过于强调精英群体在社会运动动员过程中的作用，而忽视了缺乏资源的大众力量及其内生组织和网络的重要性。事实上，大众能够通过示威、静坐、暴动、选择性的收买行动等方式打乱正常的社会秩序，进而向当局施压。① 在研究美国民权运动的案例中，麦克亚当发现黑人社区内部的教会以及全国有色人种协进会（NAACP）才是民权运动的主要推动力量。通过对一些民意调查数据的分析，他还发现政府对民权运动的支持常常滞后于一些运动组织策动的重要事件。这个发现与资源动员理论认为政府会在无压力的情景下主动支持社会运动相反，因此，麦克亚当认为政府的行为通常表现出保守性。② 其次，资源动员理论的另一个局限性还在于它将民众的不满与怨愤视为一个常量，进而将其看作社会运动发生的无足轻重的因素。麦克亚当认为这一观点是将客观条件与主观认知混淆起来。结构性不平等是一个常量，然而对这些条件的合法性与可变性的主观认知则是随时间的变化而改变的。③ 为了弥补资源动员理论的缺失，麦克亚当在政治过程理论的模型中提出了"认知解放"的概念。

---

① Doug McAdam, *Political Process and the Development of Black Insurgency*, *1930 – 1970*, 1999, pp. 29 – 30.

② Doug McAdam, *Political Process and the Development of Black Insurgency*, *1930 – 1970*, 1999, p. 38.

③ Doug McAdam, *Political Process and the Development of Black Insurgency*, *1930 – 1970*, 1999, p. 35.

　　在对早期社会运动理论尤其是资源动员理论的批判继承的基础上，麦克亚当在 1982 年首次提出了政治过程理论。该理论包括了社会运动发生及其发展与衰退两个政治过程分析模型。如图 1-3 所示，影响社会运动发生的要素有三个：政治机遇（political opportunities）、内在组织强度（indigenous organizational strength）、认知解放（cognitive liberation）。麦克亚当认为，社会运动的政治机遇来自于"任何能够改变既有政治结构的事件与社会发展进程"，诸如战争、工业化、国际政治变化、失业率以及人口变化等。政治机遇通过改变抗议者与抗议目标的力量不对称的水平来对社会运动的产生起到间接的影响。[1] 在对美国民权运动的研究中，麦克亚当指出民权运动发生的原因既在于美国国内社会、政治经济体制的变化，也在于美国当时所承受的国际环境压力。20 世纪上半叶，美国南部黑人人口开始向北方工业区迁移、美国私刑的逐步减少、最高法院的判决越来越对黑人有利、冷战环境给美国带来的国际压力等都是民权运动发生的刺激因素。麦克亚当甚至将民权运动形成的原因追溯到 1876 年北方共和党人为了赢得选举支持而在黑人问题上向南方妥协。[2] 这种将社会运动研究置于历史的框架之下追溯其历史根源的方法，是政治过程理论最大的方法论贡献之一。

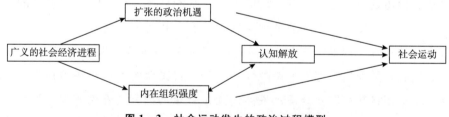

图 1-3　社会运动发生的政治过程模型

　　第二个要素是内在组织强度，这也是麦克亚当在模型中着力强调的要素。内在组织指在社会运动发生之前就已经在被排斥的群体社区中存在的政治组织或潜在的政治组织，这些组织能够为社会运动提供参与者、领袖、

---

[1]　Doug McAdam, *Political Process and the Development of Black Insurgency*, *1930 - 1970*, 1982, pp. 51 - 52.

[2]　参见 Doug McAdam, *Political Process and the Development of Black Insurgency*, *1930 - 1970*, 1982/1999。

交流的网络等。在民权运动发生之前的几十年间，黑人教会、黑人大学以及全国有色人种协进会已经在黑人社区得到了迅速发展。麦克亚当认为这些组织为民权运动的发生起到了重要作用。①

麦克亚当在政治过程理论模型中加入认知解放这一重要因素得益于皮文与克劳沃德在 1977 年出版的《穷人的运动：为什么成功，又如何失败》一书中对社会运动需要人们认知的转变的讨论。在书中，皮文和克劳沃德指出人们意识的转变至少要包括以下三个方面：

> 抗议运动的出现既包含了意识的转变，也包含了行为的转变。意识的转变至少要包括以下三个方面的内容。第一，"体制"（人们体验与感受到的体制的方方面面）丧失了合法性。第二，平常是宿命论的人们，或者平常认为现有的体制安排是不可规避的人们开始争取"权利"，这种权利意味着需要对现状做出改变。第三，具有对效能的一种新的意识，即平常认为自己非常无助的人们开始相信自己有能力改变现状。②

诚如皮文和克劳沃德所说，麦克亚当也认为只有人们意识到现有的政治体制缺乏合法性并且认为他们对社会运动的参与能够带来有意义的改变，人们才能把不满或怨愤的情绪转化成具体的行动。在对民权运动的研究中，通过对 20 世纪 50 年代民意调查数据的分析，麦克亚当发现了人们对非洲裔美国人态度的明显转变。③

如图 1 - 4 所示，社会运动发展与衰退的政治过程模型更加复杂。与社会运动发生的政治过程模型明显的区别之一则是社会运动在发展与衰退的模型中不再以因变量的形式出现，而成为一个自变量。麦克亚当认为，社会运动一旦爆发，它与其他变量互动的过程就已经开始。④ 在发展与衰退的

① Doug McAdam, *Political Process and the Development of Black Insurgency*, *1930 - 1970*, 1999, preface to the second edition.

② F. F. Piven and R. Cloward, *Poor People's Movements: Why They Succeed, How They Fall*, pp. 3 - 4.

③ Doug McAdam, *Political Process and the Development of Black Insurgency*, *1930 - 1970*, 1982, Chapter 3.

④ Doug McAdam, *Political Process and the Development of Black Insurgency*, *1930 - 1970*, 1982, p. 53.

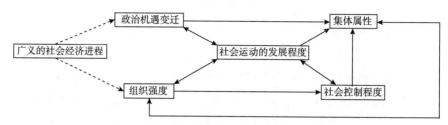

图 1-4　社会运动发展与衰退的政治过程模型

政治过程模型中，广义的社会经济进程仍然是最根本的原因。社会运动的发展程度与其他四个变量的互动决定了社会运动的兴衰，四个变量分别是政治机遇变迁、组织强度、集体属性与社会控制程度。其中，集体属性与社会控制程度是麦克亚当在社会运动发展与衰退的政治过程模型中提出的新变量。集体属性决定了抗议者对社会运动的集体认知在社会运动发生后的变化程度。社会控制程度则是对社会运动发生之后社会运动与外部环境特别是制度化政治的互动的关注。这里的外部环境通常指政治体制中的精英群体。麦克亚当认为，影响社会运动与外部环境互动的因素主要有两个，即社会运动力量的强弱以及社会运动的发展是否威胁到精英群体利益的实现。社会控制程度变量是基于社会运动自身发展的情况而变化的，麦克亚当在政治过程理论中引入社会控制程度变量能够更加真实地反映社会运动因时而变的动态发展特征。①

在 1999 年出版的《政治过程与黑人运动的发展（1930~1970）》第二版中，麦克亚当进一步发展并完善了政治过程理论。这一理论的完善主要是受到了 20 世纪 90 年代以来美国社会运动建构理论的影响。社会运动建构理论可以说是社会运动研究中社会心理学的复兴，也是对行动者情感和文化因素的回归。其核心研究议题是围绕行动者意识的提升、意义的框定和建构、对符号的操控以及集体认同感是如何引发社会运动等展开的。社会运动建构理论是在批判资源动员理论以及政治过程理论的基础上发展而来的。它认为后两种理论过于强调结构性因素，缺少对行动者的价值观、意识形态、怨愤情绪以及集体认同感的

---

① Doug McAdam, *Political Process and the Development of Black Insurgency, 1930 - 1970*, 1982, p. 53.

合理解释。[1]

社会运动建构理论在美国的形成主要受到了欧洲社会运动研究思想的影响。虽然 20 世纪 60 年代社会运动的爆发是一个全球现象，但欧美学者对它的研究有所不同。美国学者奉行实证主义，而欧洲学者则采取传统的历史哲学研究方法。欧洲学者认为 20 世纪 60 年代大量社会运动的爆发反映了二战后欧洲社会的变迁，即从工业社会迈向后工业社会。一些学者认为，欧洲 60 年代以来的社会运动本质上反映了原有的现代化价值与正在兴起的后现代化价值之间的冲突[2]，是现代化或资本主义合法性危机的体现[3]，是人们在新的社会条件下寻找自我认同的结果[4]，是为控制和定义主流文化而进行的斗争[5]。欧洲社会运动理论强调的是社会变迁、社会和阶级结构的变化，以及文化、认同感、话语和合法性在社会运动产生与发展中的作用。20 世纪 80 年代，欧美社会运动学者开始交流，相互学习、相互吸收研究思想的精髓。欧洲学者开始注重实证研究，而美国学者也逐渐重视文化、认同感、话语及意识形态在社会运动中的作用。

在这种社会运动研究氛围的影响下，麦克亚当开始对政治过程理论进行完善和补充。这些转变散见于麦克亚当在 20 世纪 90 年代中后期发表的论文以及《政治过程与黑人运动的发展 (1930～1970)》第二版的著述当中。

---

[1] 参见 Louis A. Zurcher, Jr. and David A. Snow, "Collective Behavior: Social Movements," in Morris Rosenberg and Ralph H. Turner, eds., *Social Psychology: Sociological Perspectives* (New York: Basic Books, 1981), pp. 447 - 482; Bruce Fireman and William A. Gamson, "Utilitarian Logic in the Resource Mobilization Perspective," in Mayer N. Zald and John D. McCarthy, eds., *The Dynamics of Social Movements* (Cambridge, Mass.: Winthrop, 1979), pp. 8 - 44; Craig J. Jenkins, "Resource Mobilization Theory and the Study of Social Movements," *Annual Review of Sociology*, Vol. 9, 1983, pp. 527 - 553; Bert Klandermans, "Mobilization and Participation: Social - Psychological Expansions of Resource Mobilization Theory," *American Sociological Review*, Vol. 49, No. 5, 1984, pp. 583 - 600。

[2] Jean L. Cohen, "Strategy or Identity: New Theoretical Paradigms and Contemporary Social Movements," *Social Research*, Vol. 52, No. 4, 1985, pp. 663 - 716.

[3] Jürgen Habermas, "New Social Movements," *Telos*, No. 49, 1981, pp. 33 - 37.

[4] Alberto Melluci, *Nomads of the Present: Social Movements and Individual Needs in Contemporary Society*.

[5] Alain Touraine, "An Introduction to the Study of Social Movement," *Social Research*, Vol. 52, No. 4, 1985, pp. 749 - 787.

第一个变化，麦克亚当在 20 世纪 90 年代开始使用社会运动的意义框定过程（framing process）来解释此前提出的认知解放。20 世纪 80 年代初，麦克亚当提出的认知解放只是停留在行动者的个人微观层面。到了 90 年代，由于受到斯诺与本福德（Robert D. Benford）提出的框定联合和框定共鸣概念的影响①，麦克亚当将对框定过程的分析从个人微观层面转移到了组织中观层面。麦克亚当认为，框定是一个群体有意识地进行策略性的意义塑造，使外界认可其集体行动的合法化并达到为集体行动动员的目的。意义框定包括了对群体的怨愤进行有说服力的描述、对可行的解决方案进行展示等在组织层面展开的策略性行动。大规模的社会运动常常还有核心意义框定或核心话语框定，如民权运动中的"民权"。提供核心意义框定能够使小型的运动组织更好地围绕运动目的展开行动。② 在解释社会运动的发展与衰退时，麦克亚当将这种认知解放的过程称为集体属性（collective attribution）。麦克亚当认为，在社会运动发展过程中集体属性与社会运动发生之前人们的认知解放含义相同，也是对现有体制不公正的认知以及对通过集体行动来改变现状的认可。③ 从对组织层面框定过程进行的动态分析中可以看出，麦克亚当已经将文化因素引入政治过程理论范式当中。这也是 20 世纪 90 年代以来麦克亚当对政治过程理论范式做出的最重要的转变之一。

第二个变化有关内在组织强度。在 20 世纪 80 年代初提出的政治过程理论中，麦克亚当只将在社会运动发生之前就已经存在的正式的政治组织作为研究对象。这一做法随后引起了学界的质疑。麦克亚当也因此对研究对象做出了相应拓展，将分析的重点扩展到社会运动的整个动员结构。对社

---

① 参见 David A. Snow, B. Rochford, S. Worden and R. Benford, "Frame Alignment Processes, Micromobilization, and Movement Participation," *American Sociological Review*, Vol. 51, No. 4, 1986, pp. 464 – 481; David A. Snow and R. Benford, "Ideology, Frame Resonance, and Participant Mobilization," *International Social Movement Research*, Vol. 1, Issue 1, 1988, pp. 197 – 218。

② 参见 D. McAdam, J. D. McCarthy and M. N. Zald, *Comparative Perspectives on Social Movements: Political Opportunities, Mobilizing Structures, and Culture Framing* (Cambridge University Press, Cambridge, 1996)。

③ Doug McAdam, *Political Process and the Development of Black Insurgency, 1930 – 1970*, 1999, p. 53.

会运动的整个动员结构的分析既包括了运动发生之前就已经存在的正式组织，也包含了在运动酝酿以及发展过程中建立的运动组织以及在潜在的运动积极分子中间存在的非正式社交网络。麦克亚当认为这些组织对社会运动的最大贡献在于它们能够为运动提供参与者、具有团结激励作用的结构、传播网络与运动领袖。[①] 麦克亚当对组织层面研究对象的扩充表明政治过程理论范式对社会运动的整个动员结构以及过程的重视与关注，有利于系统地把握和了解运动动员的整个动态过程。

政治过程理论中的政治机遇概念引起了学者最为广泛的关注和应用。麦克亚当也注意到，由于概念提出时给出的定义过于宽泛，导致了后来学者对这一概念的滥用。鉴于此，麦克亚当在后来的研究中对政治机遇概念进行了重新界定，这是第三个变化。他认为，政治机遇的分析应该关注以下四个方面的内容：第一，制度化政治体制的相对封闭与开放程度；第二，精英联盟的稳定性；第三，精英盟友是否存在；第四，国家的镇压能力与倾向。与最初的概念相比，这个全新的界定不但使政治机遇概念更加具体化，而且还指明了政治机遇所应该研究的具体问题。

第三节　政治过程理论：一种分析范式

自 20 世纪 80 年代初政治过程理论成形以来，麦克亚当一直对其进行不断的完善与发展。尽管政治过程理论是目前社会运动研究领域中占主导地位的理论范式，得到众多学者的推崇，但它仍然受到若干批判与质疑，尤其是来自文化主义阵营的学者对其质疑的声音最大。以古德温和扎斯伯（James M. Jasper）为代表的批评者认为政治过程理论过于强调社会运动的结构性因素。尽管麦克亚当在后来的研究中逐渐将文化主义因素引入了政治过程理论，但文化主义阵营的支持者仍认为麦克亚当对此做出的努力还远远不够。古德温与扎斯伯认为，麦克亚当引入政治过程理论模型中的框定过程分析具有很大的局限性，忽视了对一些与社会运动相关的重要因素的考察，如情感、符号互动，以及对社会运动的道德原则层

---

① Doug McAdam, *Political Process and the Development of Black Insurgency*, *1930 – 1970*, 1999, pp. 43 – 48.

面的研究。①

　　诚如古德温与扎斯伯批判的那样，政治过程理论仍旧存在诸多局限性，尤其表现在社会运动文化层面研究的欠缺。但与其他社会运动研究理论范式相比，政治过程理论仍然被普遍认为是最真实、最全面地展示社会运动发生、发展与衰落过程的分析范式。早期的崩溃理论范式关注了社会运动参与者的非理性，即情感方面，将社会运动视为个人行为的简单集合，忽视了从个人情感因素转化为社会运动这一集体行动的动力机制。后来的资源动员理论将社会运动视为一种理性的组织化行为，但也并未解释个人的怨愤转化为集体行动的原因，只是从早期社会运动理论范式关注运动参与者个人微观层面转移到了对社会运动组织中观层面的研究。上述问题直到政治过程理论的提出才得到解决。麦克亚当提出了认知解放、框定分析等概念，试图从社会心理学的视角阐释从个人情感因素转化为社会运动这一集体行动背后的动力机制。他认为，在机遇与行为之间架起桥梁的是人们的主观认知以及人们对所处环境赋予的主观意义。② 与政治过程理论模型中结构性变量如社会变迁、政治机遇变量相比，麦克亚当对认知解放这一变量的分析略显薄弱。但尽管如此，麦克亚当在政治过程理论模型中并没有停留在结构层面，而是引入了文化因素、心理学因素以及集体属性等变量，这种做法至少为社会运动研究提供了一个全新的解释框架。

　　政治过程理论的另一个学术意义在于它将社会运动与制度化政治参与联系起来，进而开启了社会运动研究与政治学之间的交流与对话。麦克亚当认为自己的学术基础立足于马克思主义。马克思主义将社会运动视为阶级对立的产物，麦克亚当也相信社会结构性矛盾会给予被排斥群体结构性的力量。③ 与马克思主义思想不同的是，麦克亚当与其他新社会运动研究者则试图要分辨出导致社会运动的新的结构性根源。原因在于，在资本主义国家进入后工业化时代以后，阶级对立被新的社会矛盾

---

① 参见 J. Goodwin and J. M. Jasper, *Rethinking Social Movements: Structure, Meaning and Emotions* (Lanham, Md.: Rowman and Littlefield, 2004)。

② Doug McAdam, *Political Process and the Development of Black Insurgency, 1930 – 1970*, 1999, p. 48.

③ Doug McAdam, *Political Process and the Development of Black Insurgency, 1930 – 1970*, 1999, p. 37.

所取代。这样，政治过程理论的提出使社会运动的结构性根源再一次受到关注，并将关注点转移到了经济因素之外的结构性因素上。政治过程理论的目的在于厘清社会政治体制中影响社会运动发生、发展与衰落的要素。

鉴于上述对政治过程理论的评述，以及对本书研究对象、内容与目的的考量，笔者选择政治过程理论作为本书研究的理论基础。主要原因有以下几个方面。首先，概念界定上的一致。本书选择美国左右翼社会运动作为研究对象，并将其视为政治运动，与美国制度化政治有着千丝万缕的关联。本书对社会运动的界定与麦克亚当对社会运动的定义十分吻合。麦克亚当将社会运动定义为"被排斥群体通过非制度化手段动员充足的政治资源来推动集体利益的理性行为"。[1] 他还认为"社会运动的任何理论都应该隐含一个更为广义的制度政治的模型"。[2] 其次，以政治过程理论为理论基础并综合其主要研究变量，笔者提出了一个分析模型。本书的研究目的在于解答美国自20世纪70年代以来左右翼社会运动力量对比的深层原因。在政治过程理论分析范式的启发下，笔者试图从美国左右翼社会运动自身的结构性变化，美国社会、经济、政治宏观结构性变化以及两者之间的互动过程中找到问题的答案。最后，政治过程理论为本书提供了具体以及实质性的研究内容。本书将借用政治过程理论中的核心概念，借鉴该理论范式中的分析逻辑，对自20世纪70年代以来美国左右翼社会运动所处的社会、经济、政治变迁的过程，运动组织特点，意义框定过程进行考察和研究。鉴于政治过程理论在框定分析方面略显薄弱，笔者在吸收了20世纪90年代以来美国社会运动建构理论核心思想的基础上，对本研究中意义框定过程的分析具化为运动诉求、运动话语构建与传播以及运动策略与手段的研究。通过对这三个变量的考察，研究社会运动参与者集体身份建构的过程，以此探究个人是如何从情感上的怨愤转变为对社会运动的参与的动态过程。

---

[1] Doug McAdam, *Political Process and the Development of Black Insurgency*, *1930 – 1970*, 1999, p. 37.

[2] Doug McAdam, *Political Process and the Development of Black Insurgency*, *1930 – 1970*, 1999, p. 36.

本研究的五个核心变量及其内在逻辑如图 1-5 所示。五个核心变量分别是社会政治经济变迁、运动组织动员、运动诉求、运动话语构建与传播以及运动策略与手段。这五个核心变量也可被概括为社会运动的内部结构（运动组织动员、运动诉求、运动话语构建与传播、运动策略与手段）与外部环境（社会政治经济变迁）两大类。其中，社会运动所处的外部环境指社会、经济与政治的变迁过程，它既包含导致社会运动发生的社会政治经济的变迁，也包含社会运动在发生之后及其发展的过程中对外部环境产生的压力和作用，以及此时外部环境对社会运动的发生与发展做出的反应及其采取的应对策略，即麦克亚当提出的"社会控制程度"。笔者在社会政治经济变迁与社会运动之间使用了双向箭头，意指两者相互作用的动态过程。社会政治经济变迁可以催生社会运动，反之亦然。

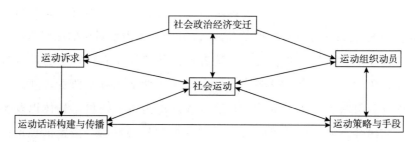

图 1-5　20 世纪 70 年代以来美国左右翼社会运动政治过程比较分析模型

小　结

社会运动是一个复杂的社会现象。学界对社会运动的研究可以大致分为形式性解释与经验性解释两种。形式性解释的最典型代表是美国经济学家奥尔森。他认为人是理性的，不受感情支配，人们参与集体行动的决策模式是完全基于对参与行动的成本收益计算。这种集体行动理论也被视为是一种工具性、功利主义的研究方法。对社会运动的经验性解释的最典型代表是马克斯·韦伯。当然，麦克亚当的政治过程理论也是经验性解释范式之一。它们的共性在于，社会运动的参与者不仅是理性的，同时也是有情感的。对社会运动产生影响的因素，如社会、经济、政治、文化在这些经验性解释范式中都有所涉及。与形式性解释方法相比，经验性解释似乎略显复杂与烦琐。然而，经验性解释范式的长处就在于它能更为真切、全面地呈现社会现象的面貌。这也是本研究采用经验性解释范式的原因所在。

第二章 20 世纪 70 年代以来美国
社会运动的变迁

"60 年代"是一个特别的年代。从黑人民权运动开始，一波波大规模左翼社会运动随之发酵——1964 年发生在加州大学伯克利分校的言论自由运动，1968 年爆发于芝加哥、蔓延到首都华盛顿、随后扩展到数百个城镇的反越战和平运动，1969 年争取同性恋权利的石墙酒吧事件。在西方，这个特殊时期还有"漫长的 60 年代"（the long sixties）之称。具有特殊历史意义的"60 年代"不是严格地按照时间来划分的。西方学界普遍认为"漫长的 60 年代"始于20 世纪 50 年代中后期新左派运动的兴起，确切地说是始于 1954 年美国最高法院对布朗诉托皮卡教育委员会案的判决（Brown vs. Board of Education of Topeka）[1]，止于 70 年代中期，以美国"黄金时代"[2] 的终结、1970 年 5 月 4 日美国俄亥俄州的肯特州立大学的屠杀惨案[3]、1975 年越战的结束以及左翼社会运动的衰退为标志。[4] "60 年代"的社会运动主要包括了美国黑人的民权运动、反对越战的和平运动以及提出"公民参与的民主"口号的学生运动等。

尽管战后美国经济在 20 世纪 50 年代末受到两次程度较轻的经济危机打击，即 1953 ~ 1954 年以及 1957 ~ 1958 年的两次经济危机，但这并未影响美国经济在 60 年代（1961 ~ 1969 年）进入高度繁荣阶段。美国经济如此长时间的持续增长在美国经济史上是极为罕见的。从 1945 年到 1960 年，美国国民生产总值增长了一倍。到 1970 年，美国和世界其他地区生活水平的差距迅速扩大。

---

① 347 U. S. 483.

② 作为一个经济学概念，美国的"黄金时代"指美国在二战后的经济实力骤然增长，在资本主义世界经济中占有全面的优势。从战后直到 60 年代末，美国未出现过大的经济危机，故西方经济学家将这个时期称为"黄金时代"。

③ 又称"五月四日惨案"（May 4 Tragedy）。

④ Arthur Marwick, "The Cultural Revolution of the Long Sixties: Voices of Reaction, Protest, and Permeation," *The International History Review*, Vol. 27, No. 4, 2005, p. 780.

只占世界人口 6% 的美国人生产与消费了全世界 2/3 的产品。美国经济的高速增长带来了一个物质极大丰富的社会。二战后的"婴儿潮"进一步拉动了消费的增长。从 1945 年到 1960 年，美国拥有自己居室的人口增加 50%。1946 年，全美国拥有黑白电视机 7000 台，而到 1960 年，数量上升到 5000 万台，90% 的家庭拥有电视机。到 1970 年，38% 的家庭拥有彩色电视机。[1] 20 世纪 60 年代的美国，经济持续高速增长，人们物质生活极大丰富，社会却最为动荡与不和谐。这看似矛盾的两种现象事实上是存在内在逻辑联系的。20 世纪 60 年代是美国从工业社会向后工业社会发展的转折期。尽管美国经济发展速度非常快，但其旧有的社会权威、社会规范、社会文化与价值观念、官僚制度、科层体制以及教育体制都未能与经济同步快速发展，社会也因此产生了不和谐现象。

20 世纪 60 年代美国经济的快速增长对社会的方方面面都产生了深刻影响。它不但提高了人们的物质生活水平，推动了产业结构与就业结构的调整，加速了城市的郊区化发展，加速了人口流动，促进了高等教育的普及，也使资本主义单向度发展及其问题更加突出。经济大萧条时期的以阶级为基础的社会矛盾也逐渐随着美国经济的发展以及中产阶级人数的不断壮大而转变为以种族、性别、年龄划界的社会矛盾。60 年代之前，美国社会的主流价值观只属于少数一部分上层中产阶级。然而，到了 1963 年，美国人中有 60% ~ 70% 属于中产阶级。[2] 中产阶级人数的激增对传统的美国价值观造成了冲击。在价值观撞击的过程中，社会中的种族歧视、贫富差距以及社会阶层的分化也日益加剧。1954 年 5 月 17 日，美国联邦最高法院对布朗诉托皮卡教育委员会案做出最终判决，认为种族隔离的法律是违宪的，即剥夺黑人学童的入学权利违反了美国宪法第十四修正案中所保障的同等保护权。[3] 由于最高法院的

---

[1] 朱世达：《当代美国文化》（修订版），社会科学文献出版社，2011，第 18 页。

[2] 姚佩芝、谢文玉：《战后美国经济发展与 20 世纪 60 年代美国新左派运动》，《科教文汇》2012 年第 3 期，第 197 页。

[3] 同等保护权的依据是美国宪法第十四修正案第一项："任何人，凡在合众国出生或归化合众国并受其管辖者，均为合众国及所居住之州的公民。任何州不得制定或执行任何剥夺合众国公民特权或豁免权的法律；任何州亦不得未经正当法律程序而剥夺任何人的生命、自由或财产；亦不得对任何在其管辖下的人，拒绝给予平等的法律保护。"其中的"不得对任何在其管辖下的人，拒绝给予平等的法律保护"即为美国宪法的同等保护权条款（equal protection clause）。它保障公民在法律上被同等地对待，这也就是美国宪法中同等保护权规范的由来。

判决并未规定明确的废除学校种族隔离制度的日期，因此州政府经常借故拖延判决的实施，继续实行种族隔离制度。1964 年，林登·约翰逊（Lyndon B. Johnson）签署的《民权法案》（*Civil Rights Act*）规定了美国境内不得采取种族隔离，并判定对黑人、少数民族与妇女的歧视行为非法。尽管该法案的通过被认为是人权进步的里程碑，但它并未结束美国自建国以来长期的黑白种族隔离的现实，南方许多州仍然采用各种方法阻止黑人投票。事实上，20 世纪 60 年代，不仅南部诸州的种族隔离现实仍在继续，而且北部各州的种族隔离、种族歧视现象也在日益加剧。这主要是由在城市中心居住的黑人与邻近的蓝领白人阶层的矛盾造成的。随着 60 年代经济的快速发展，美国的贫富差距进一步拉大。1952 ~ 1962 年，穷人家庭收入在全国家庭收入中的比例下降了 0.4 个百分点，而富人家庭收入的比例却增加了 1 个百分点，结果贫富差距扩大了 1.4 个百分点。[1] 在 60 年代，富人逐渐搬离了城市中心区而向郊区迁移，然而数量与日俱增的蓝领白人却由于支付不起高昂的郊区房价以及无力为子女支付私立学校的学费，只能住在邻近市中心的黑人社区。因此，随着经济的快速发展，社会阶层的不断分化，新的社会矛盾也日益显现。北部各州蓝领白人阶层与黑人之间的矛盾就是突出的一例。再加上美国在此时还深陷越战泥潭，这使美国政府向贫困宣战的宏伟目标也大打折扣，引发了社会弱势群体的抗议。

20 世纪 60 年代的美国各种左翼社会运动的出现是美国社会转型变迁过程中各种矛盾积累的结果，是在经济、文化、政治等诸因素的共同作用下形成的。这也是动荡的 "60 年代" 与经济发展的 "黄金时代" 历史重合的主要原因。经济繁荣、社会物质丰裕带来的解决社会矛盾的可能性与社会现实之间的鲜明对比与反差导致了人们的 "认同危机"。经济发展过程中产生的文化失范现象促使人们寻找解决之道。"60 年代" 的激进派领袖彼德·科利尔（Peter Collier）与戴维·霍洛维茨（David Horowitz）曾讲过，"60 年代" 运动的参与者是 "社会的园艺家，他们要'绿化美国'，让后工业时代的人们冲出清教徒主义的束缚……'60 年代' 不仅是一个拥有很多乐趣的时代，而且在政治上也是一个好

---

① 姚佩芝、谢文玉：《战后美国经济发展与 20 世纪 60 年代美国新左派运动》，第 197 页。

时光——理想主义风行一时，人们除了想给和平一个机会外别无所求；那也是一个崇尚义务和行动的时代"。[①] 20 世纪 60 年代的经济繁荣推动了高等教育的普及化，使青年产生出强烈的群体意识。这为当时的社会运动做了思想上和组织上的准备。当时的政治因素也为社会运动的发生提供了政治环境，培育了社会运动参与者的政治意识。

20 世纪 50 年代美国出现右倾浪潮之后（即麦卡锡主义），美国社会在60 年代开始流行狂热的左倾主义思想。"60 年代"一系列的左翼社会运动——反对种族歧视、争取平等权利、反对战争的和平运动、反对传统道德观念与生活方式的反文化运动、主张以"公民参与的民主"取代现行代议制的学生运动与新左派运动、支持"自由言论"运动等——并不是传统意义上的旨在推翻资本主义政权的革命，而是对美国旧有的社会权威、社会规范、文化与价值观的一次全面批判。然而，这一系列轰轰烈烈的左翼社会运动却在 20 世纪 70 年代中期戛然而止。其中的缘由何在？"60 年代"虽然已经逝去，但其对美国社会方方面面的影响仍然存在。诚如科利尔与霍洛维茨所说的："60 年代是穿在我们脚脖上的绿袜子：厚重。"[②] 那么"60 年代"为 70 年代以来的美国特别是美国的左右翼社会运动留下了怎样的遗产？自 20 世纪 70 年代以来美国的社会运动又呈现出怎样的图景？本章将对这些问题一一作答。

第一节 20 世纪 60 年代社会运动的衰落

目前美国学者对社会运动衰落的研究提出了三种理论模式，它们是传统社会运动理论、资源动员理论与政治过程理论。传统社会运动理论将社会运动的衰落归结为运动组织的寡头化与保守化以及制度化。运动组织的寡头化与保守化指社会运动领袖精英对运动组织的掌控，并且为了维护其在组织内部的权力地位，使社会运动的目标趋于保守，向社会中主流群体

---

① 〔美〕彼德·科利尔、戴维·霍洛维茨：《破坏性的一代：对六十年代的再思考》，文津出版社，2004，引言第 4 页。

② 〔美〕彼德·科利尔、戴维·霍洛维茨：《破坏性的一代：对六十年代的再思考》，引言第 5 页。

妥协，进而部分或全部摒弃了社会运动的原始目标。社会运动的制度化指组织内部等级科层制的发展。随着社会运动的发展，运动组织内部开始出现劳动分工，并逐步建立了行政程序。尽管这些官僚体制的出现有助于社会运动组织的正常与有效运转，但从某种程度上讲，它们也削弱了组织成员的热情与创造力，使其更倾向于运动组织发展的稳定性。因此，制度化导致运动组织更加倾向于维护现有的组织结构，而不是为了实现运动最初的激进目标而进行组织动员。①

　　资源动员理论的提出者及其后来的支持者并未从资源动员理论视角对社会运动衰落的原因进行阐释，但从该理论的思想核心中可以推断出有关社会运动衰落的资源动员方面的原因。资源动员理论的早期代表人物奥伯施奥尔以及资源动员理论最终模式的提出者麦卡锡与扎尔德将社会运动的发生与发展作为研究的重点。资源动员理论认为，社会运动能否获得外部资源是其发生与发展的最重要因素。② 奥伯施奥尔也认为，"不幸的是，许多社会运动恰恰由于缺少这些外部资源而未能成形"。③ 这里的资源是指社会运动所处的外部环境为其提供的可以利用的基础设施，如媒体、社交网络、职业结构与发展等。因此，根据资源动员理论推导的逻辑，若外部资源能够催生一个社会运动，同理，一个社会运动的衰落恰恰是由于其有利的外部资源的丧失。

　　综上所述，两种理论范式在阐释社会运动时各自强调了社会运动的某个方面，即传统社会运动理论强调社会运动衰落的内在组织因素，而资源动员理论强调的是社会运动的外部因素。对某种因素单方面的过分强调或许会有碍于对一种社会现象的全面解读。鉴于此，政治过程理论在汲取了两种理论思想的精髓的同时，意识到了内在组织因素与社会运动所处的外部环境之间的互动对社会运动研究的重要意义。本节将在政治过程理

---

① Hans H. Gerth and C. Wright Mills, *From Max Weber: Essays in Sociology* (New York: Oxford University Press, 1946), pp. 297 – 301; Sheldon L. Messinger, "Organizational Transformation: A Case Study of a Declining Social Movement," *American Sociological Review*, Vol. 20, No. 1, 1955, pp. 3 – 10.

② J. D. McCarthy and M. N. Zald, *The Trend of Social Movements in America: Professionalization and Resource Mobilization*.

③ Anthony Oberschall, *Social Conflict and Social Movements*.

论的研究框架下，从内部诱因与外部诱因双重视角对"60年代"美国左翼社会运动的衰落进行解读。在此，内部诱因主要指社会运动的组织因素、运动的策略以及运动的动员，而外部诱因主要指政治机遇与社会控制因素。

一　衰落的内部诱因

组织对社会运动的重要性不言而喻。然而，什么样的组织对社会运动的发展有利，美国学者却各执一词。有些学者认为，结构松散、权力分散的社会运动组织对社会运动的发展比较有利。[①] 有些学者则认为，只有社会运动组织掌握了支配人员与资源的集中权力，才能更加有效地抵御外部反对力量。加姆森在研究中发现，与权力分散的社会运动组织相比，权力集中的社会运动组织的确要更加成功。[②] 麦克亚当则在此问题上持有折中的看法。他在对美国民权运动的研究中发现，对人员与资源的最佳部署与运动开展常常要综合上述两种社会运动组织的特点。以民权运动为例，它既有四大核心运动组织，即全国有色人种协进会（National Association for the Advancement of Colored People，NAACP）、学生非暴力统一行动委员会（Student Nonviolent Coordinating Committee，SNCC）、种族平等大会（Congress of Racial Equality，CORE）、南部基督教领导联合会（Southern Christian Leadership Conference，SCLC），也有以地方黑人教会为核心的社会运动组织。麦克亚当认为，民权运动组织的这个特点可以使其在有效抵御外界镇压的同时，还不会丧失维护其有效运作的有限资源。[③]

社会运动组织并非铁板一块。随着社会运动的发展，社会运动内生组织也会发生诸多变化。同理，"60年代"的社会运动组织随着运动的推进也发生了组织之间以及单个组织内部的矛盾，这些矛盾主要体现在运动目标、策略和手段的选择方面。下文将以一些主要的"60年

---

① Luther P. Gerlach and Virginia H. Hine, *People, Power, Change: Movements of Social Transformation* (Indianapolis: Bobbs-Merrill, 1970).

② William A. Gamson, *The Strategy of Social Protest*, 2nd ed.

③ Jo Freeman and Victoria Johnson, *Waves of Protest: Social Movements since the Sixties* (Maryland: Rowman and Littlefield Publishers, Inc., 1999), pp. 328-329.

代"社会运动组织的发展演变为例阐释该时期社会运动衰落的内生因素。

麦克亚当在对民权运动的研究中发现，民权运动组织力量的消长、组织间以及单个组织内部的矛盾是民权运动衰落的重要原因之一。20 世纪 60 年代初，四个核心的民权运动组织以各自独特的策划风格与运作模式吸引了大量的潜在运动参与者和受益者。这些不同类型的民权运动组织的存在为不同的潜在运动参与者和受益者提供了多样的选择，满足了不同层次的人的需求。全国有色人种协进会是一个由黑人上层知识分子和上等及中产阶层的白人自由主义者构成的联合组织。在民权运动组织中，它的历史最悠久，成立于 1909 年；它的规模也最大，主要通过法院诉讼的方式为黑人争取平等权利。民权运动时期，全国有色人种协进会的主席是罗伊·威尔金斯（Roy Wilkins）。学生非暴力统一行动委员会是民权组织中最激进的一个黑人青年组织。它由一系列的学生集会逐渐发展壮大而来的，始于 1961 年，其成员主要是有南部背景的大学生或大学的辍学者。该组织致力于动员和发动南部黑人投票以及帮助黑人扫除文盲等活动。当时的领导者包括艾拉·贝克（Ella Baker）以及 60 年代后期的斯托克利·卡米克尔（Stokely Carmichael）。种族平等大会是从和平主义组织——协调协会（Fellowship of Reconciliation）发展而来的，其成立于 1942 年。该组织提倡用非暴力手段，号召各种族共同发起静坐活动，废除公共场所中的种族隔离。该组织是自由乘车运动的最早发起者。成立之初的领袖包括詹姆斯·法默（James L. Farmer）、乔治·豪瑟（George Houser）、詹姆斯·罗宾逊（James R. Robinson）、波奈斯·费舍尔（Bernice Fisher）。南部基督教领导联合会是在蒙哥马利公共汽车运动获得成功的激励下诞生的一个民权运动组织，其首位领导者是著名的民权运动领袖马丁·路德·金（Martin Luther King, Jr.）。该组织认为，要争取黑人的平等权利不能够只依赖于法律诉讼，而是要组织和发动大规模的群众性非暴力直接行动。

20 世纪 60 年代初期，尽管四大核心组织之间存在一些分歧，领袖之间也存在一些摩擦，但是在泰克尼克基金会（The Tektronix Foundation）的撮合与促动下，这些核心组织的领袖能够集会并就彼此存在的分歧展开磋商与协调，避免相互竞争。1963 年 6 月，这样的领袖集会发展成为民权领袖联合委员会（Council on United Civil Rights Leadership，CUCRL）。肯尼斯·克拉克（Kenneth B. Clark）在评述这四个核心组织在民权运动早期的积极作用时曾说道：

> 在组织效率、理念、战略与手段方面，这些组织都存在或多或少的差异。白人自由主义者以及白人信教徒会更加倾向于认为马丁·路德·金领导的南部基督教领导联合会不具有威胁性。更为强硬与实用主义的商界及政府领袖则认为全国有色人种协进会与城市联盟（The Urban League）更加易于控制。那些寻求快速与具体公正方式的更加富有激情的黑人与白人可能更容易被学生非暴力统一行动委员会和种族平等大会所吸引……民权组织的多样化以及黑人领袖目前或许是民权运动的优势，而非劣势。组织之间相互影响彼此的发展势头与节奏。组织间这样的互动要求每一个组织在一定程度上的有效性与相关性。[1]

事实上，运动组织的多样化给抗议对象造成了不同的压力来源，也加大了打击与抵制社会运动的难度与成本。麦克亚当在研究中使用四个核心组织策动直接行动的次数数据验证了它们在 20 世纪 60 年代初期的积极作用，然而到 1965 年以后，这些组织的力量开始变弱。根据麦克亚当的研究（如表 2 - 1 所示），1967 年，在所有由正式运动组织发起的事件与行动中，有 74% 是由四个核心组织发起的。到了 1970 年，这个数字下降到 32%。1961 年至 1965 年间，在所有由正式运动组织发起的事件与行动中，只有 15% 不是由四大组织发起的。然而在接下来的五年中，这一数字上升到了 44%，将近一半的数量。这一数据表明，在 60 年代初期的民权运动中起到重要作用的全国性集权型运动组织结构，到了 60 年代末开始逐渐被联系松散的、小规模的地方运动组织结构所替代。[2]

---

[1]　Kenneth B. Clark, "The Civil Rights Movement: Momentum and Organization," in Richard P. Young ed., *Roots of Rebellion: the Evolution of Black Politics and Protest since World War II* (New York: Harper & Row, 1970), p. 295.

[2]　Jo Freeman and Victoria Johnson, *Waves of Protest: Social Movements since the Sixties*, pp. 328 - 330.

表 2 - 1　核心民权运动组织策动活动数量占总活动数量的比例分布（1961～1970）

单位:%

组织（年）	1961～1965	1966	1967	1968	1969	1970	1966～1970
全国有色人种协进会	24	21	27	16	16	21	21
学生非暴力统一行动委员会	6	9	4	1	0	1	4
种族平等大会	22	4	18	7	6	2	8
南部基督教领导联合会	23	23	25	36	18	8	23

资料来源：Jo Freeman and Victoria Johnson, *Waves of Protest*: *Social Movements since the Sixties*, p. 330。

归结起来，四个核心民权运动组织在 20 世纪 60 年代末势衰主要有两个方面的原因：一是组织之间出现了分歧，二是单个组织内部的分裂。事实上，四个核心运动组织在 60 年代初就存在分歧。南部基督教领导联合会领袖马丁·路德·金由于在蒙哥马利公共汽车抵制运动中的出色表现及其个人的人格魅力赢得了民众与媒体的关注，成为当时民权运动的精神领袖。当时，金只有 34 岁，因此在众多资深的民权运动领袖中实难服众，并招来许多人的嫉妒。全国有色人种协进会主席罗伊·威尔金斯就是金的嫉妒者之一。在一次会议上，罗伊对金的能力以及蒙哥马利公共汽车抵制运动的成果表示质疑，并对金诘问道："马丁，前些天有个聪明的记者对蒙哥马利（罢乘运动）做了番调查，得出结论说，尽管你们搞出了那么多大肆张扬的举动，你们却没能在任何一辆城市公汽上废除种族隔离，是司法行动做到了这点。"金平静地回答道："我们完全知道这一点，罗伊。我的同仁认为，只有把非暴力直接活动和司法行动结合在一起，才能达成目标。"罗伊并没有服气，他追问："那好吧，马丁，请你好心告诉我，你们的活动到底废除过哪种隔离？"金答道："我猜我唯一废除过的隔离就是存在于一些人心中的隔离。"① 这个例子充分暴露了存在于民权运动组织领袖内部的摩擦。此外，60 年代初期，在寻求财政资助以及争取媒体与民众的关注方面，四个核心组织也存在相互竞争。然而，在泰克尼克基金会的促动下，加之当时四大组织还具有相对协调统一的运动目标，即动员黑人投票登记与废除公

---

① 郑飞：《鲜为人知的美国黑人民权运动另一面》，《文史参考》2010 年第 11 期，http://www.people.com.cn/GB/198221/198819/198855/12346592.html#，最后访问日期：2012 年 8 月 29 日。

共场所的种族隔离，故60年代初期四个组织在运动目标与运动策略方面达成的共识使其能够暂时搁置分歧，相安无事。

随着民权运动的发展，运动诉求逐渐多元化，四个组织在运动目标与策略方面的共识也开始土崩瓦解。从1955年至20世纪60年代中期，民权运动的诉求几乎完全聚焦在动员黑人投票登记与废除公共场所的种族隔离这两个议题上。到了60年代末，运动的诉求开始被更加广泛的议题所替代，如应对警察暴力、消除制度上的种族歧视、在大学里建立黑人学习计划、黑人优越主义的发展等。运动领袖在运动策略与手段方面也开始出现分歧。60年代末，金提倡的非暴力手段开始被许多组织摒弃。运动目标与策略的分歧将民权运动组织分裂为两大敌对阵营。一个阵营继续坚持采取非暴力手段为黑人争取与白人平等的权利，废除种族隔离，提倡不同种族相互融合的思想。这一阵营中有代表性的组织是全国有色人种协进会与南部基督教领导联合会。与之对立的另一阵营是被称为"黑人权力"（Black Power）的民权运动派别，"黑人权力"是该阵营的支持者对这一派别的肯定性称谓。事实上，这一阵营认为无法通过采取非暴力手段来实现运动诉求，相反，只有对敌人实施暴力才是最为有效的手段，其拒绝不同种族间相互融合的思想，提倡"隔离但平等"的主张应该被合法化。四大核心组织中的学生非暴力统一行动委员会与种族平等大会都在不同程度上转向了这一阵营。[1] 60年代末期，许多激进的黑人组织相继出现，如1966年由休伊·牛顿（Huey Newton）和鲍比·西尔（Bobby Seale）创建的黑豹党（Black Panthers）。黑豹党是一个左翼激进黑人组织，坚持武装自卫与社区自治。

20世纪60年代末期民权运动诉求与策略发生的变化导致了运动自身内涵与性质的改变。60年代初，运动所聚焦的等级（caste）矛盾转变成为阶级（class）矛盾。运动初期的抗议目标指向南部郡治安官等南部的种族主义者，而到了60年代末运动后期则将反对的目标指向了联邦政府与全国的政治经济精英。民权运动后期的变化使联邦政府与民众改变了在运动初期对运动的支持态度，原因在于运动组织内部的变化使外部群体难以建立一个对黑人民权运动的统一看法。因此，黑人民权运动在内外环境的双重变

---

① Jo Freeman and Victoria Johnson, *Waves of Protest: Social Movements since the Sixties*, pp. 331 – 332.

化下逐渐走向衰落。

除了民权运动组织之间的分歧，各个组织内部也相继出现了派系争斗。学生非暴力统一行动委员会是"黑人权力"思想的先驱者。该组织提出的黑豹标志、握紧拳头行礼、身穿蓝色牛仔裤和夹克都成为新左派和反文化运动的重要标志。然而，到 1968 年年底，该组织却销声匿迹了。1964 年是学生非暴力统一行动委员会的转折点。此前，该组织一直奉行非暴力运动的理念。然而，由于密西西比自由民主党未能在 1964 年全国民主党代表大会上获得代表权，学生非暴力统一行动委员会因此摒弃了之前的运动理念，在斯托克利·卡米克尔的领导下采取暴力手段进行抵抗，主张黑人权力与黑人民族主义。尽管此后该组织取得了一些行动的胜利，然而它在四个核心组织当中第一个经历了内部派系争斗，该组织也因此分崩离析，难逃最终灭亡的命运。该组织内部的矛盾主要存在于白人自由主义者、激进主义者与黑人成员之间，该组织与老牌民权组织如全国有色人种协进会与南部基督教领导联合会也存在不可调和的矛盾。[1]

奥古斯特·梅尔（August Meier）与埃利奥特·路德维克（Elliot Rudwick）在对种族平等大会的研究中发现，该组织在各州的分支机构在 60 年代中后期开始出现内部矛盾，并导致了这些机构甚至整个组织的最终衰落。该组织在西雅图的分部 60 年代末已经分裂为保守派与自称为特设委员会（the Ad Hoc Committee）的激进派。梅尔与路德维克曾这样描述该组织的内部矛盾：

> 特设委员会的成员被指控散布"分裂和诋毁言论"，称分部领导者（指西雅图分部）密谋对直接行动进行阻挠以及在组织成员招收条件方面肆意妥协。特设委员会的成员指责分部黑人主席与副主席"过于谦卑"以及害怕由于参与好战的策略而丢了饭碗……由于在选举中才能将现任的领导赶下台，加上希望作为一个"面向贫民窟的组织"来独立运作，特设委员会最终选择了退出。与此同时，在这两派的争斗过程中，很多成员由于痛恨"该组织成员之间失去信任与忠诚"，也选择了离开。因此，这样派系争斗的结果只能是削弱该组织

---

[1] Anthony Oberschall, *Social Movements： Ideologies, Interests, and Identities*, pp. 267 – 268.

的力量。①

20 世纪 60 年代末成立的一些左翼激进组织在 70 年代初期也相继开始衰落。除了外部镇压的原因外，这些组织内部的分裂也是其势衰的重要原因。以上面提到的黑豹党为例，这就可以很明显地看出这一点。黑豹党是一个半军事化的组织，成员都头戴贝雷帽，身穿 T 恤，脚穿靴子，还配有武装设备。该组织在 1966 年成立，迅速在 1968 年达到发展鼎盛时期。1968 年，该组织与警察发生一系列冲突，双方在冲突中各有伤亡。在 1968 年的总统选举中，黑豹党推选埃尔德里奇·克里佛 (Eldridge Cleaver) 为该党的总统候选人。克里佛与其竞选伙伴朱迪丝·马奇 (Judith Mage) 获得了 0.05% 的票数，约 36571 张选票。② 到 1968 年年底，该组织内部矛盾开始激化，关闭了一些分部并开除了将近一半的组织成员。矛盾激化的主要原因在于该组织将大部分筹集到的资金用于组织领袖的武装防卫方面，进而造成其他行动方面的资金短缺。1971 年年初，该组织内部出现了分别以休伊·牛顿和埃尔德里奇·克里佛为首的两大对立阵营。③

除了民权运动组织在 20 世纪 60 年代末与 70 年代初衰落以外，其他左翼运动组织也在该时期发生了类似的情况。反战和平运动组织就是一例。事实上，反战运动是反应型运动，即对政府有关战争的升级、尝试镇压反对派、对战争政策以及对抗议行为应对政策发布的一种反应。④ 反战组织大多是一些团体的松散联盟，成员招收与参与方式也较为随意，缺乏正式的核心组织以及决策机构。在 60 年代末反越战运动中起重要作用的"结束越战动员委员会" (Mobilization Committees to End the War in Vietnam) 是非成员制组织，即一个具有共同反对越战目标的团体、领袖以及个人的松散联盟。1967 年秋至 1971 年春，该组织成功策划并领导了一系列行动，如 1967

① August Meier and Elliot Rudwick, *CORE, A Study in the Civil Rights Movement, 1942 - 1968* (New York: Oxford University Press, 1973), p. 311.

② Jeniffer Warren, "Former Black Panther Eldridge Cleaver Dies at 62," *Los Angeles Times*, May 2, 1998, http://articles.latimes.com/1998/may/02/news/mn-45607, 最后访问日期: 2012 年 8 月 30 日。

③ Anthony Oberschall, *Social Movements: Ideologies, Interests, and Identities*, p. 270.

④ Jerome H. Skolnick, *The Politics of Protest* (New York: Ballantine Books, 1969), p. 31.

年 10 月组织 10 万人在首都华盛顿示威抗议征兵并一度包围五角大楼；1971
年春又成功发起长达 10 天的在首都华盛顿的人民游说行动（the People's
Lobby）。① 然而，杰罗姆·斯格尔尼克（Jerome H. Skolnick）曾提道：

> （反战）组织内部毫无组织性可言，一片杂乱无章。为了应对一些
> 具体问题，会有上百个组织冒出来。反战联盟不断地形成，同时也在
> 不断地解散……和平运动的确有其连续性，最知名的运动领袖也都熟
> 知这一点……然而，和平运动组织的参与松散性及其松散的结构是不
> 能被小觑的。②

结束越战动员委员会最终由于组织自身的结构性弱点以及政府对反战运
动镇压力度的加大，在 70 年代初期开始出现内部派系纷争，逐渐走向
衰落。

综上所述，左翼社会运动组织在 20 世纪 60 年代末 70 年代初的相继衰
落主要归结于运动领袖在运动诉求与策略方面发生了重大分歧，组织之间
甚至组织内部都发生了分裂与派系斗争。然而，运动组织的分裂也不是自
发产生的，除了运动组织本身所存在的结构性弱点之外，外部环境的影响
在某种程度上也是导致运动组织甚至整个社会运动衰落的重要因素。

二　衰落的外部诱因

"60 年代"左翼社会运动衰落的外部诱因主要表现在五个方面：政府精
英对左翼社会运动态度的转变、经济因素、战争因素、民意的转变以及媒
体因素。在所有这些外部因素与内部因素的共同作用下，"60 年代"左翼社
会运动走向了终结。

从 20 世纪 50 年代初麦卡锡主义开始泛滥到 1954 年年底彻底破产，它
的影响波及整个美国的政治和社会生活，带动了全美社会与政治意识形态
向右转，甚至影响到了有世界"民主旗帜"之称的美国在国际上的声誉。
1954 年 5 月 17 日，为改变美国在国际上的形象，美国联邦最高法院对布朗
诉托布卡教育委员会案做出判决，认为公立学校所实行的种族隔离教育是

---

① Anthony Oberschall, *Social Movements: Ideologies, Interests, and Identities*, p. 270.

② Anthony Oberschall, *Social Movements: Ideologies, Interests, and Identities*, pp. 30 – 31.

不平等的，违反了宪法第十四条修正案。至此，美国种族隔离制度在历经58年之久后被废除，一系列黑人争取平等权利的群众性抗议运动也正式开始。在黑人民权运动的带动下，美国左翼社会运动高潮迭起，开始了对美国旧有社会权威、传统的文化与价值观的全面批判。这些左翼社会运动包括黑人民权运动、新左派运动、反文化运动、学生运动以及反越战和平运动。随着左翼社会运动的发展，到了60年代末，运动诉求开始多样化，运动策略日益激进化，运动组织之间开始出现分歧甚至运动组织内部也开始出现派系斗争。60年代左翼社会运动自身的变化导致了外部环境对运动态度的改变，甚至带来了新的社会问题与矛盾。1968年共和党总统候选人理查德·尼克松（Richard Nixon）在总统选举中的胜利不仅表明民主党新政联盟的结束以及60年代左翼社会运动的势衰，也表明了美国社会与政治意识形态的再次右倾。1974年"水门事件"之后，美国社会与政治出现了短暂的左倾。在1974年的中期选举中，民主党在众议院增加了46个席位，在参议院增加了4个席位。民主党总统候选人吉米·卡特（Jimmy Carter）在1976年的总统大选中获得51%的选票，击败了共和党总统候选人杰拉尔德·福特（Gerald Ford）赢得了选举胜利。[1] 民主党在1976年获得总统选举的胜利只是短时间内使后水门事件的美国政治向左偏离，暂时掩盖了自1968年以来美国社会与政治的右倾趋势。事实上，自1976年以来，除2008年的巴拉克·奥巴马（Barack Obama）之外，无一民主党总统候选人在总统大选中获得的票数超过吉米·卡特。

1968年美国总统大选的结果加速了60年代左翼社会运动的衰落。事实上，早在1964年总统大选中，政治精英对左翼社会运动的态度就已经开始改变。以黑人民权运动为例，随着运动策略的不断激进化，黑人与警察的冲突以及贫民窟暴乱的频繁发生，两大政党对运动的态度开始发生变化，这在1964年两党总统候选人的选举策略中表现得尤为明显。对于两大政党来说，黑人选票在60年代初期与中后期所具有的政治意义明显不同。在1910年至1960年间，有将近500万的黑人从南部迁移到北部。[2] 这不仅是

---

①　Paul Levine and Harry Papasotiriou, *America since 1945: the American Moment*, 2nd ed. (Palgrave Macmillan, 2011), pp. 157 – 158.

②　Jo Freeman and Victoria Johnson, *Waves of Protest: Social Movements since the Sixties*, p. 333.

一个单纯的人口流动现象，它还具有重要的政治意义。诚如托马斯·布鲁克斯（Thomas R. Brooks）所说的："对于黑人来说，这是一个迁移。然而，这却是从非投票区向投票区的迁移。"① 在 1910 年至 1960 年间，黑人人口总数又增加了 92%。这就意味着在总统选举中黑人选民的数量增加了 8 倍。② 另外值得注意的是，自 20 世纪 40 年代之后，黑人投票不再像 30 年代那样向民主党"一边倒"了。在 1956 年的总统大选中，共和党候选人德怀特·艾森豪威尔（Dwight Eisenhower）获得了将近 40% 的黑人选票。③ 因此，两大政党对黑人选票的争夺到了 60 年代变得异常激烈。在 1960 年总统大选之前，奥斯卡·格兰兹（Oscar Glanz）曾这样评价黑人选票的重要性：

> 两党都不能轻视黑人选票的重要性。在下次选举中，民主党候选人应该扭转民主党在黑人选民中的形象，而共和党候选人则应该扩大共和党对黑人选民的吸引力。④

果然，1960 年总统大选结果再次验证了黑人选票的重要性。这是自 1952 年大选后黑人选票连续第三次被认为是影响总统选举结果的决定性因素。斯蒂文·劳森（Steven F. Lawson）对此的评价非常精辟，他认为：

> 对（1960 年选举）结果的分析表明，黑人票数足以使民主党在新泽西、密歇根、伊利诺伊、得克萨斯以及南卡罗来纳州获胜。然而，艾森豪威尔在 1956 年获得了在所有这些州的胜利。如果在这些州的黑人聚集选区两党所得票数与四年前相同，那么理查德·尼克松将成为美国的第 35 任总统。⑤

---

① Thomas R. Brooks, *Walls Come Tumbling Down: A History of the Civil Rights Movement, 1940 – 1970* (Englewood Cliffs, N. J.: Prentice – Hall, 1974), p. 17.

② Nancy J. Weiss, "The Negro and the New Freedom," in Allen Weinstein and Frank Otto Gatell, *The Segregation Era, 1863 – 1954* (New York: Orford University Press, 1970), p. 130.

③ Louis E. Lomax, *The Negro Revolt* (New York: Harper & Row, 1962).

④ Oscar Glanz, "The Black Vote," in Allen Weinstein and Frank Otto Gatell, *The Segregation Era, 1863 – 1954* (New York: Orford University Press, 1970), p. 261.

⑤ Steven F. Lawson, *Black Ballots: Voting Rights in the South, 1944 – 1969* (New York: Columbia University Press, 1976), p. 256.

　　然而，1964年总统选举生态却发生了改变。在此次选举中，有"美国保守派先生"之称的巴里·戈德华特（Barry Goldwater）被共和党提名为总统选举候选人，其也被视为20世纪60年代美国保守主义运动复苏的重要精神人物之一。虽然戈德华特支持亚利桑那州的全国有色人种协进会，协助废除了亚利桑那州国民警卫队的种族隔离政策并支持1957年的《民权法案》，但是他反对1964年通过的《民权法案》。他认为1964年的《民权法案》扩大了联邦政府的权力，使其有权以"法定伦理"为由干预私人间事务，因此是违反宪法的。由于当时反对1964年《民权法案》的主要力量是来自南部的民主党人，戈德华特也因此在南部诸州获得了大量民主党人士的支持。戈德华特的政策主张给民主党以及当时的左翼运动组织都带来了很大压力。一些民权运动组织被迫在选战关键时刻减少了行动次数，以此来避免左翼运动会导致增加戈德华特胜选的可能性。布鲁克斯曾这样描述这段历史：

　　　　为了抑制民权积极分子狂热的热情，一些白人自由主义者被劝说减少对民权运动的资金资助。全国民主党代表大会在发放动员黑人选民的经费时，也要确保这些钱是被用来投票登记而非组织运动。这些举措所传达的信息是"给民权运动降温"。罗伊·威尔金斯将民权领袖召集起来，共同商议暂停示威的问题。在7月29日三个小时的讨论过后，威尔金斯、金、杨与兰德尔夫共同签署了一份声明称，"在选举结束之前，即使不是全面地停止行动，也要大幅度减少大规模游行、大规模罢工纠察、大规模示威等活动"。①

　　尽管林登·约翰逊在1964年大选中获得了压倒性的胜利，但戈德华特则在一些一贯是民主党地盘的南部州获胜。事实上，1964年总统选举预示了在未来几十年里美国政治光谱的转变。美国南部诸州也从此时开始逐渐向共和党倾斜。尽管民主党在1964年的总统大选中获胜，但在1966年的中期选举中，曾将约翰·肯尼迪（John F. Kennedy）和林登·约翰逊选上台的民主党传统选民阵线出现了倒戈现象。其中，北部诸州的白人蓝领阶层倒戈最为严重。随着黑人民权运动策略的激进化，运动抗议对象的扩大化，

---

① Thomas R. Brooks, *Walls Come Tumbling Down: A History of the Civil Rights Movement, 1940 – 1970*, p. 237.

运动不但使其最初的支持者受到了牵连，而且还造成了新的社会矛盾。在北部诸州中，白人蓝领阶层与黑人的矛盾就是众多矛盾中的一例。随着美国向后工业时代的过渡，富人已经远离城市中心并向郊区迁移，而城市中心只有贫困的黑人留守在贫民窟内，以及与其为邻的白人蓝领阶层。黑人民权运动策略改变之后，白人蓝领阶层一直为贫民窟的暴乱、黑人与警察的武装冲突、强制性乘校车上学制度以及由此带来的高犯罪率所困扰，白人蓝领阶层也因此不愿意继续支持认可黑人民权运动的政党。塞缪尔·鲁贝尔（Samuel Lubell）曾正确地预测了这个趋势：

> 在过去，民主党的策略师认为对民权问题的关注有助于巩固其在大城市的选票。只要民权运动继续致力于改善南部黑人的境况，这样的观点是可以成立的。然而，北部诸州的黑人武装分子提出的新要求与许多白人选民的利益相互冲突。许多白人选民对民权运动的愤怒足以打破民主党在城市地区称霸的局面。①

如果说民主党传统选民阵线在 1964 年总统选举中刚刚出现倒戈迹象，并未给共和党带来真正甜头的话，那么到了 1968 年总统选举，这种现象不仅愈演愈烈导致新政联盟的最终破产，而且最终为共和党带来了压倒性胜利。对于黑人民权运动来讲，共和党候选人理查德·尼克松获得 1968 年总统选举的胜利意味着其所处的政治环境进一步恶化。这也是黑人民权运动在 20 世纪 60 年代末开始衰落的重要因素之一。

1968 年是民主党与自由主义者受到重创的一年。1968 年 4 月 4 日，黑人民权运动失去了伟大的温和派运动领袖——马丁·路德·金。金被暗杀后，在美国 130 个城市发生了大规模暴乱，共造成 46 人死亡，财产损失超过 1 亿美元。在首都华盛顿，黑人暴乱分子纵火焚烧白人经营的店铺。遭到袭击的地区是第 14 街的商业中心，距白宫只有两个街区之遥。② 两个月后，即 1968 年 6 月 5 日，刚刚获得加利福尼亚州初选胜利的罗伯特·肯尼迪（Robert Kennedy）被暗杀。民主党因此失去了唯一一位既有能力化解种族

---

① Samuel Lubell, *White and Black*, *Test of a Nation* (New York：Harper & Row, 1964)，pp. 127 - 128.

② Paul Levine and Harry Papasotiriou, *America since 1945*：*The American Moment*, 2nd ed.，p. 145.

冲突又有能力领导美国走出越战泥潭的极具竞争力的总统候选人。肯尼迪被暗杀事件改变了1968年大选的选情。从民主党内部的提名来看，约翰逊的副手休伯特·汉弗莱（Hubert Humphrey）由于肯尼迪被暗杀而被提名为总统候选人。在约翰逊越战政策阴影的笼罩下，汉弗莱几乎无法在越战政策上有所作为。这招致了民主党内部反越战分子对汉弗莱提名的反对。为了防止这些反战分子扰乱1968年在芝加哥举行的全国民主党代表大会，民主党老牌政党领袖、芝加哥市长理查德·戴利（Richard Daley）部署了充足的警力以确保大会顺利进行。在戴利高调向外宣布已经部署充足警力的情况下，反战分子受到了震慑，最终只有1万名抗议者聚集芝加哥街头，最终不敌11000名警察以及伊利诺伊州国民警卫队。①

1968年新政联盟破产的另一个原因是当时民主党中自由派的进一步左倾。这导致原来支持新政的民主党支持者，如白人蓝领阶层以及一些移民群体倒戈转而支持共和党。民主党传统大票仓的南部诸州在1968年也倒戈支持共和党。事实上，南部诸州在人权问题上对本党持反对意见的民主党（Dixiecrat Party）在1948年就开始支持共和党。艾森豪威尔与戈德华特分别赢得过一些南部州的胜利。然而，此前并没有一个民主党总统候选人像汉弗莱在1968年大选中在南部诸州输得那样惨烈。作为一个民权的支持者，汉弗莱在11个南部州中输掉了10个，只在约翰逊的大本营得克萨斯州获胜。② 民主党在南部诸州的惨败与北部白人蓝领阶层的倒戈使共和党在此次选举中获得了压倒性的胜利。由于原本支持左翼社会运动的民主党却在1968年总统选举过程中对其进行镇压，再加之民主党内部及其选民阵线对左翼社会运动的态度出现了严重分裂，左翼社会运动在1968年的境遇可见一斑。

从共和党方面来看，共和党在1968年总统选举中提名了南部共和党人支持的理查德·尼克松。为了不被贴上种族主义者的标签，尼克松吸取了上一届总统选举中戈德华特的教训，支持50年代最高法院对布朗案的判决以及1964年《民权法案》。然而，他反对联邦政府就支持民权采取任何进

---

① Paul Levine and Harry Papasotiriou, *America since 1945：The American Moment*, 2nd ed., p. 146.

② Paul Levine and Harry Papasotiriou, *America since 1945：The American Moment*, 2nd ed., p. 147.

一步的举措，特别是反对强制性乘校车上学制度，尼克松也因此赢得了斯特罗姆·瑟蒙德（Strom Thurmond）的支持。1948 年，瑟蒙德是当时在人权问题上对本党持反对意见的民主党领袖，后于 1964 年变节加入了共和党。此外，值得一提的是尼克松选择的竞选伙伴是时任马里兰州州长的斯皮罗·阿格纽（Spiro T. Agnew）。在任州长期间，阿格纽一直不被外人所知，但其在 60 年代却因批判反越战分子以及对左翼社会运动组织的暴乱持强硬镇压态度而声名大噪。为了赢得白人蓝领阶层的选票，尼克松选择了当时默默无闻的阿格纽。

　　从民主党与共和党两方面来看，左翼社会运动所处的政治境遇都非常不利于其发展。事实上，自 60 年代中期开始，随着左翼社会运动诉求发展的多样化以及策略的激进化，政治精英已经失去了对这些运动的统一看法，而联邦政府也开始采用三种方式对运动进行抵制：一是直接通过警力镇压；二是通过国会立法；三是通过联邦最高法院的司法程序对运动进行抑制和消灭。

　　联邦政府的警力监控、恐吓与镇压主要是针对 60 年代中后期较为活跃的主张"黑人权力"的组织如黑豹党等，以及针对在城市中心区发生的暴乱。除了黑豹党自成立以来一直受到联邦政府的疯狂镇压以外，其他左翼社会运动组织及其领袖也有相同的遭遇，经历了来自政府的各类攻击与镇压。在南部基督教领导联合会组织穷人运动期间，美国联邦调查局官员指使记者在报纸上发表诋毁文章，以此破坏南部基督教领导联合会的声誉。① 1968 年 4 月 5 日，当学生非暴力统一行动委员会的洛杉矶分部举行马丁·路德·金纪念活动时，警察对活动的参与者发动了袭击。② 此外，激进的黑人权力组织领袖也是政府镇压的主要对象。其中最明目张胆的例子是两位运动领袖仅因刹车灯违规操作就受到指控，进而被带到警察局遭到了毒打。③ 还有不少于 24 个知名黑人民权组织受到了政府

---

① Gray T. Marx, "External Efforts to Damage or Facilitate Social Movements: Some Patterns, Explanations, Outcomes, and Complications," paper prepared for conference on the Dynamics of Social Movements: Resource Mobilization, Tactics and Social Control, Vanderbilt University, 1976, p. 5.

② Reginald Major, *A Panther is a Black Cat* (New York: Morrow, 1971), p. 297.

③ William B. Helmreich, *The Black Crusaders: A Case Study of a Black Militant Organization* (New York: Harper & Row, 1973), pp. 120 – 121.

的税务监控，政府意在通过国内税收服务局（Internal Revenue Service）对各种所谓的极端团体组织进行暗中监控。[1] 1969 年上台执政的尼克松加大了对各种抗议的打击力度。联邦调查局指派 2000 多名全职人员对新左派分子进行调查，20 个联邦机构负责对新左派分子以及反越战分子进行监控，国会的相关委员会也就此举行各种听证会。此时，有更多的大学也倾向于求助警察或其他一些相关的政府机构来处理校园的骚乱事件。[2]

在国会立法方面，联邦与州立法机关在 60 年代末都相继通过了一些反暴乱法案。在联邦层面，国会将反暴乱条款写进了 1968 年的《民权法案》，规定对犯有使用跨州通信设备煽动暴乱罪的罪犯要严惩。该立法为司法部门在 60 年代末起诉诸多左翼社会运动领袖提供了法律依据。1968 年通过的《综合性犯罪治理与安全街道法案》（*The Omnibus Crime Control and Safe Streets Act*）[3] 为地方警察提供了全国性培训中心，试图以此提高警方的反暴乱技术水平。同时，该法案也为地方执法机构建立了财政资助计划以提高它们的反暴乱能力，为地方反暴乱行动拨发的联邦资金有 75% 来自该财政资助计划。[4] 1966 年至 1969 年间，20 个州将反暴乱条款写进州刑法。许多城市也通过了法令，赋予市长在发生贫民窟骚乱事件时宣布戒严的权力。[5] 到 1969 年，1267 座城市中有 75% 建立了反暴乱警力培训中心。其中，有反暴乱计划的城市数量增加了 45%，而编写了反暴乱手册的城市数量增加了 25%。[6] 根据伦贝尔暴力研究中心的研究成果，用于镇压 1968 年骚乱的警力比上一年要高出 50%。1967 年至 1968 年间，左

---

[1] Senate Select Committee to Study Governmental Operations with Respect to Intelligence Activities, *Final Report*, *Hearings*, Vol. 1 – 7（Washington D. C. : U. S. Government Printing Office, 1976）, pp. 50 – 52.

[2] Anthony Oberschall, *Social Movements*: *Ideologies*, *Interests*, *and Identities*, p. 286.

[3] *The Omnibus Crime Control and Safe Streets Act*, Pub. L. 90 – 351, June 19, 1968, 82 Stat. 197, 42 U. S. C. § 3711.

[4] Anthony Oberschall, *Social Movements*: *Ideologies*, *Interests*, *and Identities*, p. 343.

[5] Joe R. Feagin and Harlan Hahn, *Ghetto Revolts*, *the Politics of Violence in American Cities*（New York: Macmillan, 1973）.

[6] Horace Webb, "Police Preparedness for Control of Civil Disorders," *Municipal Yearbook*（Washington D. C. : International City Management Association, 1969）.

翼社会运动参与者被逮捕的人数增加了2倍，1968年平均每次骚乱事件中受伤的人数比1967年高出40%。[1]

联邦与州立法机关通过的反暴乱相关法案为司法部门提供了起诉左翼社会运动领袖的法律依据。政府使用司法的目的在于，无论诉讼能否成功都会使运动领袖受困于要花费巨大精力和财力的法律诉讼程序当中，进而限制其领导和组织运动的能力。曾经领导反越战分子袭击1968年在芝加哥举行的全国民主党代表大会的戴夫·德林格（Dave Dellinger）和其他运动领袖都明知政府使用司法手段削减其领导能力的用意，但似乎找不到任何行之有效的应对方法。他们只能将工作转移到地下，或者逃至国外。然而，这些做法实质上都极大地削减了他们动员和组织运动的能力和效果。[2]

"60年代"左翼社会运动的参与者，后来成为美国加州大学洛杉矶分校著名教授的克里斯托弗·康纳里（Christopher Connery）曾经提到，"'60年代'结束的另一因素是在1974年爆发的一场经济危机"。[3] 这是战后美国经历的最严重的一次经济危机。1973年10月，埃及与叙利亚决定向以色列开战，第四次中东战争随即爆发。战争爆发两周后，阿拉伯石油生产国决定对军事援助以色列的西方国家实行石油禁运，油价随之飞涨。由于一贯支持以色列，美国也成为石油禁运的对象国。70年代以来，美国对石油的需求量急剧增长。1973年的石油禁运立即打乱了美国经济的发展节奏，进而引发了经济危机。到1974年12月，美国汽车工业下降幅度达到32%，通货膨胀率将近11%，失业率高达9.2%。[4] 虽然美国经济在整个60年代经历了快速增长阶段，人们的物质生活水平有了极大提高，然而在1974年危机之

---

① Lemberg Center for the Study of Violence, "April Aftermath of the King Assassination," *Riot Data Review* 2 (August, 1968), Brandeis University Mimeographed.

② Dave Dellinger, *More Power than We Know*: *The People's Movement toward Democracy* (Garden City, N. Y.: Anchor Press, 1975), p. 278.

③ 丁雄飞、郑诗亮：《康纳里谈60年代以来的欧美社会运动》，《东方早报》2011年9月25日，http://www.dfdaily.com/html/2529/2011/9/25/670650_s.shtml，最后访问日期：2012年9月2日。

④ Gary M. Walton and Hugh Rockoff, *History of the American Economy*, 11th ed. (OH: South-Western, Cengage Learning, 2010), pp. 510-511.

后，工人阶层的生活水平并没有大的改善。战后头几年白人社会中的社会阶层向上流动性是非常大的，可是到了1974年以后就几乎停滞了。简言之，60年代的人们特别是工人阶层，相对富足的生活到了70年代中期已经基本结束。1973年开始的经济危机使大多数人又开始为了温饱而忙于生计，进而减少了他们直接参与社会运动的时间，也为社会运动的动员造成了极大困难。从这个意义上讲，1973年开始的经济危机加速了"60年代"左翼社会运动的结束。

康纳里提到"60年代"结束的另一个关键因素是越战的结束。让美国深陷其中的越南战争，终于在国内反越战运动及其给政府带来的压力之下于1975年结束。康纳里认为，越战的结束使"60年代"一系列左翼社会运动失去了一个至关重要的抗议关注点，故社会运动自然就逐渐平息了。[1] 不难看出，问题的突显性对社会运动的发展与动员是至关重要的。根据盖洛普民意调查的结果，越南战争问题自60年代中期以后逐渐成为民众最为关注的问题，黑人民权运动也因此逐渐走出民众的视线。1961年至1965年间，"黑人问题"一直被民众视为国家所面临的最重要的问题。其间，11次民意调查中有6次调查的结果显示"黑人问题"是最重要的问题，3次调查的结果显示其重要性居第二位，只有2次该问题排在民众最关注的问题中的第四位。然而，"黑人问题"的突显性在60年代中期以后开始减弱。[2] 诚如彼得·戈德曼（Peter Goldman）所说的，"在这个关口，人们并没有停止对黑人的友善，只是黑人问题的确是过时了"。[3] 刘易斯·基里安（Lewis Killian）认为，"黑人问题"突显性下降的原因主要在于其他更能紧迫棘手的新问题的出现：

> 尽管种族关系紧张仍在继续、极化现象日益严重，但民众认为过去会威胁到美国社会的种族冲突问题已经不再具有压倒性的重要性了。越战、环境保护、通货膨胀、阿拉伯国家与以色列的战争、能源危机以及水门事件在轮流成为报纸的头条与白人关注的焦点。[4]

---

① 丁雄飞、郑诗亮：《康纳里谈60年代以来的欧美社会运动》。

② Jo Freeman and Victoria Johnson, *Waves of Protest: Social Movements since the Sixties*, p. 336.

③ Peter Goldman, *Report from Black America*, p. 201.

④ Lewis M. Killian, *The Impossible Revolution, Phase II: Black Power and the American Dream* (New York: Random House, 1975), p. 146.

由此可见，问题的突显性对社会运动的兴衰至关重要。在吸引民众与媒体的关注度方面，60年代发生的各种左翼社会运动之间也存在竞争性。新问题的出现将分流原有运动所获得的支持者与资金。

再以反越战和平运动为例。尽管在20世纪60年代中期越战超过黑人民权运动成为民众最为关注的问题，反对越战的情绪也在全国被点燃。然而，自从尼克松上台执政之后，尼克松政府重新审视越战政策，实行谈判与越南化相结合的双重战略，最终领导美国走出越战泥潭，实现了"体面的和平"。根据民意调查的结果，与反越战和平运动相比，似乎尼克松的对越政策更加赢得民心，进而导致反越战和平运动的衰落。1969年秋，反战积极分子发动了停战行动，在10月开始全国性的反战示威游行，并计划每隔30天进行一次。尼克松政府对此迅速做出了反应。11月3日，尼克松发表电视演讲，寻求沉默的多数的支持。他说："我请求你们的支持——大多数沉默的美国人，我们不能让越南击败或羞辱美国。只有美国人可以这样做。"[1]演讲结束之后，根据盖洛普的民意调查结果，77%的受访者支持尼克松。尼克松的支持率也从52%上升到了68%。[2] 主张停战的反越战行动就此偃旗息鼓。然而，随着1970年5月初尼克松宣布向柬埔寨派遣地面部队，反战运动再一次升温，发起了全国性的反战示威游行。政府对这次反战运动采取了武力镇压的方式。1970年5月4日，国民警卫队向俄亥俄州的肯特州立大学参加反战示威游行的人群开枪，杀死了4名学生和旁观者。然而，两周后，1万人在纽约举行示威游行，支持总统。相关民意调查的结果显示，58%的受访者指责肯特惨案中的示威者，而指责国民警卫队的只占11%；50%的受访者支持政府向柬埔寨发动地面进攻，而反对者只占39%。[3] 事实上，自60年代中期以来，随着左翼社会运动策略的激进化，民众逐渐因为担忧暴乱带来的犯罪率上升而反对这些运动。60年代中期以来的民意调查的结果也说明了这一点。

① Paul Levine and Harry Papasotiriou, *America since 1945：The American Moment*, 2nd ed., p. 153.

② Paul Levine and Harry Papasotiriou, *America since 1945：The American Moment*, 2nd ed., p. 153.

③ Paul Levine and Harry Papasotiriou, *America since 1945：The American Moment*, 2nd ed., p. 153.

　　媒体是"60年代"左翼社会运动衰落的另一个因素。奥伯施奥尔将"60年代"左翼社会运动结束的原因归结为组织者对草根阶层组织建设与运动组织自身信息传播机制建设的忽视，以及对媒体的过分依赖。① 媒体对社会运动的报道在20世纪60年代初期的确起到了扩大运动规模、增加参与者数量的动员作用。媒体对社会运动的报道可以使运动在缺乏集中计划的情况下依靠"传染"（contagion）的力量聚集运动的潜在支持者，扩大运动规模。大量有关社会运动与媒体关系的研究都验证了这一观点。西摩·斯皮尔曼（Seymour Spilerman）在对种族骚乱的研究中发现，电视在将联邦政府的行动传播到每个黑人家庭进而刺激种族意识形成方面起着关键的作用。电视有助于减少从众者的反应时间，在运动动员过程中起积极的推动作用。② 社会运动领袖也意识到了媒体力量的强大。大多数运动领袖都非常善于利用媒体制造运动领袖的明星效应，马丁·路德·金就是典型的一例。德林格在领导反战分子袭击1968年在芝加哥举行的全国民主党代表大会时曾提到"全世界都在看着我们的行动"。③ 左翼社会运动的积极分子杰里·鲁宾（Jerry Rubin）在评价媒体的作用时说道：

　　　　媒体不是中性的。摄像机的出现会给一个示威游行带来改变。媒体在的时候，我们会有更多的机会，因为我们知道全世界都会知道所发生的一切。电视不断使我们的策略升级；媒体停止报道，我们的策略就不会奏效……我们的目标就是制造危机，并以此来吸引每一个人的注意力。④

因此，当媒体不再关注左翼社会运动，抑或媒体更多地报道左翼运动组织发起的武装暴乱及其与警察不断发生的暴力冲突，抑或媒体的声音被对左翼运动持镇压平定态度的政治精英所主导，那么，过于依赖媒体曝光的"60年代"左翼社会运动将遭到重创。

　　在内外双重因素的作用下，"60年代"左翼社会运动逐渐消退。上述分

---

①　Anthony Oberschall, *Social Movements: Ideologies, Interests, and Identities*, p. 283.

②　Seymour Spilerman, "The Causes of Racial Disturbances: A Comparison of Alternative Explanations," *American Sociological Review*, Vol. 35, No. 4, 1970, pp. 645 – 646.

③　Dave Dellinger, *More Power than We Know*, p. 99.

④　Jerry Rubin, *Do It* (New York: Simon and Schuster, 1970), p. 107.

析表明，运动内部的变化与其所处的外部环境是相互推动、相互作用的。对运动内外结构与环境的研究展示了社会运动发展的动态政治过程。"60 年代"的终结并不代表着那个时代社会运动的失败。相反，如果以运动诉求是否实现作为衡量其是否成功的标准的话，"60 年代"一系列左翼社会运动都取得了一定程度的成功。运动诉求的实现也是这些社会运动消退的重要原因之一。"60 年代"民权运动与黑人权力运动的成功在于将运动发生前被认为只存在于南部诸州的种族关系问题转变为全国性问题，此后美国的种族政策也表明了将黑人融入主流社会中的承诺。民权运动对美国社会产生了深远影响，它使民权观念从此深入人心，并使民权成为此后衡量政治正确的重要标准。反越战和平运动也取得了一定意义上的成功。尽管越战并未像反战运动期望的那样立即结束，但在反战运动与水门事件的共同作用下，实现结束越战诉求的压力从反战运动转移到国会。也正是由于反战运动与水门事件的发生，国会在战后开始首次重申战争权，开始了对"帝王般总统"的制约。学生运动同样部分地实现了运动诉求，如学生在大学校园中获得了更多的权利与言论自由，特别值得一提的是征兵制度最终被废除了。由此可见，"60 年代"的逝去不但具有内部与外部的诱因，还表明了这个时代左翼社会运动诉求的实现及其使命的终结。

第二节 20 世纪 60 年代社会运动的遗产

"60 年代"激进派领袖科利尔与霍洛维茨曾对这个时代的影响做出了正反两方面的评价：

> 一些是无可争辩的积极影响，如自我意识、社会空间和包容性的扩张，以及自我实现的空间扩大；另一些则是很黑暗的一面。在对权威的攻击中，我们损害了文化免疫系统，给了机会主义者可乘之机。犯罪、毒品及艾滋病流行的根源都可以追溯到 60 年代。[1]

虽然"60 年代"左翼社会运动只是历史上短暂的一瞬，但它对美国社

---

[1] 〔美〕彼德·科利尔、戴维·霍洛维茨：《破坏性的一代：对六十年代的再思考》，引言第 6 页。

会、政治、经济和文化的影响是极其深刻和久远的。当代美国的左翼社会运动，如反战和平运动、女权运动、环境保护运动都生长于"60年代"，甚至右翼保守运动，如新基督教右翼运动也萌发于"60年代"，是对"60年代"左翼社会运动的一种反应。

一　对左翼社会运动的影响

当代各种左翼社会运动都与"60年代"左翼社会运动有着千丝万缕的联系。在"60年代"社会改革的大背景下，一旦时机成熟，社会运动极易萌发。下文将以妇女运动、反战和平运动、劳工运动以及环境保护运动四个主要左翼社会运动为例说明"60年代"左翼社会运动对它们造成的深刻影响。

（一）妇女运动

美国妇女运动在近现代主要经历了三次浪潮。第一次浪潮是从1848年的塞内卡福尔斯会议（Seneca Falls Convention）[1] 开始至1920年旨在争取妇女投票权运动的结束。第二次浪潮发生在20世纪六七十年代，旨在打破妇女传统社会角色和地位以及争取与男性平等的政治权利。1990年至今处在第三次妇女运动浪潮当中，尽管没有出现与第二次浪潮比肩的大规模群众性运动，却出现了有别于前两次浪潮的女性集体身份认同。[2]

尽管60年代末妇女运动第二次浪潮的兴起有着多重原因，诸如社会政治变迁、女性大学生人数的激增以及著名妇女运动领袖贝蒂·弗里登（Betty Friedan）著述的《女性的神秘》[3] 一书的问世使更多的妇女开始关注"女性问题"，但许多学者仍旧认为促使妇女运动第二次浪潮兴起的最关键原因是妇女对60年代两个重要的左翼社会运动，即黑人民权运动与新左派运动的参与。[4] 正如19世纪的妇女在参与废奴运动的过程中萌生了争取投

---

① 塞内卡福尔斯会议于1948年7月19~20日在纽约塞内卡福尔斯举行，是美国早期一次具有重要影响力的关于妇女权利的会议。会议上通过的感伤宣言与决议是美国妇女投票权运动的基本文件。

② Immanuel Ness ed., *Encyclopedia of American Social Movements* (NY: M. E. Sharpe Inc., 2004), p. 429.

③ Betty Friedan, *The Feminine Mystique* (New York: W. W. Norton, 1963).

④ Sara Evans, *Personal Politics: The Roots of Women's Liberation in the Civil Rights Movement and the New Left* (New York: Vintage Books, 1991).

票权的意识一样，60 年代参与黑人民权运动的妇女感受到了与黑人相同的命运，即由于社会与政治等人为因素所造成的妇女处于不平等地位的现实。此外，妇女在参与这些运动过程中所受到的歧视与不公平待遇也导致妇女"自立门户"，开始发起独立的争取平等权利的妇女运动。在 1964 年举行的学生非暴力统一行动委员会的一次会议中，时任委员会成员的卢白·多丽丝·史密斯（Ruby Doris Smith）向委员会递交了一份题为《学生非暴力统一行动委员会中女性成员地位》的报告，揭露女性成员在组织内部受到的不公正待遇。时任学生非暴力统一行动委员会主席的卡米克尔回应说："女性在学生非暴力统一行动委员会中的地位就是边缘性的。"① 这一臭名昭著的评论充分表明了女性在部分民权运动组织中所处的糟糕境遇。罗宾·摩根（Robin Morgan）与玛吉·皮尔西（Marge Piercy）在各自的著述与文章中也分析了女性在新左派运动组织中的类似境遇。② 女性在黑人民权运动与新左派运动中的遭遇催生了许多重要的全国性妇女组织，如 1966 年成立的全国妇女组织（National Organization for Women）。此外，首次将妇女问题列入联邦政府议事日程的肯尼迪总统在 1961 年签署行政命令，设立了一个专门调查妇女性别歧视情况的委员会（Presidential Commission on the Status of Women）并在各州建立了协调委员会。③ 这些都为当代妇女运动的第二次和第三次浪潮提供了领导与组织上的准备。

当代妇女运动的第一次和第二次浪潮都是致力于争取妇女的政治与经济权利，诸如第一次浪潮中的投票权、私人财产权、财产继承权与第二次浪潮中的堕胎权、同工同酬以及免受性骚扰与强奸等方面的权益。尽管第二次浪潮中的某些议题或未实现的目标在第三次浪潮中仍然是被关注的重要议题，但显而易见的是，第三次浪潮已经将运动从政治、经济领域延伸到文化领域。大部分第三次浪潮的妇女领袖都是六七十年代第二次浪潮领袖的后代。尽管继承了老一辈的思想，但新的妇女领袖也有一些新的变化。

---

① Immanuel Ness ed. , *Encyclopedia of American Social Movements*, p. 400.

② Robin Morgan, *Goodbye to All That*, reprint, （Pittsburgh, PA: Know, Inc. , 1971）; Marge Piercy, "The Grand Coolie Damn," in Robin Morgan ed. , *Sisterhood is Powerful*: *An Anthology of Writings from the Women's Liberation Movement* （New York: Vintage Books, 1970）, pp. 473 - 492.

③ 王恩铭:《当代美国的妇女运动》,《美国研究》1995 年第 3 期。

变化之一是对男性的看法。与过去不同，在第三次浪潮中，妇女并没有将男性视为敌人，也没有将其视为妇女受压迫的最终根源，而是认为妇女运动的成功取决于男性社会角色和态度的改变，并应该将男性融入妇女运动当中，共同致力于男女平等的实现。变化之二是对"女权主义"（feminism）的理解不同。在第三次浪潮中，"女权主义"的定义更为宽泛了，与过去憎恨男性的"女权主义"有所不同，这是因为有许多具有同情心的男性以及各种类型的妇女加入到了第三次浪潮当中。此外，与第二次浪潮不同，第三次浪潮既承认妇女天生的阴柔，同时又反对社会上各种形式的对妇女社会角色和职能的传统定位。[①]

（二）反战和平运动

早在殖民地时期，美国就发生过小规模的反战和平运动，这些运动主要得到教友派和一神论信仰（Quaker and Unitarian beliefs）[②] 的信徒的支持。然而，当代美国反战和平运动直至第一次世界大战时才正式诞生。二战后，由于冷战的开始、苏联的威胁以及麦卡锡主义带来的国内政治环境的变化，和平运动一度陷入低谷。反战和平运动是一种反应性非常强的运动，故也具有很强的周期性。其运动诉求非常单一，即主张和平主义、反对战争、反对美国在海外的军事介入以及反对大规模杀伤性武器，包括核武器。战后反战和平运动的兴起除了得益于 50 年代美国人对苏联原子弹实验成功的担忧以及越战的发生外，与 60 年代黑人民权运动和学生运动也存在重要关联。和平主义者在拉开黑人民权运动序幕的 1955 年蒙哥马利市抵制公车运动中看到了契机，抵制公车运动是打破冷战对社会运动制约的具有里程碑意义的事件。1957 年，《解放》杂志一位激进的编辑就曾写道："自从 1948 年甘地去世之后，还没有见过像当今这么多的对非暴力的讨论。"[③] 和平主义者也在这场运动的激励下开展了新一轮的和平运动，即 1955～1963 年的

---

① Rebecca Walker, "Becoming the Third Wave," in Amy Kesselman, Lily D. McNair and Nancy Schniedewind, eds., *Women: Images and Realities*, *A Multicultural Anthology*, 2nd ed. (Mountain View, CA: Mayfield, 1999), pp. 532 – 533.

② 教友派又称贵格会或公谊会，是基督教新教的一个派别；一神论，又称一神教，目前包括犹太教、基督教、伊斯兰教以及印度的锡克教，认为只存在一种囊括一切的神。两者都主张和平主义。

③ Immanuel Ness ed., *Encyclopedia of American Social Movements*, p. 1052.

禁止氢弹试验运动①以及 1963～1973 年的反越战和平运动②。蒙哥马利抵制公车运动之后，和平主义者战后的首次抗议运动也于 1955 年在纽约市爆发。两年后，两个主张裁军的和平运动组织相继成立，分别是健全核政策委员会（Committee for a Sane Nuclear Policy）与废除核武非暴力行动（Non - Violent Action to Abolish Nuclear Weapons）。③

　　学生运动特别是自由言论运动对于 20 世纪 50 年代中期至 70 年代中期的和平运动也起到了重要的推动作用。自由言论运动参与者及其领袖如马里奥·赛维奥（Mario Savio）对学术界与军方关系密切的指责，对当时的和平运动起到了非常有效的动员作用并提供了群众基础。④ 青年学生是反越战运动的一支重要力量，其中学生反对征兵运动是反越战运动的重要组成部分之一。越战结束后，和平运动不断调整自身在不同的政治环境、军事力量的全球平衡以及国内有关战争与暴力等议题的辩论过程中的定位。尽管反越战和平运动在 1973 年开始明显地衰落，然而在 20 世纪 80 年代初又兴起了冻结核武运动。⑤ 此后，反战和平运动在 20 世纪 80 年代末至 90 年代一直未能有大的作为。1991 年 1 月，海湾战争爆发之前，反战和平运动已经动员了上万名支持者参与反战示威游行。抗议运动伊始，一些学者就预测反战和平运动可能就此再一次复兴。然而，战争开始不久，不利的外部环境，如民意对反战运动的不支持、政治精英的保守倾向、学者对海湾战争的积极评价、媒体对反战运动新闻价值的轻视等，使短暂的反对海湾战争的和平运动戛然而止。⑥ 反战和平运动的低迷一直持续到"9·11"事件之后的 2003 年。事实上，2001 年"9·11"事件发生之后，和平主义者就开始担心可能由此引发的政府对国内民主自由的践踏、对阿拉伯裔美国人的

---

① David S. Meyer, "Protest Cycles and Political Process: American Peace Movements in the Nuclear Age," p. 459.

② Immanuel Ness ed. , *Encyclopedia of American Social Movements*, p. 1080 – 1096.

③ Milton Katz, *Ban the Bomb: A History of SANE, 1957 – 1985* (Westport, CT: Greenwood Press, 1986).

④ Adam Garfinkle, *Telltale Hearts: The Origins and Impact of the Vietnam Antiwar Movement* (New York: St. Martin's Press, 1995), pp. 20 – 21.

⑤ David S. Meyer, "Protest Cycles and Political Process: American Peace Movements in the Nuclear Age," p. 459.

⑥ Immanuel Ness ed. , *Encyclopedia of American Social Movements*, p. 1057.

种族歧视以及政府对外宣战。然而，当时和平主义者的声音并未引起民众与媒体的关注与呼应。直到 2003 年伊拉克战争即将爆发之际，大规模的反对伊拉克战争的和平运动才真正出现。这也是自反越战运动以来，反战和平运动规模最大的一次。2003 年 2 月，在全球 600 多个城市，超过 1000 万人参与了有组织的反战和平游行示威。[①]

（三）劳工运动

在大约 160 年的发展历程中，美国劳工运动经历了从体制外逐步成为体制内的主要社会抗议力量的演变，也经历了 20 世纪 30 年代的辉煌以及二战后的衰退。20 世纪 30 年代之前，罢工是劳工运动最有力的斗争手段，大规模的流血劳资冲突也时有发生。然而，经过了几十年的艰苦斗争，美国劳工终于在罗斯福新政期间获得了与雇主平等谈判的法律地位。20 世纪 50 年代中期是劳工运动发展的鼎盛时期。此时，约有 1/3 的美国非农业工人是工会成员。在冷战与保守主义复苏的不利政治氛围下，有组织的劳工运动为工人赢得了高薪酬、退休福利与医疗保险等福利待遇。[②] 然而，此后劳工运动一直处于发展停滞期。学者普遍认为，美国劳工运动衰落的原因在于美国战后社会、政治与经济的变迁。迈克尔·丰利（Michael Gold-field）将劳工运动的衰落归结为以下几方面的原因：首先，劳工运动在战后逐渐发展成为体制内的社会运动的一部分，支持企业资本主义，并在肯尼迪与约翰逊政府时期支持朝鲜战争与越南战争，放弃了劳工运动最初的要求社会变革的目标与诉求。其次，劳工运动内部的分裂也是其衰落的重要原因之一。特别是到了 20 世纪 60 年代，内部分裂进一步升级，诸如黑人工人对工会的不满以及白人蓝领工人由于对当时"伟大社会"计划的怨愤而改变了政党倾向，倒戈于共和党。60 年代劳工运动的进一步分裂使其失去了整整这一代工人的支持。最后，经济结构在美国向后工业时代过渡过程中的变化也是劳工运动衰落的重要原因。随着 20 世纪 50 年代美国工业自动化以及去工业化过程的开始，美国制造业的辉煌不在，服务业的人数却在不断激增。然而，服务业中的工会组织并不发达。20世纪 80 年代，里根政府推行的新自由主义经济政策中就包括了直接打击与

---

① Immanuel Ness ed. , *Encyclopedia of American Social Movements*, p. 1058.

② Immanuel Ness ed. , *Encyclopedia of American Social Movements*, p. 624.

压制劳工权利的政策。① 这些都为劳工运动的发展蒙上了阴影。

20 世纪 60 年代，劳工运动所处的政治环境有了非常大的改善，但它仍旧未能避免内部分裂的进一步升级。肯尼迪与约翰逊两位总统都对劳工持同情态度。肯尼迪总统任命曾是产联总理事会成员（CIO general councel）的阿瑟·戈德堡（Arthur Goldberg）为劳工部部长，后来此人又被任命为联邦最高法院大法官。从政治机遇来看，劳工运动此时所处的政治环境是历史上最好的时期。为了赢得劳工对"伟大社会"计划以及越南战争的支持，约翰逊总统也经常与工会领袖进行商谈。② 然而，在 60 年代黑人民权运动与反越战和平运动的影响下，劳工与民主党之间所建立起来的同盟关系很快就土崩瓦解了。劳工运动内部对"伟大社会"计划的态度存在着不一致的声音。由于该计划针对的主要对象是贫困的非洲裔美国人，这使白人蓝领工人感到不满，进而使其政治倾向不断向右倾斜。事实上，由于越战的不断升级，用于"伟大社会"计划的资金日益短缺，这使该计划捉襟见肘，本来应该受益于该计划的黑人也未能受益。因此，随着黑人民权运动与反越战和平运动的发展，劳工运动中出现了新左派的支持者。他们开始指责资方与工会，摒弃了此前以谈判方式解决劳资矛盾的办法，开始使用更加激进的行动方式，要求社会变革，特别是要求企业资本主义的结构性改变。到了 60 年代末，新左派开始从工会脱离出来，建立了独立的组织。其中，最成功的例子要属 1971 年成立的民主矿工组织（Miners for Democracy）。1972 年，该组织成功地将美国矿工联合会（United Mine Workers of America）主席托尼·博伊尔（Tony Boyle）赶下台。然而，这些劳工激进派的行动并未维持多久。到了 1973 年夏，美国矿工联合会向其激进派成员组织的罢工队伍进行镇压和驱赶，劳工激进派的行动也自此衰落下去。③

（四）环境保护运动

在美国社会运动史上，环境保护运动或许是历史最久远、组织规模最庞大、运动诉求最复杂的社会运动。即使是 20 世纪 60 年代的黑人民权运动

① Michael Goldfield, *The Decline of Organized Labor in the United States*（Chicago：University of Chicago Press，1987），pp. 221 – 231.

② Immanuel Ness ed. ，*Encyclopedia of American Social Movements*，p. 633.

③ Immanuel Ness ed. ，*Encyclopedia of American Social Movements*，pp. 633 – 634.

与和平反战运动也很难与其比肩。到 2003 年为止，美国全国性环境保护运动组织超过 6500 个，地方性组织超过 2 万个，其组织成员有 2000 万~3000万之多。一些地方环境保护运动组织早在内战之前就已经建立，并且发展至今，如塞拉俱乐部（Sierra Club）、国家奥杜邦协会（National Audubon Society）、美国森林（American Forests）。① 根据运动诉求的不同，美国环境保护运动大致可以分为野生动物管理、自然资源保护、荒野保护、改革环保运动、深层生态运动、环境正义、环境健康、动物权利保护以及反对全球化的绿色运动等。②

美国环境保护运动至今已有 160 多年的历史。现代环境保护运动的开端始于激荡的 20 世纪 60 年代，此前环境保护运动的积极分子一直被称为自然保护主义者（conservationists）。然而，这一切都在 20 世纪 60 年代末至 70年代初发生了改变。环境保护运动所关注的议题从此前的野生动物管理与自然资源保护转移到关注环境污染及其导致的人类健康与生活质量问题之上。③ 尽管自 20 世纪 60 年代以来环境保护运动诉求不断多样化，但控制环境污染及其引发的人类健康与生活质量问题仍然是环境保护运动的主要诉求之一。环境保护运动在 20 世纪 60 年代进入了广泛动员与组织建设时期。现代环境保护运动组织到目前为止经历了两次高速增长，即 1968~1970 年以及 1988~1990 年。④ 目前，美国的十大环境保护运动组织（Group of Ten）⑤ 都建立于 20 世纪 70 年代初之前，其中四个组织是在 1967~1971 年

---

① Robert J. Brulle，"The U. S. Environmental Movement," 2003, p. 1, http://www.pages.drexel.edu/~brullerj/Twenty%20Lessons%20in%20Environmental%20Sociology–Brulle.pdf，最后访问日期：2012 年9 月 8 日。

② Robert J. Brulle，"The U. S. Environmental Movement," pp. 1–11.

③ Erik W. Johnson，"Social Movement Size, Organizational Diversity and the Making of Federal Law," p. 3.

④ Robert J. Brulle，"The U. S. Environmental Movement," p. 11.

⑤ 美国十大环境保护运动组织：塞拉俱乐部（Sierra Club，1892）、国家奥杜邦协会（National Audubon Society，1905）、国家公园保护协会（National Parks and Conservation Association，1919）、艾扎克·沃尔顿联盟（Izaak Walton League，1922）、荒野保护协会（Wilderness Society，1935）、全国野生动物联合会（National Wildlife Federation，1936）、美国环保基金（Environmental Defense Fund，1967）、地球之友（Friends of the Earth，1970）、国家资源保护委员会（National Resources Defense Council，1970）、绿色和平组织（Greenpeace，1970）。

相继建立的。它们分别是 1967 年建立的"美国环保基金"（Environmental Defense Fund）、1970 年建立的"地球之友"（Friends of the Earth）与"国家资源保护委员会"（National Resources Defense Council），以及 1971 年建立的"绿色和平组织"。①自 20 世纪 60 年代以后，美国环境保护运动组织的数量持续稳定地增长。

学界普遍认为现代环境保护运动始于 20 世纪 60 年代，其中一个重要原因是雷切尔·卡森（Rachel Carson）著述的《寂静的春天》在 1962 年的问世。该书不但唤起了美国民众的环保意识，而且还导致了肯尼迪政府对杀虫剂管理的加强，因为卡森在书中描述了杀虫剂的使用对环境特别是鸟类的致命影响。② 另一个原因是当时美国政府对环境问题的重视。一些学者将 1970 年成立的国家环境保护署（Environmental Protection Agency）视为美国公共政策开始关注环境议题的标志性事件。③ 同时，国会也于 20 世纪 70 年代通过了 30 多个与环境议题相关的立法。④ 除了上述两个主要原因之外，20 世纪 60 年代的科技进步、经济繁荣、社会变革以及左翼社会运动的大发展也为现代环境保护运动的诞生提供了有利的外部条件。

许多左翼社会运动在"60 年代"运动高潮期过后各自的发展轨迹不尽相同。然而，追根溯源它们都与"60 年代"的左翼社会运动有着千丝万缕的联系。一些左翼社会运动在"60 年代"得到了复兴与进一步发展，如妇女运动、反战和平运动、环境保护运动；而另一些左翼社会运动则进一步走向了衰落，如劳工运动。

二　对右翼社会运动的影响

根据社会运动周期理论，在政治机遇有利的情况下，社会运动会导致

---

① Jacqueline Vaughn Switzer, *Environmental Politics: Domestic and Global Dimensions* (NY: St. Martin's Press, 1994), pp. 24 – 25.

② Rachel Carson, *Silent Spring* (Boston: Houghton Mifflin, 1962).

③ Richard N. L. Andrews, *Managing the Environment, Managing Ourselves: A History of American Environmental Policy* (Yale University Press, 1999); Paul Portnoy, *Public Policies for Environmental Protection* (Johns Hopkins University Press, 1990).

④ George Tyler Miller, Jr., *Environmental Science: Sustaining the Earth* (Wadsworth, 1991), p. 11.

反势力的兴起。① 20世纪六七十年代美国左右翼社会运动发展的轨迹充分验证了这个理论命题。20世纪60年代，左翼社会运动沉浸在胜利的喜悦之中。然而，随着左翼社会运动在60年代中期以后诉求不断多样化、策略不断激进化，它对社会产生的消极影响层出不穷。左翼社会运动因此遭到唾弃，支持左翼社会运动的自由派民主党也由此受到牵连。与此同时，与左翼社会运动抗衡的右翼保守势力，特别是新基督教右翼运动在20世纪70年代悄然兴起并迅猛发展。

右翼社会运动事实上在20世纪50年代就已经开始萌动。此时，左翼、右翼不仅在许多世俗化问题上持有不同的观点，而且在宗教信仰方面发生了根本性的冲突。例如，从20世纪40年代就开始积极参与政治运动的苏联裔小说家安兰德（Ayn Rand）所宣扬的拒绝任何形式的宗教与信仰得到了许多无神论者的拥护。尽管安兰德在经济方面支持自由放任的资本主义市场经济，但她的无神论思想及其对社会产生的广泛影响使基督教右翼势力感到十分不安。② 此外，随着20世纪初天主教和犹太教移民的不断增加，非基督教宗教与基督教的竞争也愈发激烈。1928年，曾四次出任纽约州州长的民主党成员阿尔·史密斯（Alfred Emanuel Smith）成为美国历史上第一位信仰天主教的总统候选人并成功获得民主党党内提名。20世纪50年代就有人提出新教、天主教与犹太教三位一体的观点。尽管这些非基督教并不会威胁美国政治制度，但它们的兴起成为基督教右翼势力心中的隐患。这种对基督教传统地位的担忧最终在1964年转化为支持共和党总统候选人戈德华特的选票，构成了所谓的"极度厌倦联盟"（coalition of the fed – up）。③ 基督教右翼还在20世纪60年代开始倾向于加入一些世俗化的右翼保守组织，如"争取自由的美国青年"（Young Americans for Freedom）。从某种意义上讲，这为新基督教右翼运动在70年代的兴起奠定了人员与组织基础。

20世纪70年代兴起的新基督教右翼运动是对六七十年代左翼社会运动

---

① Debra C. Minkoff, "The Sequencing of Social Movements," *American Sociological Review*, Vol. 62, No. 5, 1997, p. 779.

② Ayn Rand, *The Virtue of Selfishness* (New York: Penguine, 1964), p. 131.

③ 〔英〕约翰·米克尔思韦特、阿德里安·伍尔德里奇：《右翼美国：美国保守派的实力》，王传兴译，上海人民出版社，2008，第67页。

的反应与还击。

　　在黑人民权运动的推动下，政府在 60 年代更加关注种族歧视、教育以及贫困等问题并通过了一系列行政命令与法案。1961 年，肯尼迪总统签署了第 10925 号行政命令，要求制止在招工中出现的各种以种族、信仰、肤色以及国籍等为借口的歧视行为，正式将"肯定性行动"（Affirmative Action）推向政治舞台。① 在约翰逊政府时期，联邦政府与国会又陆续颁布了一系列范围更为广泛的肯定性行动法案。肯定性行动政策实际上是一项在 1964 年《民权法案》基础上发展起来的平等权益措施和法案，旨在通过联邦政府的干预，帮助在美国历史上长期受到歧视的少数族裔与妇女更快地改变在政治、经济、教育以及社会方面的劣势地位。约翰逊政府宣布了"向一切贫穷与失业全面开战"的"伟大社会"计划。1965 年，他又签署了保护少数族裔投票权利的《投票法案》。随后，约翰逊政府推出的"贫困儿童学前教育计划"（Head Start Program of Preschool Education）、"国家艺术及人文学科捐赠基金"（National Endowment for the Arts and the National Endowment for Humanities）以及"医疗保险和医疗补助计划"（Medicare and Medicaid Programs）将联邦政府的职能延展到了教育、高级文化与卫生保健领域。联邦政府职能的不断膨胀深深触动了奉行小政府原则的右翼保守势力的神经。

　　植根于反越战和平运动的反文化运动对美国的传统价值观念、家庭结构以及道德伦理都产生了极大冲击与挑战。严重犯罪在 20 世纪 50 年代基本维持在一个稳定的水平上，到了 60 年代却以每年 20% 的比例急剧上升。黑人妇女中未婚先孕的比例也从 1960 年的 21.6% 上升到 1970 年的 34.9%。② 复兴于 60 年代的妇女运动引发了一系列有关妇女的有争议性的议题，如堕胎权利与有关妇女社会角色等问题。70 年代开始的同性恋运动更是引发了有关政府是否应该赋予同性恋者与其他人相同权利的问题。而对于右翼保守人士来讲，这事关政府是否应该允许这种

---

① "Executive Order 10925 – Establishing the President's Committee on Equal Employment Opportunity," *The American Presidency Project*, http：//www. presidency. ucsb. edu/ws/index. php? pid = 58863，最后访问日期：2012 年 9 月 11 日。

② Thomas Byrne Edsall and Mary D. Edsall, *Chain Reaction：the Impact of Race, Rights and Taxes on American Politics*（New York：W. W. Norton, 1991），p. 52.

生活方式存在的问题。在有着传统价值观与家庭观的基督教右翼的眼中，60年代发生的左翼社会运动是美国社会在70年代变得一团糟的罪魁祸首。他们认为美国传统家庭的破裂、嬉皮士、群居村、摇滚乐、性解放、色情读物泛滥、吸毒、同性恋、堕胎的合法化等，所有这些罪恶的根源都在于民众道德的衰败。

20世纪60年代自由派联邦政府、国会与联邦最高法院对左翼社会运动诉求的纵容是激怒基督教右翼的又一重要因素。沃伦最高法院通过修改法律，将权利赋予此前被排除在外的各种群体——黑人、妇女、同性恋者、残疾人、囚犯、心理疾病患者以及色情作家。沃伦最高法院认为，宪法赋予被告人一系列内容宽泛的权利：法定诉讼程序、保持沉默的权利、快速审判的权利、自证其罪的证言不能作为合法证据等。被告人的权利扩大恰逢美国犯罪率飙升之时。此外，沃伦最高法院在1962年禁止在公立学校祈祷；1962年和1964年两度增加猥亵起诉的难度；1965年使避孕器械（包括避孕药）的销售合法化；1972年禁止死刑；1973年在罗伊诉韦德案（Roe vs. Wade）① 中决定保护妇女在怀孕初期的堕胎权。此时，美国联邦政府也无力解决家庭破裂问题，只能一味地增加福利支出；对待犯罪率飙升的问题，也只是将更多的钱投入加强罪犯改造和社会研究领域。民众对政府的支持率也在逐年下滑。根据1965年的民意调查结果，有36%的受访者认为法庭对待犯人"过于严厉"，到了1977年，这一数字下降为11%。② 另一份民调结果显示，1964年，62%的美国人认为联邦政府在大部分时间里做对了事情，然而到了1994年，这个数字则大幅度下滑到19%。③

新基督教右翼运动兴起也是美国宗教复兴运动发展周期性的表现，是美国自我调节的重要表现形式。20世纪70年代兴起的新基督教右翼运动是第四次美国宗教复兴运动。前三次分别是1730～1760年旨在要求人们在信仰和"得救"问题上一律平等的北美殖民地第一次宗教大觉醒 ④；第二次

① 410 U.S. 113.

② Thomas Byrne Edsall and Mary D. Edsall, *Chain Reaction: the Impact of Race, Rights and Taxes on American Politics*, pp. 111-112.

③ 密歇根大学全国选举研究资料库，http://www.umich/edu/_nes/nes-guide/nesguide.htm，最后访问日期：2012年9月11日。

④ 张敏谦：《大觉醒：美国宗教与社会关系》，时事出版社，2001，第260页。

宗教复兴运动发生在 1800～1839 年，这次运动不再将宗教复兴本身作为唯一目标，而是同其他社会目标紧密联系起来，强调宗教信仰复兴对于保证美国社会制度与宗教信仰制度万世不朽的必要性[①]；在 1890～1930 年发生的第三次宗教复兴运动中，作为对当时社会思潮的反应，基督教基要派得到了大发展，基督教社会福音派也由此产生。第三次宗教复兴运动对 30 年代罗斯福实行新政也产生了极为重要的影响。纵观美国宗教复兴运动发展史，每当出现宗教信仰危机与道德衰败之时，美国社会就会发生大规模自下而上的群众性宗教复兴运动。70 年代兴起的第四次宗教复兴运动也是如此。它是针对"60 年代"左翼社会运动及其对社会产生的消极影响而展开的一次防御性运动。运动的核心是"亲家庭"，旨在捍卫基督教传统教义与价值观。尽管基督教右翼组织关注的焦点问题各有不同，但它们在社会方面，诸如堕胎、公立学校祈祷、婚姻、同性恋等问题上都持保守观点；在经济方面支持自由竞争，反对政府干预，反对福利国家，支持小政府；在税收方面，反对提高税收；在外交方面，支持加强国家的防务力量。

新基督教右翼运动扎根于传统的基督教保守派。基督教主要包括天主教、东正教与新教三大派别。在 20 世纪 50 年代以前，美国一直是基督教新教一统天下。然而，随着 20 世纪初新移民的不断增加以及非基督教宗教的兴起等原因，到了 50 年代新教、罗马天主教与犹太教逐渐成为美国宗教的三大支柱，所谓"犹太—基督教传统"改变了旧有新教一统天下的局面。基督教保守派的提法是从宗教角度对基督教自由派所做的划分，特指美国各教派中承认和接受"犹太—基督教传统"、在社会道德与政治上持保守观点的基督教保守派。[②] 从教派体系上讲，积极参与新基督教右翼运动的基督教保守派主要有福音派（evangelical）、基要派（fundamentalism）、五旬节派（pentecostal）与灵恩派（charismatic christian）。[③] 这些教派虽然在神学保守程度以及具体教义上有所区别，但在社会道德与政治问题上都持保守观点。基督教保守派发轫于 20 世纪 20 年代的基要派。基要派由于在 20 年代发起

---

① 张敏谦：《大觉醒：美国宗教与社会关系》，第 218 页。

② 刘澎：《宗教右翼与美国政治》，《美国研究》1997 年第 4 期，第 33 页。

③ Clyde Wilcox, *God's Warriors*: *The Christian Right in Twentieth - Century America* (Baltimore, Maryland: The John Hopkins University Press, 1992), p. 1.

反进化论运动而名噪一时，40年代后期和50年代又提出了反共主义、反犹太主义甚至种族主义的极端主张。在60年代左翼社会运动打破传统价值观与家庭观以及非基督教宗教对基督教在美国传统主导地位的冲击下，以福音派为核心的新基督教右翼运动在70年代兴起并迅猛发展。60年代以来基督教保守派受到的挑战及其对美国民众道德的衰败所导致的各种社会问题的愤怒，使原本不大热衷于政治的新基督教右翼领袖杰里·福尔韦尔（Jerry Falwell）开始参与到政治活动当中，向左翼社会运动展开了有力反击。1978年，福尔韦尔建立了新基督教右翼运动重要组织之一的"道德多数派"（Moral Majority）。根据70年代中期的民意调查结果，福音派要比其他任何基督教保守派系更加热衷于政治活动。美国全国性民意调查机构盖洛普的创立者乔治·盖洛普（George Gallup）将1976年称为"福音派年"。在美国影响力最大的两家新闻周刊《时代周刊》（*Time*）和《新闻周刊》（*Newsweek*）也在头版对"福音派年"进行了报道。[1] 以福音派为核心的、兴起于70年代的新基督教右翼运动得到了基要派的大力支持。然而，由于地方组织的基要派领导对灵恩派与五旬节派所持的不容忍态度，特别是反对灵恩派与五旬节派的方言祈祷，因此新基督教右翼运动最初并未得到很多灵恩派与五旬节派教徒的支持。可见，由于各基督教保守派别之间神学教义上的细微差别，新基督教右翼运动内部也未能呈现一幅和谐的图景。

　　新基督教右翼运动到了20世纪80年代末遭遇了发展的瓶颈。道德多数派领袖福尔韦尔的言论，特别是其公开表示支持南非白人种族隔离制度的言论得不到民众的认可。福音派与基要派直白又激进的宗教性语言也受到主流政治精英的质疑。1988年，道德多数派出现了严重的资金问题，1989年福尔韦尔宣布道德多数派已经实现目标并解散。[2] 进入90年代后，主要在灵恩派领袖、七百俱乐部（700 Club）创办人帕特·罗伯森（Pat Robertson）于1989年建立的"基督教联盟"（Christian Coalition of America）的领导下，新基督教右翼运动以一种去宗教化的，更加世俗、更加重视草根动员、更加重视与主流政治组织合作的姿态努力重振新基督教右翼的势力。然而，与以

---

① Immanuel Ness ed. , *Encyclopedia of American Social Movements*, p. 1402.

② Clyde Wilcox, *God's Warriors: The Christian Right in Twentieth-Century America*, p. 14.

福音派为核心的新基督教右翼运动不同，以罗伯森为主要代表人物的新基督教右翼运动得到了五旬节派与灵恩派的支持。

第三节　20 世纪 70 年代以来美国社会运动概观

社会运动是宏观社会变迁的一面镜子，是社会结构、政治体制与文化变迁的晴雨表。20 世纪六七十年代以来的美国社会运动呈现出诸多新特点与新趋势，它们都与美国社会、政治、经济与文化发展的变迁存在千丝万缕的联系。本节将从新社会运动理论、后工业社会理论以及公民社会三方面阐释 70 年代以来美国社会运动新特点与新趋势的成因。

一　后工业社会与新社会运动

随着社会的不断发展与进步，西方资本主义国家在 20 世纪 70 年代以来逐渐向崭新的社会发展阶段过渡。尽管该阶段被许多学者冠以不同的名称，但大多都套用了"后……"的前缀来描述这个特殊的发展阶段。1959 年夏，丹尼尔·贝尔（Daniel Bell）在奥地利的一次学术讨论会议上首次使用"后工业社会"的名称。随后还有阿兰·图海纳（Alan Touraine）的"程序社会"、拉尔夫·达伦道夫（Ralf Dahrendorf）的"后资本主义社会"、阿米泰·埃奇奥尼（Amitai Werner Etzioni）的"后现代社会"、赫尔曼·卡恩（Herman Kahn）的"后大规模消费社会"、吉迪恩·绍伯格（Gideon Sjoberg）的"后福利社会"、罗宾·摩雷（Robin Murray）的"后福特主义"以及让·弗朗索瓦·利奥塔（Jean Francois Lyotard）的"后现代主义"。这些概念的背后都隐含着一个共同的命题，即都是以迅猛发展的科技革命为出发点，描述旧社会阶段即将结束与新社会阶段即将开始。贝尔以生产与技术为中轴，将人类社会分为三个阶段：前工业社会、工业社会和后工业社会。他认为美国将是世界上第一个进入后工业社会的国家，并且其在 20 世纪六七十年代就开始了从工业社会向后工业社会的过渡。[①] 根据贝尔的理论，后工业社会概念包括五个方面的内容：一是在经济方面，从产品生产

———————

① 〔美〕丹尼尔·贝尔：《后工业社会的来临：对社会预测的一项探索》，第 15 页。

经济转变为服务性经济；二是在职业分布方面，专业与技术人员阶级处于主导地位；三是从中轴原理上讲，理论知识处于中心地位，它是社会革新与制定政策的源泉；四是未来的方向，控制技术发展、对技术进行鉴定；五是在制定决策方面，创造新的"智能技术"。①

与新的社会结构变迁相伴而生的是新的社会矛盾、新的社会怨愤与新的价值观。在向后工业社会过渡的阶段，社会运动也随之出现了一些新特点，并由此催生了新的社会运动研究理论。被称为"新社会运动"的理论范式首先产生于欧洲社会科学界。西方资本主义国家在20世纪六七十年代都经历了社会运动发展的高潮期。一些学者如梅卢西（Albeno Melucci）、奥菲（Claus Offe）、图海纳、尤尔根·哈贝马斯（Jürgen Habermas）都认为发生在向后工业社会过渡阶段的社会运动有别于工业社会中发生的社会运动，将社会运动界定为无产阶级革命或工人运动并将其他社会运动边缘化了的马克思主义社会运动理论无法解释这些新近发生的社会运动。因此，这些学者将20世纪六七十年代以来发生的社会运动称为"新社会运动"。与马克思主义社会运动理论不同，新社会运动理论主要从集体身份认同的文化方面寻找社会运动产生的根源，而不是将经济发展与无产阶级和资产阶级的矛盾作为导致社会运动发生的唯一因素。

梅卢西是新社会运动术语的提出者。他认为，新社会运动的"新"在于这些运动的核心诉求都是有关过去被边缘化了的问题的，诸如身份、性别、性、种族、年龄、环境以及健康等。西方社会在向后工业社会过渡过程中的社会分化与信息化使新社会运动的动员条件也发生了改变。梅卢西将后工业社会描述为一种高度分化的体系。在这个高度分化的体系中，行动主体的创造力得到鼓励，同时要求更为紧密的社会整合，并扩大对人类行动动机的控制。②

作为建构新社会运动理论的主要代表人物之一，图海纳也将20世纪六七十年代以来发生的社会运动与工业社会中发生的社会运动区别开来。他

---

① 〔美〕丹尼尔·贝尔：《后工业社会的来临：对社会预测的一项探索》，第14页。

② Albeno Melucci, "The New Social Movements Revisited: Reflections on a Sociological Misunderstanding," in L. Maheu ed., *Social Movements and Social Classes: The Future of Collective Action* (London: Sage, 1995), p. 113.

认为，新社会运动不再是工人运动，而是主要由新中产阶级参加的妇女运动、环境保护运动、反战和平运动等。他指出，社会运动并不是由来自边缘的群体对既有秩序的反抗，相反，它们是相互竞争以掌控社会生产的主要势力，也是为了形塑历史特性的新的阶级运动。图海纳将新社会运动置于社会学研究的核心地位，认为社会是在社会运动的不断冲突对抗过程中发展前进的。①

哈贝马斯强调新社会运动反对国家与市场对个人生活世界的殖民化，主张个人交往的自主空间。② 同样，奥菲也描述了新社会运动利用权力分散与新的组织方式来抵制传统政治将其制度化，并以此将新社会运动与工业社会中所发生的社会运动区别开来。③ 因此，根据奥菲的理论，新社会运动是游离于政党和选举等传统政治之外的行为，不会依靠已有的政党资源，也会避免被这些政党所吸纳。事实上，新社会运动不仅涉及文化领域，还包括政治运动，并试图以此对公共政策实行变革。与革命性质的社会运动不同，新社会运动不要求颠覆现存的社会制度，相反，它只是对现代性和工具理性进行批判。新社会运动在意识形态上并不激进，强调在追求社会变革的同时必须维持稳定的秩序。④

克兰德曼斯在对一些著名的新社会运动学者的访谈后总结了新社会运动的四大特点，⑤它们分别是反现代主义、运动规模小、新中产阶级的后物质价值观、个人需求的满足受到威胁。根据克兰德曼斯的研究，两个群体倾向于参与到新社会运动当中。一是在社会变迁中被边缘化的群体。这一群体在传统的阶级分类中并未得到充分的代表，同时也是最容易受到结构变迁影响的群体。一些学者认为，与工业社会联系越紧密的群体，其在向后工业社会过渡的过程中越容易受到影响，这一群体恰恰

---

① Alan Touraine, *The Voice and the Eye* (Cambridge: Cambridge University Press, 1981), p. 30.

② Jürgen Habermas, *The Theory of Communicative Action* (Cambridge: Polity, 1981).

③ Claus Offe, "New Social Movements: Challenging Boundaries of the Institutional Politics," *Social Research*, Vol. 52, No. 4, 1985, pp. 817 – 868.

④ Russell J. Dalton and Manfred Kuechler, *Challenging the Political Order: New Social and Political Movements in Western Democracies* (Oxford University Press, 1990), p. 232 – 233.

⑤ Bert Klandermans, Hanspeter Kriesi and Sidney G. Tarrow, eds., *From Structure to Action: Comparing Social Movement Research across Cultures.*

就是工人阶级。① 二是所谓被普遍认为在新社会运动中充当主力军的新中产阶级，即贝尔所说的专业与技术人员阶层。在后工业社会，这个专业与技术人员阶层的人数激增，如 1964 年美国专业与技术类人员约有 860 万人，而到 1975 年激增到了 1320 万人，增加了 54%。② 他们由于拥有专业知识而获得了社会地位与财富，并成为后工业社会中一个重要的新兴阶级。这个新兴阶级主要由教师、社会工作者、医疗保健专业人士、专业和技术人员以及经济与企业主等构成。③ 与这个新兴阶级相伴而生的是被学者称为后物质主义的价值观。④

新兴阶级与后物质主义价值观是新社会运动研究中受到最多关注的两个内容，但学者对后物质主义价值观的看法不一。一些学者认为后物质主义价值观产生于结构变迁过程当中，因此它有别于社会运动所框定的怨愤或社会运动的意识形态。⑤ 其他一些学者则认为后物质主义价值观是文化适应过程的产物，该过程会受到福利服务、教育水平以及经济繁荣程度的影响。⑥ 至于后物质主义价值观对新社会运动的作用，学界普遍认为尽管它是新社会运动发生的必要条件，但绝不是充分条件。除了新兴阶级及其相伴而来的新的意识形态以外，新社会运动的中观与宏观层面也是导致其发生的重要因素。

综上所述，在向后工业社会过渡过程中发生的社会运动的确出现了与工业社会中社会运动不同的新特点。这些新社会运动较少关注物质再生产，更多地关注文化的再生产、集体身份认同以及社会一体化，它们更加关注生活质量、自我实现、参与目标与自我认同。然而，是否像某些学者所说

① Andre Gortz, *Farewell to the Working Class: An Essay on Post – Industrial Socialism* (London: Pluto Press, 1982).

② 〔美〕丹尼尔·贝尔:《后工业社会的来临:对社会预测的一项探索》,第 24 页。

③ Manuel Castells, "The Rise of the Network Society," in Manuel Castells, *The Rise of the Network Society: The Information Age: Economy, Society and Culture* (Oxford: Blackwell, 1996), pp. 208 – 220.

④ Ronald Inglehart, *Culture Shift in Advanced Industrial Society* (Princeton, NJ: Princeton University Press, 1990).

⑤ Louis Maheu ed., *Social Movements and Social Classes: The Future of Collective Action* (London: Sage, 1995).

⑥ Ronald Inglehart, *Culture Shift in Advanced Industrial Society*.

的那样，新社会运动与工业社会中所发生的社会运动完全不同、马克思主义理论是否完全无法解释新社会运动现象等仍然有待商榷。首先，在 20 世纪六七十年代以来的西方社会中，人们的温饱问题尚未得到完全解决，关注经济问题的所谓新社会运动也时有发生。故此时发生的社会运动也并非完全只关注文化，不关注经济问题。丹尼尔·贝尔认为后工业社会也会有阶级斗争，并将这种新型"阶级斗争"描述为各种有组织的团体间为了争夺国家预算而进行的拔河比赛。[1] 其次，强调组织化、经济化以及具体斗争对象的马克思主义理论一定程度上忽视了工人阶级以外的所有其他形式的社会运动。同样，当代右翼社会运动也并没有得到新社会运动理论的关注。然而，右翼社会运动恰恰是美国向后工业社会阶段过渡过程中强势发展的一股社会运动力量。事实上，被称为后马克思主义的新社会运动学者梅卢西也承认新社会运动中"新"的概念是相对的，并非绝对。[2] 传统社会运动理论过于强调社会变迁等宏观因素对社会运动发生的决定作用，而新社会运动理论则过于强调社会运动中的文化因素。因此，采取一种折中的方式来看待新社会运动与传统社会运动的关系或许是最为可取的。

二 社会资本与新社会运动

诚如美国著名政治学家罗伯特·帕特南（Robert D. Putnam）所说的，社会运动与社会资本联系非常紧密，有时根本无法区分何者为因，何者为果。社会网络是运动组织者的核心资源，社会运动同时也通过培育新身份、扩展社会网络来创造社会资本。[3]美国历史上的选举权运动就是从读书会中酝酿而生的，可见社会运动与社会资本是相互形塑、互为因果的。

自 20 世纪 70 年代以来，尽管社会运动仍然频繁发生，其中也不乏大规模的运动，却经常是昙花一现，缺少持续的、以社区为基础的运动的跟进。70 年代初麦卡锡与扎尔德在对大量左翼社会运动组织进行的

---

① 〔美〕丹尼尔·贝尔：《资本主义文化矛盾》，赵一凡等译，生活·读书·新知三联书店，1989，第 70 页。

② Albeno Melucci, "The New Social Movements Revisited: Reflections on a Sociological Misunderstanding".

③ 〔美〕罗伯特·帕特南：《独自打保龄：美国社区的衰落与复兴》，刘波等译，北京大学出版社，2011，第 172～173 页。

研究中发现，这些社会运动组织自 70 年代以来开始出现专业化与官僚化的现象。他们指出，过去曾由社会运动参与者资源所发挥的功能，已经日益被付薪职员、"社会不满的官僚化"、大规模宣传活动、将社会运动参与视为职业的全职雇员、慈善基金会以及政府本身所取代。[①] 到了 90 年代初，罗纳德·沙伊克（Ronald Schaiko）也发现，人们穿着法兰绒衬衫、奉行"和平与爱情"、反对上层建筑的时代已经终结。今天非营利组织雇用的是经济学家、常春藤联盟毕业的律师、管理顾问、直邮专家以及公关主管。[②] 除了组织的专业化以外，一些左翼社会运动组织特别是环境保护运动组织，在过去 40 多年中成员数量激增。这主要归功于这些组织采用的通过直邮[③]吸纳成员的方式。70 年代以福音派为核心的新基督教右翼运动采用的也是集中化的、全国性的直邮运动方式。然而，到了 80 年代，特别是以帕特·罗伯森为领袖的新基督教右翼运动复兴了草根参与方式，并在随后的几十年中对美国的社会与政治产生了重要影响。诚如帕特南说的，宗教保守派创造了过去 25 年间规模最大、组织最完善的草根社会运动。[④] 70 年代以来，美国左右翼社会运动截然不同的发展轨迹与此时美国社会资本的变化有何内在联系？如果接受帕特南有关美国社会资本在 20 世纪后半期衰减的观点，那么衰减的社会资本又如何解释左右翼社会运动两种截然不同的动员方式呢？

　　首先有必要梳理一下美国社会资本在 20 世纪后半期的发展轨迹。根据帕特南的定义，社会资本指的是社会中个人之间的相互联系——社会关系网络和由此产生的互利互惠和互相信赖的规范。[⑤] 在 2000 年出版的《独自打保龄：美国社区的衰落与复兴》一书中，帕特南采用定量分析方法考察了美国社会在 20 世纪后半期的发展变化。他用"独自打保龄"来形容美国

---

① John D. McCarthy and Mayer. N. Zald, "The Trend of Social Movements in America: Professionalization and Resource Mobilization," p. 3.

② Ronald G. Shaiko, "More Bang for the Buck," in Allan J. Cigler and Burdett A. Loomis, *Interest Group Politics*, 3rd ed. (CQ Press, 1991), p. 124.

③ 直邮方式是运动组织通过向民众寄送吸纳成员信件，接收者只需要回复并缴纳一定的费用即可成为组织成员的方式。

④ 〔美〕罗伯特·帕特南：《独自打保龄：美国社区的衰落与复兴》，第 186 页。

⑤ 〔美〕罗伯特·帕特南：《独自打保龄：美国社区的衰落与复兴》，第 7 页。

公民社会的衰落。今天的美国人不仅投票率低，而且不再喜欢结社，不愿意过有组织的公民生活，不再关注宏大的社会话题，甚至不再热衷于公益事业。他们也不愿意将闲暇时间用于与邻居一起喝咖啡聊天或一起走进俱乐部进行集体活动，而是宁愿一个人待在家里看电视，或独自打保龄球。帕特南用大量的数据证明，在 20 世纪开始的 60 多年时间里，除经济大萧条的小插曲外，美国人在所有类型公民社团中的参与度平稳提升；相比之下，在 20 世纪的最后 30 多年中，只有以邮件群形式组织在一起的会员数量在持续增加，随之衍生出一种全新的、会员从不聚会的"三级社团"组织。总之，如帕特南所说："美国人已经在远离人群，不仅远离的是政治生活，而更普遍的是有组织的社区生活。"[①]

帕特南将社会资本衰减归因于以下四个方面的因素：一是时间和财富的压力，包括夫妻双职工家庭所受的特殊压力，对过去这些年里美国社会和社区参与的减少起到了明显的推动作用（少于 10% 的社会资本减少应归因于这些因素）。二是市郊化、上下班和城市扩张也起到了助推作用（这个因素应为 10% 的社会资本下滑负责）。三是电子娱乐——最主要的是电视——对于美国人闲暇时间私人化也构成了实质性的影响（这一因素为约 25% 的社会资本下滑负责）。四是代际更替——热心公益的一代缓慢、持续并不可挽回地被对公益活动参与较少的子辈和孙辈们替代了——更是一个影响力非常大的因素（这一因素要为减少的 50% 的社会资本负责）。[②]

学界普遍认为，20 世纪 60 年代社会运动中的草根动员与参与既体现了社会资本，也创造了社会资本。肯尼斯·安德鲁斯（Kenneth Andrews）认为，60 年代从初密西西比民权运动中发展起来的社区资源在随后的几十年间对当地黑人的政治力量产生了重要影响。[③] 麦克亚当也指出，密西西比向大部分志愿者展示了一种他们非常喜欢的生活方式和社会理想，他们将带着这一理想投入学生运动、反战和平运动、妇女运动、环境保护运动和许

---

① 〔美〕罗伯特·帕特南：《独自打保龄：美国社区的衰落与复兴》，第 59～60 页。

② 〔美〕罗伯特·帕特南：《独自打保龄：美国社区的衰落与复兴》，第 329～330 页。

③ Kenneth T. Andrews, "The Impacts of Social Movements on the Political Process: The Civil Rights Movement and Black Electoral Politics in Mississippi," *American Sociological Review*, Vol. 62, No. 5, 1997, pp. 800–819.

多其他运动。人们在离开密西西比时，不仅参加社会活动的愿望增强了，而且彼此之间的联系也赋予了人们更加强大的组织观念来实现这种愿望。[①]因此，人们不禁要问，60年代草根参与的社会运动预示着美国公民参与的开端还是终结呢？这或许能够从70年代以来发生的社会运动与社会资本的互动中找到答案。

70年代以来，由于受到向后工业社会过渡过程中的劳动分工、受教育水平、职业结构、社会富裕水平等因素的影响，社会运动组织特别是左翼社会运动组织发生了诸多重大结构性改变。

随着60年代左翼社会运动诉求的基本实现，社会运动组织自70年代以后逐渐走向职业化和官僚化。此外，大量的妇女加入劳动力大军、专业与技术人员的增加、受教育水平的提高、闲暇时间娱乐方式的转变等也是这些运动组织职业化的重要外在因素。麦卡锡与扎尔德在1973年发表的经典文章中曾对社会运动组织的职业化做过精辟的论述。[②]马吉特·迈耶（Margit Meyer）也曾做出过相同的论断，认为60年代左翼社会运动的后继者大多是总部设于华盛顿、实行全职工作与聘用雇员的专业组织，是一种社会企业，它会培养体面的、有道德心的支持者，其主要工作是影响大众媒体，以此引导公共舆论，激发精英阶层的反应，进而实现政策变革。[③]

尽管左翼社会运动组织在近40年来不断专业化与官僚化，然而一些组织的成员数量却较60年代有了大幅度增加。美国十大环境保护运动组织之一的绿色和平组织于1971年成立，1991年其成员数量达到40万人之多。[④]那么，这一现象是否与社会资本衰减论相抵触呢？是否意味着美国公民参与某些新兴的组织形式的增多，而对一些过时的组织形式的参与度在减少呢？

美国的一些小团体，诸如读书会、扶轮社等的成员数量在20世纪后半

---

① Doug McAdam, *Freedom Summer* (Oxford University Press, 1990), pp. 132.

② John D. McCarthy and Mayer. N. Zald, "The Trend of Social Movements in America: Professionalization and Resource Mobilization".

③ Margit Mayer, "Social Movement Research and Social Movement Practice: the U. S. Pattern," in Dieter Rucht ed., *Research on Social Movements: the State of the Art in Western Europe and the USA* (Boulder, Colo: Westview Press, 1991), p. 64.

④ Jacqueline Vaughn Switzer, *Environmental Politics: Domestic and Global Dimensions*, p. 25.

期也呈上升趋势，然而罗伯特·乌斯诺（Robert Wuthnow）却对小团体成员数量的增加与社会资本兴衰的关系做了如下的评论：

> （这些小团体）所创造的社区与过去人们生活的社区不大一样。这种社区流动性更强，更关心个人情绪……它们建立的社区一般并不脆弱。人们感到了关心……但从另一角度而言，小团体并不像很多支持者所希望的那样，能够很有效地培植社区。一些小团体只是向个人提供了在公开场合表现自己的机会。把成员连接在一起的社会契约只包含了最低程度的义务：想来就来；想说就说；尊重所有人的观点；不要批评；不满意就悄悄走……我们可以想象，（小团体）有一天真能替代家庭、邻里等需要终生参与的社会联系，然而事实上它们现在还不能替代。①

由此可见，小团体成员在美国的增多并不能弥补社会资本的衰减。同理，一些社会运动组织成员的增加并不意味着个人相互联系紧密、相互团结、相互依赖的社会资本的丰富。根据一项对美国 5 个最大的环境保护运动组织的会员所做的调查显示，受访者的平均入会期不到 3 年，超过 50% 的受访者还同时是 4 个以上其他同类型组织的成员。其中，仅 8% 的受访者认为活动积极，而几乎所有受访者都认为自己与组织是一种纯粹的账面联系（即缴纳会费或少量捐款）。② 事实上，这些社会运动组织只是向个人提供了表达观点偏好的机会；将成员联结在一起的也只是最低程度的义务，如缴纳会费这样的简单贡献；组织成员的流动性很强，成员加入组织的目的只是个人情感的一种表达，而不在于建设有效的社区网络、组织动员并最终参与到集体行动当中。这种组织的组织归属感主要基于象征性的身份而非人际网络。黛布拉·闵考夫（Debra Minkoff）认为，正是由于缺少一种面对面联系与交流的机会或资源，为了将分散的个人联系起来，这种象征性归属可能就成为唯一可行的动员方式。③ 由此可见，这种象征性的联系不是一

---

① Robert Wuthnow, *Sharing the Journey*, Free Press, 1996, pp.3-6，转引自帕特南《独自打保龄：美国社区的衰落与复兴》，第 171 页。

② R. Kenneth Godwin, *One Billion Dollars of Influence: The Direct Marketing of Politics*（Chatham House Pub, 1988）, p.48.

③ Minkoff, "Producing Social Capital," p.613.

种人际网络。缴纳会费式的参与组织形式与六七十年代人们参与社会运动的方式不同，那时的人们关系紧密、相互团结，并以此形成的公共意识曾经使数以百万计的黑人、学生、妇女、反战和平主义者走上街头，参与到社会运动当中。

草根动员与象征性的联络动员（如直邮动员方式）在本质上并无优劣之分，只是各自适应的社会资本环境有所不同而已。20 世纪 70 年代以来，某些社会运动组织，特别是环境保护运动组织成员的增多，并不意味着这种公共意识的加深。草根动员在社会资本丰富的社会可谓如鱼得水，而象征性的联络动员则是对社会资本匮乏环境的一种反应或应对方式。诚如麦卡锡所说的专业化社会运动组织是为应对社区资源赤字而兴起的一样①，社会运动组织专业化的趋势表明了以草根动员与直接行动为主要运动方式的社会运动的衰落。近 40 多年来，尽管美国社会存在社会变革的诉求，但将这种诉求转化为集体行动却由于可用资源的缺失而受到严重制约。同样，尽管近几十年美国社会运动频繁发生，其中也不乏大规模的运动，却鲜有持续的、以社区为基础的运动跟进。因此，大多的抗议运动也只能是昙花一现。1997 年 10 月 4 日在华盛顿发起"站在夹缝中"活动的守诺者组织（Promise Keepers），在举行了号称美国历史上规模最大的宗教集会之后不到 6 个月就由于资金短缺而解聘了所有雇员，最终全面崩溃。②

20 世纪 70 年代兴起的以道德多数派为核心组织的新基督教右翼运动也是采用集中化的、专业化的直邮动员方式，却在 80 年代中后期开始逐渐势衰。到了 80 年代末，以帕特·罗伯森为核心领袖的新基督教右翼运动以更加重视草根动员以及与主流政治组织合作的方式重振基督教右翼的势力，并于随后几十年在美国社会、政治等领域都产生了重要影响。新基督教右翼运动草根动员主要借助地方教会的力量将人与人更为紧密地联系在一起，并于八九十年代组织了轰轰烈烈的反堕胎运动。新基督教右翼运动草根动

---

① John D. McCarthy, "Pro – Life and Pro – Choice Mobilization: Infrastructure Deficits and New Technologies," in Mayer N. Zald and John D. McCarthy, eds., *Social Movements in an Organizational Society: Collected Essays* (New Brunswick, N.J.: Transaction Books, 1987), pp. 49 – 66.

② Caryle Murphy, "Promise Keepers at a Prayerful Crossroads: One Year after Mall Rally, Men's Religious Group Grapples with Message, Money," *The Washington Post*, October 7, 1998.

员的成功主要得益于以下两个方面：一是信教的人深深植根于地方教会网络，这使新基督教右翼运动更容易动员起来；二是新基督教右翼运动参与者主要是由年长的白人，受教育水平较高、经济上较为富足的人群构成。此外，新基督教右翼运动的参与者对宗教尤为重视。据统计，这些新基督教右翼运动参与者中有60%～70%的人每周去教会的次数在一次以上，在其他美国人中这一数字还不到5%。对于其他形式的政治以及公共生活的参与，他们也要比其他美国人积极3～5倍。[1] 由此可见，新基督教右翼运动或许无法扭转社会资本衰减的大趋势，但在某种程度上或许会弥补社会资本的缺失，甚至是对社会资本衰减的一种积极的防御性反应。

小　结

"60年代"是一个激荡的年代，一系列草根参与的大规模左翼社会运动对美国社会与政治产生了深刻影响。然而，在内外因素的双重作用下，"60年代"的左翼社会运动在70年代初期至中期相继衰落。此时，美国也在经历着从工业社会向后工业社会的过渡。在科技突飞猛进的同时，美国社会的方方面面也在发生着结构性的改变。劳工结构的变化、大批妇女进入劳动力大军、夫妻双职工的家庭增多、专业与技术人员的增加、人口从铁锈地带向阳光地带的迁移、受教育水平的提高、公民社会活力的下降等都是美国向后工业社会过渡的主要显性特征。社会运动也在此时发生了诸多结构性的变化，即左翼社会运动组织的职业化、官僚化以及象征性联络动员方式，而右翼社会运动组织却发动了近40年来最大规模的草根运动。

首先，在向后工业社会过渡过程中发生的左右翼社会运动的确出现了与工业社会中的社会运动不同的新特点。这些新社会运动较少关注物质再生产，更多地关注文化的再生产、集体身份认同以及社会一体化，它们更加关注生活质量、自我实现、参与目标与自我认同。其次，草根动员在社会资本丰富的社会可谓如鱼得水，而象征性的联络动员则是对社会资本匮

---

[1]　James L. Guth, Lyman A. Kellstedt, John C. Green and Corwin E. Smidt, "Onward Christian Soldiers?: Religion and the Bush Doctrine," *Books and Culture*, August 2005, http://www.booksandculture.com/articles/2005/julaug/13.20.html, 最后访问日期：2012年9月17日。

乏环境的一种反应或应对方式。20 世纪 70 年代以来左右翼社会运动象征性联络动员方式正是此时美国社会资本匮乏的一种反映。尽管 80 年代以来新基督教右翼运动的草根动员获得了成功，但这对美国社会资本衰减的大趋势来讲只是杯水车薪。从某种程度上讲，这或许只是对社会资本衰减的一种积极的防御性反应。最后，正是由于草根运动的缺失，尽管自 20 世纪 70 年代以来社会运动仍然频繁发生，其中也不乏规模浩大的运动，然而大多是运动诉求单一，并经常是昙花一现的，缺少持续的、以社区为基础的运动的跟进。

总之，不论自 20 世纪 70 年代以来美国的社会结构变迁与社会运动结构性变化孰因孰果，但两者之间紧密的关联是不争的事实。对 70 年代以来左右翼社会运动的深入研究将有助于人们深入了解美国社会、政治与经济的全貌。

第三章　20世纪70年代以来美国左右翼
社会运动的政治过程比较

20世纪70年代以来，左右翼社会运动发展的轨迹不尽相同。左翼社会运动自60年代掀起运动高潮之后，有些由于运动目标基本实现而开始沉寂，如黑人民权运动、反越战和平运动与学生运动；有些则在60年代左翼社会运动示范作用以及所处环境变迁的影响下随后进入了不同的发展周期，如妇女运动在70年代进入了又一个勃兴期，但随着1982年《平等权利修正案》未获通过而开始衰落。[①] 在60年代性解放与妇女权利运动的带动下，同性恋运动与支持选择权运动也竞相进入活跃期。值得一提的是，被誉为社会运动常青树的环境保护运动在70年代以来无论是组织数量还是成员数量都有大幅度的增加。然而，与60年代草根参与的左翼社会运动相比，这些左翼社会运动都发生了诸多结构性的变化，如运动诉求碎片化、运动组织职业化、直邮动员方式取代草根动员等。而作为一种防御型社会运动的右翼社会运动，即70年代勃兴的新基督教右翼运动在80年代末发展遇到瓶颈后，采取了与60年代左翼社会运动一样的草根动员方式，通过与主流的政治组织联姻推行新右翼的政治理念，并通过保守派媒体的力量用传统的价值观影响美国社会。就左右翼社会运动自70年代以来对美国社会与政治产生的影响而言，学界普遍认为右翼社会运动的影响力要相对强于左翼社会运动。[②] 本章将以政治过程理论为理论基础，使用本书提出的20世纪70

---

① Anne N. Costain, *Inviting Women's Rebellion: A Political Process Interpretation of the Women's Movements*, pp. 79 – 121.

② Marshall Ganz, "Left Behind: Social Movements, Parties, and the Politics of Reform"; Nathan Newman, "Governing the Nation from the Statehouses: The Rightwing Agenda in the States and How Progressives can Fight Back," *The Progressive Legislative Action Network*, February 21, 2006; Sara Robinson, "What can We Learn from Conservatives about Winning in Politics," *AlterNet*, March 13, 2008; Sara Robinson, "How did Conservatives Convince the Public to Think Differently about Government?" *AlterNet*, March 15, 2008.

年代以来美国左右翼社会运动政治过程比较分析模型，剖析左右翼社会运动在近四十年来力量对比变化的深层原因。具体内容包括两个方面：一是对社会运动自身结构性特点进行考察，诸如组织动员模式、运动诉求、运动话语构建与传播、运动策略与手段；二是对社会运动所处的外部环境进行考察，即所谓的"政治机遇"，包含社会、政治与经济变迁。

第一节　组织动员模式

自扎尔德与罗伯塔·艾什[①]在 1966 年发表的有关社会运动组织的文章中首次呼吁社会运动研究应该重视对社会运动组织的考察以来，社会运动组织对动员所起到的重要作用已经得到了美国学者的广泛认可。特别是资源动员理论的提出，着重强调了社会运动组织在社会运动动员过程中的重要作用。例如，在黑人民权运动中，教会是组织动员的决定性因素。新左派运动与黑人民权运动的参与者是构成妇女运动组织动员网络的中坚力量。尽管大多数社会运动的发生都得益于既有的组织力量，然而在社会运动发展过程中新建立的组织的作用也不容小觑。社会运动组织不但是社会运动发展的支柱，而且在资源匮乏或政治机遇不利的情况下还能够有助于社会运动力量的维系。[②] 政治过程理论同样也将社会运动组织视为运动动员的重要资源。然而，与资源动员理论强调对社会运动组织自身结构或规模的考察不同，政治过程理论更加侧重对组织与所处的外部环境的互动关系以及组织之间的关系的考察。麦克亚当在研究黑人民权运动组织时就着重考察了这两个问题。

社会运动组织通常被分成两类：一类是大众动员型社会运动组织（mass – mobilization social movement organizations），另一类是职业型社会运动组织。两者的区别主要表现在组织动员的方式和成员的参与方式上。

---

① Mayer N. Zald and Roberta Ash, "Social Movement Organizations: Growth, Decay, and Change," pp. 327 – 340.

② Beth Schaefer Caniglia and JoAnn Carmin, "Scholarship on Social Movement Organizations: Classic Views and Emerging Trends," *Mobilization: An International Journal*, Vol. 10, No. 2, 2005, pp. 201 – 212.

　　大众动员型社会运动组织通过草根动员寻求支持者，并动员其参与到集体行动当中；而职业型社会运动组织聘用付薪领袖、全职雇员，并使用直邮方式寻求缴纳会费的所谓"有良知的支持者"（conscience constituents）的参与，而这种参与只是履行最低义务的捐款，并非对集体行动的积极参与。[1] 麦卡锡与扎尔德在20世纪70年代初对左翼社会运动组织的研究中发现左翼社会运动组织呈现出职业化发展趋势，并总结了职业型社会运动组织的四大特点：（1）组织领袖是全职的，并且大部分资源并不是来自其自称代表的怨愤群体；（2）组织中大部分成员除了名字出现在组织成员名单中之外，没有其他任何贡献；（3）组织试图向外传递"代表某个潜在群体"的信息；（4）组织试图影响关切到所代表群体的政策的走向与制定。[2] 麦卡锡与扎尔德认为，社会运动组织的职业化趋势是由美国社会变迁所致，即从工业社会向后工业社会的过渡，如社会运动组织资金来源的多样化（教会、基金会等以前不会为社会运动捐款的组织开始为其捐款）、电视与其他传媒方式的普及、个人可支配性收入和时间的增加，以及后工业社会中职业结构的变化等。[3] 马吉特·迈耶在20世纪90年代也做出了相同的论断，认为60年代左翼社会运动的后继者大多是总部设于华盛顿，实行全职工作的、专业的、聘用雇员的组织，是一种社会企业，它会培养体面的、有道德心的支持者，其工作集中于操纵大众媒体，以此影响公共舆论，激发精英阶层的反应，进而引发政策变革。[4]

　　四十多年来，以捐款方式加入社会运动组织的人数日益增多。与此同时，与60年代相比，70年代以来发生的社会运动的规模也日益扩大。1997年秋，50万人参加了华盛顿国家广场的以"站在夹缝中"为口号的守诺者运动，此运动号称为美国历史上最大规模的宗教集会；2003年年初，60

---

[1] Paul Osterman, "Overcoming Oligarchy: Culture and Agency in Social Movement Organizations," *Administrative Science Quarterly*, Vol. 51, No. 4, 2006, pp. 622-649.

[2] John D. McCarthy and Mayer. N. Zald, "The Trend of Social Movements in America: Professionalization and Resource Mobilization," p. 20.

[3] John D. McCarthy and Mayer. N. Zald, "The Trend of Social Movements in America: Professionalization and Resource Mobilization," p. 25.

[4] Margit Mayer, "Social Movement Research and Social Movement Practice: The U. S. Pattern," p. 64.

万~80万人参加了华盛顿反对政府攻打伊拉克的"新反战和平运动";2011年发生的"占领华尔街"运动在最高潮时单次的抗议运动曾有数万人参与;2010年茶党运动初期曾约有200万人参与游行示威。美国社会的变迁,特别是在向后工业社会阶段过渡的过程中,民众人均收入的增加、受教育水平的提高以及劳工结构的变化使更多的人参与到社会运动当中。首先,人均收入的增加使人们能够有更多可支配收入为其支持的组织捐款,进而导致社会运动组织筹款方式的转变。其次,受教育水平的提高导致的学生人数的增加与学生特有的生活方式对社会运动动员非常有利。最后,在后工业社会中,专业与管理人员的增多也使更多的人能够灵活安排工作时间,以便参与到集体行动当中。[1]

自20世纪70年代以来,随着左翼社会运动纷纷细化议题,许多组织相继建立。为了享受美国税法中的免税待遇,70年代以来的各种左翼社会运动组织也相继转型成为所谓的非营利性组织,即所谓的501c(3)组织。左翼运动组织日益分解成为各种非营利性倡议组织、地区社区组织和社会服务机构。因此,倘若左翼全国性组织需要动员地方资源就某一议题向国会议员施压,它们不再需要动员当地居民、建立地方组织,而是会很容易地在地方层面找到适合的倡议组织来完成这一使命。尽管目前左翼运动组织仍然保留自身的传统结构与政治影响力,但不再是以组织动员草根参与的社会运动作为实现运动诉求的唯一手段,甚至可以说,不再以此为主要手段。以全国教育协会(The National Education Association)为例,目前该协会拥有约270万名成员,1.3万个地方组织,每年约有1万名代表参加该协会的全国大会就全国有关教育政策的议题进行研讨与磋商。[2] 尽管该协会在民主党内部还是具有相当大的影响力,但诸如全国教育协会这样的左翼全国性组织几乎不再以组织社会运动作为其推动政治变革的重要手段。从资金的筹集方式来看,过去左翼运动组织主要是通过基层的组织活动来筹款,现在则变为主要通过直邮的方式或依赖传媒广告的方式寻求个人资助者或捐款者。此外,这些组织还将宣传的对象锁定为某些特定的基金会并吸引

---

[1]　Margit Mayer, "Social Movement Research and Social Movement Practice: The U. S. Pattern," p. 11.

[2]　Marshall Ganz, "Left Behind: Social Movements, Parties, and the Politics of Reform," p. 9.

这些基金会的捐款。20 世纪 70 年代以来，基金会逐渐成为社会运动组织资金的重要来源之一。筹款方式的改变导致这些运动组织的地方基础开始萎缩，而建立在大城市的组织机构的职能则不断扩张。专业管理人员与专家也逐步取代了过去的基层领袖成为这些组织机构的领导者。

环境保护运动组织的发展就是上述变化的一个缩影。现代环境保护运动始于 20 世纪 60 年代，在 1970 年的"地球日"达到高潮。此后，随着美国政府逐渐接受环保主义思想并将环境保护议题作为传统制度化政治议题来考量，环境保护运动的参与人数增长在 70 年代一度出现了停滞。然而，到了 80 年代，由于环保主义者感受到了里根政府对环保成果的威胁，参与人数又开始上升。根据数据显示，1990 年全美国有超过 1 万个环境保护运动组织。①如图 3 - 1 所示，现代环境保护运动与传统环境保护运动的主要区别也在于环境保护组织数量的激增。四种运动诉求不同的环境保护组织数量在 20 世纪 70 年代以后都得到了迅猛发展。

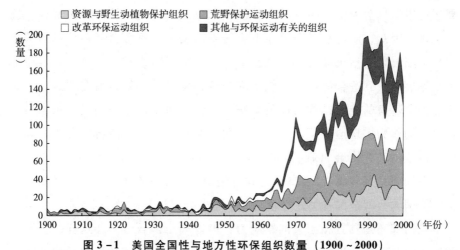

图 3 - 1　美国全国性与地方性环保组织数量（1900 ~ 2000）

资料来源：Robert J. Brulle, "The U. S. Environmental Movement," 附录。

近几十年间，美国全国性环境保护组织成员数量也有大幅度增加（如图 3 - 2 所示）。主要环境保护组织的成员数量由 1960 年的约 12.5 万人增加到 1970 年的超过 100 万人，1980 年该数量翻倍达到约 200 万人，到 1990 年又增

---

① Donal Snow, *Inside the Environmental Movement*: *Meeting the Leadership Challenge* (Washington D. C. : Island Press, 1991), p. 9.

加了三倍多，达到 650 万人。[1] 不幸的是，环境保护组织成员数量的增加并
不意味着参与环境保护集体行动的人数的增加。事实上，环境保护组织邮
递对象的增加才是导致组织成员数量增加的根本原因。以国家奥杜邦协会
为例，该组织在 1965 年邮寄了 100 万封入会邀请信，而当时该组织的成员
数量还不超过 5 万。到了 1971 年，该组织的邮寄数量比 1965 年翻了一倍，
成员数量也激增到了 20 多万。再以绿色和平组织为例，该组织在 1990 年寄
出的邀请信达到 4800 万封。[2] 采用直邮方式争取会员的环境保护组织在过
去几十年间会员数量都有大幅度增加。然而，没有采用直邮方式的全国性
组织如艾扎克沃尔顿联盟在 20 世纪 60 年代到 90 年代成员数量毫无增长，
1960 年其成员数为 5.1 万名，到了 1990 年也只有 5 万名。[3] 相关研究发现，
与通过面对面的社会网络招募成员的方式相比，直邮方式招募的成员退出

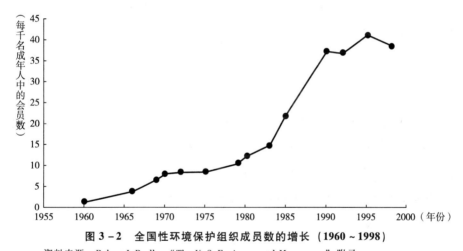

图 3 - 2　全国性环境保护组织成员数的增长（1960 ~ 1998）

资料来源：Robert J. Brulle，"The U. S. Environmental Movement，"附录。

[1]　Riley E. Dunlap and Angela G. Mertig, eds. , *American Environmentalism*：*The U. S. Environmental Movement，1970 - 1990*（Washington D. C. ：Taylor and Francis, 1992），pp. 11 - 26；Christopher J. Bosso，"Facing the Future：Environmentalists and the New Political Landscape," in Allan J. Cigler and Burdett A. Loomis, eds. , *Interest Group Politics*, 5th ed. （CQ Press, 1999），pp. 101 - 130.

[2]　Robert Cameron Mitchell，Angela G. Mertig and Riley E. Dunlap，"Twenty Years of Environmental Mobilization：Trends among National Environmental Organizations," *Society and Natural Resources*, Vol. 4, Issue 3, 1991, pp. 219 - 234.

[3]　Robert Cameron Mitchell，Angela G. Mertig and Riley E. Dunlap，"Twenty Years of Environmental Mobilization：Trends among National Environmental Organizations," p. 223.

组织的可能性更大，他们较少参与集体行动，组织的团结感也较低。[1] 由此可见，有些环境保护组织在成员数量激增之后其成员数量又快速锐减就不足为奇了。绿色和平组织在 1985～1990 年成员数量增长了两倍，达到 23.5 万人，随后的 8 年间又失去了 85% 的成员。[2] 此外，很多通过直邮方式招募的成员并不认为自己是组织的成员。据调查，美国环保基金一半以上的成员表示："我真的不认为自己是该组织的成员，我交的钱只是捐款而已。"[3] 因此，有的学者认为，全国性环境保护组织的成员所从事的是"代理性"的政治参与。[4]

在草根组织方面，环境保护组织则略显薄弱。在图 3-1 中成员数量大幅增加的十几个全国性环境保护组织中，只有两三个设有地方分支机构。国家奥杜邦协会自称在全国有数百个分支机构，然而根据得克萨斯州分支机构的工作人员估计，该州的 2.8 万名成员中仅有 3%～4% 积极参与集体行动。这个数字不到该州总人口的 1/15000。[5] 不难看出，即便是地方组织最为强大的环境保护组织，其在州与地方的分支机构也已经萎缩。根据罗泊报告（Roper Report）的年度调查，表示"关心自己能为保护环境或自然资源做出多大贡献"的美国人的比例由 1981 年的 50% 增加到 1990～1992 年的 55%，随后持续下降到 1999 年的 40%，这也是 1980～1999 年二十年间的最低点。[6] 纵观目前美国十大环境保护组织管理层的结构，组织领袖都被专业管理人士把持。这些组织聘用的都是专业筹资专家与科学家，过去在这些组织中活跃的基层动员领袖不见了踪影。以绿色和平组织为例，主席菲尔·拉德弗德（Phil Radford）是毕业于美国乔治城大学非营利性组织管理学的专业人士。[7] 此外，该组织还聘请了 20 位科学家，向媒体宣传该

---

[1] John D. McCarthy, "Pro - Life and Pro - Choice Mobilization: Infrastructure Deficits and New Technologies," p. 62.

[2] R. Kenneth Godwin, *One Billion Dollars of Influence: The Direct Marketing of Politics*, p. 55.

[3] Linda L. Fowler and Ronald G. Shaiko, "The Grass Roots Connection: Environmental Activists and Senate Roll Calls," *American Journal of Political Science*, Vol. 31, No. 3, 1987, p. 490.

[4] Sidney Tarrow, *Power in Movement: Social Movements and Contentious Politics*, 2nd ed., p. 133.

[5] Philip A. Mundo, *Interest Groups: Cases and Characteristics* (Chicago: Nelson - Hall, 1992), p. 178.

[6] *Roper Report 97 - 3*, New York: Roper Starch Worldwide, 1997, pp. 117 - 121.

[7] http://www. greenpeace. org/usa/en/about/our - staff/phil - radford/，最后访问日期：2012 年 9 月 27 日。

组织所从事的活动是这些科学家的重要工作之一。① 今天，为了维系组织的生存与发展，组织领袖更看重的是筹资，而无从顾及建立以社区基层组织为坚实基础的公民社会组织方式。由此可见，尽管许多环境保护组织的成员数量在近几十年不断增加，但真正参与州和地方层面的环境保护活动的成员数却在减少。

　　学界普遍认为，随着社会运动的发展，社会运动组织一般来讲都会经历官僚化、制度化、寡头化，直至最终消亡的过程。② 然而，环境保护运动或许是一个特例。纵观美国环境保护运动的发展史，尽管也历经高潮和低谷，但环境保护运动组织的职业化与制度化并未使其僵化或边缘化，同时也并未使其完全失去社会运动的激进性。简言之，从环境保护运动对公共政策与民众环保意识的影响来看，环境保护组织的职业化与制度化并未使其衰落。相关研究表明，尽管环境保护运动对公共政策的影响很难量化，但其对政府议程设定却有着实质性的影响，甚至会影响到政府机构的设置，如美国国家环境保护署（Environmental Protection Agency）就是在当代环境保护运动勃兴后不久的 1970 年年底成立的。③ 环境保护运动对民众环保意识的影响更是不言而喻。如图 3 - 3 所示，根据盖洛普的民意调查，只有在最近全球金融危机的大背景下，认为经济发展要优先于环境保护的美国民众的比例才超过持相反观点的民众。然而，就是在经济低迷的情况下，认为应该优先保护环境的民众的比例在 2010 年左右曾一度超过认为应该优先发展经济的民众。总之，诚如一些学者所说的，环境保护运动组织在将环境问题框定为全球的集体责任方面是成功的。④

　　更加值得一提的是，兴起于 20 世纪 90 年代的妇女运动第三次浪潮也是草根参与极为薄弱的一例，甚至可以将其视为缺失草根力量的组织与动员。

------

① http://www.greenpeace.org/usa/en/media-center/experts/，最后访问日期：2012 年 9 月 27 日。

② Doug McAdam, John D. McCarthy and Mayer N. Zald, eds., *Comparative Perspectives on Social Movements: Political Opportunities, Mobilizing Structures, and Cultural Framing*, p. 12.

③ Erik W. Johnson, "Social Movement Size, Organizational Diversity and the Making of Federal Law," p. 1.

④ David A. Snow, Sarah A. Soule and Hanspeter Kriesi, *The Blackwell Companion to Social Movements* (Malden, MA: Blackwell Publishing Ltd, 2004), p. 633.

图 3 - 3　优先发展经济还是保护环境（1983 ～ 2012）

资料来源：盖洛普官方网站，http://www.gallup.com/poll/146681/Americans - Increasingly - Prioritize - Economy - Environment. aspx，最后访问日期：2012 年 10 月 1 日。

妇女运动的第一次和第二次浪潮都是轰轰烈烈的大规模群众性运动。然而，随着《平等权利修正案》在 1982 年未获得通过，大规模的草根参与的妇女运动即妇女运动第二次浪潮也随之衰落。妇女运动第三次浪潮始于 20 世纪 90 年代。第三次浪潮基金会（The Third Wave Foundation）与全国青年妇女活动日（National Young Women's Day of Action）是第三次浪潮中建立的两个最为著名的全国性妇女组织。1996 年成立的第三次浪潮基金会将总部设在纽约，是一个全国性的非营利性组织，旨在培养青年妇女领袖。该组织的创始人是著名作家爱丽丝·沃克（Alice Walker）的女儿瑞贝卡·沃克（Rebecca Walker）。尽管许多青年妇女组织在 20 世纪 90 年代以后相继建立，但它们缺乏一个统一的政治诉求。许多组织内部都缺乏核心的成员团队或活跃分子计划委员会（activists planning committee），甚至在妇女运动第三次浪潮中具有重要地位的全国性组织——第三次浪潮基金会的官方网站上都找不到招募成员的广告。[①]　因此，这种缺乏组织与动员广泛群众的第三次浪潮能否被称为社会运动一直是学界争议的话题。有些学者认为妇女运动的第三次浪潮更多的是身份认同的再一次强势出现，而并非如前两次浪潮一样的大规模群众运动的再次勃兴。[②]

与左翼社会运动相比，右翼社会运动则呈现出了不大相同的组织动员方式。从组织性质来看，尽管与大多左翼社会运动组织一样，大部分重要的右翼运动组织也都是非营利性组织，但它们都标榜自己为草根政治组织

① http://www.thirdwavefoundation.org，最后访问日期：2012 年 9 月 28 日。

② Immanuel Ness ed., *Encyclopedia of American Social Movements*, p. 429.

（grassroots political organizations）。尽管这些右翼运动组织所关注的议题有所不同，但动员民众为右翼保守派政客投票是它们所共有的使命，如美国家庭协会（American Family Association）、美国生命联盟（American Life League）、基督教联盟（Christian Coalition of America）、全国生命权委员会（National Right to Life Committee）、传统价值观联盟（Traditional Values Coalition）。与左翼社会运动一样，70年代兴起的以福音派为核心的新基督教右翼运动在整个70年代的组织动员形式也只不过是一些集中化的（即将总部设在首都或各州首府）、全国性的直邮方式。此时，以福尔韦尔为首的道德多数派是新基督教右翼运动的核心组织。然而，到了80年代末，新基督教右翼运动由于福尔韦尔支持南非种族隔离的言论以及资金问题遭遇了发展瓶颈，道德多数派组织在1989年解散。随后，以帕特·罗伯逊为首的基督教联盟成为新基督教右翼运动的核心组织，在继续采用直邮和其他媒介宣传方式进行组织动员以外，更加重视以社区为基础的草根动员组织的建设。基督教联盟与守诺者两个右翼运动组织自称有数百万的积极参与者，其规模超过了此前的以大众为基础的保守运动。1998年，基督教联盟声称有170万成员，其分支组织机构超过1425个。[①]

20世纪80年代以来，新基督教右翼运动之所以能够成功动员草根阶层参与，宗教的作用至关重要。首先，二战后福音派教友日益增多。二战后，福音派的信仰者从农村和基要主义的社会边缘人群转移到了城市中产阶级人群。以全国福音派联合会（National Association of Evangelicals）为例，其教友的数量在40年代至70年代间增加了三倍多。其次，福音派自20世纪70年代以来摒弃了对政治参与的反感态度，开始积极投身于政治，特别是选举政治。福音派坚信社会运动必须通过与政治精英结盟、建立进入政治过程的渠道，才能最大限度地实现运动诉求。由于影响政治精英最有效的方式就是选举投票，因此，动员草根阶层选民在选举发生时投票支持右翼保守派政客是几乎所有右翼运动组织的重要使命。最后，既有的教会组织，特别是福音派在20世纪三四十年代就已经逐步建立起来的教会网络是福音派政治化的基础。这一网络不但包括教会，还有基督教右翼的学校与诸如

---

① Laurie Goodstein, "Coalition's Woes May Hinder Goals of Christian Right," *The New York Times*, August 2, 1999.

广播、电视、出版社等传播媒介。①信教人群遍布在地方教会网络的每个角落，处在宗教信息的传播渠道与宗教组织的网络之中，这些都使得动员更加容易。基督教联盟的团结也有赖于地方性的教会联系。

麦卡锡在对反堕胎运动组织的研究中发现，反堕胎运动是基于成千上万个以教会为依托的草根组织的。这便使得运动的动员更加容易，即能够在既有的社会网络的基础上有效地动员潜在支持者参与到集体行动当中。全国生命权委员会在 1993 年自称有 1300 万名成员与 7000 个地方分支机构。然而，支持堕胎运动在 20 世纪 80 年代有组织的草根参与的妇女解放运动衰落之后，一直缺乏既有的社会网络资源，只能更加依赖于全国性的宣传组织，采取诸如直邮、电话动员、媒体广告等形式进行组织动员。② 以全国堕胎与生育权行动联盟（National Abortion and Reproductive Rights Action League）为例，1989 年该组织拥有 13.2 万名成员，1996 年激增到 50 万人，然而在随后的两年内成员数量又急剧下降到 19 万人。根据该组织各州分支机构的领导人估计，除了 3% ~5% 的成员以外，大部分成员都只是做缴纳会费的最低贡献。③ 不难看出，基于象征性的身份认同、缺乏面对面交流的动员组织方式并不牢靠。它可能导致组织成员数量的大幅度波动，组织成员极易流失。

支持堕胎运动在左翼运动尚属高潮时期时——1973 年——获得了在联邦层面堕胎合法化的胜利。然而，随着支持和反对堕胎运动两类运动组织自 20 世纪 80 年代以来动员方式的转变，右翼反对堕胎运动在州层面对支持堕胎运动发起了有力的反攻。基于完善的以教会为依托的草根组织动员，反堕胎运动自堕胎在联邦层面获得合法化之后，在州层面也展开了积极攻势。至今，反堕胎运动已经在各州通过立法对堕胎加以限制方面取得了极大的成功。如表 3 - 1 所示，目前在美国州层面对堕胎加以限制的政策共有 24 项，其中有关"拒绝条款"政策已经在美国 47 个州获得通过。

---

① James L. Guth, Lyman A. Kellstedt, John C. Green and Corwin E. Smidt, "Onward Christian Soldiers?: Religion and the Bush Doctrine," p. 73.

② John D. McCarthy, "Pro - Life and Pro - Choice Mobilization: Infrastructure Deficits and New Technologies," p. 56.

③ 〔美〕罗伯特·帕特南：《独自打保龄：美国社区的衰落与复兴》，第 174 页。

表 3 – 1 美国各州层面对堕胎加以限制政策的统计数据

政策类型	解　　释	获得通过的州总数
与堕胎相关的知情同意书	在没有孕妇的知情同意书（即此同意书要求孕妇接受州批准的反对堕胎讲座或相关材料）的情况下，禁止堕胎	20
反对堕胎呈文	要求国会禁止堕胎	25
诊所暴力	禁止对堕胎诊所及相关工作人员的暴力或骚扰	9
良心条款	如果医生反对堕胎，允许医生不提供堕胎服务	36
胎儿的处置	对流产胎儿的处置进行管理	11
胎试验	禁止使用流产胎儿的材料进行试验，并禁止为了试验目的的堕胎	30
杀胎	杀胎违法	10
插科打诨规则	禁止州立医疗中心的工作人员为病人提供堕胎的选择	18
仅限医院	规定只能在医院进行堕胎	26
保险限制和禁止	只允许受限制购买，或禁止保险公司在健康保险中包括流产	15
强制性辅导	要求医生为任何要求堕胎的病人读辅导"脚本"	30
医疗禁令	消除堕胎的联邦资金	34
并无不当的生命/错误的生育政策	禁止以下诉讼：一个人认为他/她本不应该出生（不当的生命）或父母认为如果他们被正确告知，就会选择堕胎（错误的生育）	8
父母同意或告知	要求未成年人获得父母或法庭对其堕胎的同意，或在堕胎进行之前告知未成年人的父母	44
仅限医生	规定仅限有执照的医生才能进行堕胎手术	45
后生存能力	生命发生时即存在，生命发生后对堕胎进行管理	30
后生存能力照顾	要求对存活的胎儿进行流产后护理	30
公共设施	禁止在进行堕胎时使用公共设施	6
拒绝条款	如果医生反对堕胎，允许医生不提供堕胎服务	47
报告要求	规定所有堕胎必须向州机构报告	20
生命权	除非满足某些条件，否则杀胎违法，并/或要求医生在进行堕胎手术时为胎儿提供存活的机会	12
配偶同意	要求丈夫同意堕胎	9

政策类型	解　　释	获得通过的州总数
针对堕胎提供商的法律限制	针对堕胎设备的限制	33
等待期	指定在堕胎请求时间和堕胎执行时间之间的期限	26

资料来源：Deborah R. McFarlane and Kenneth J. Meier, *The Politics of Fertility Control*: *Family Planning and Abortion Policies in the American States* (New York, N. Y. : Chatham House, 2001), pp. 94 - 95; Melody Rose, *Safe*, *Legal*, *and Unavailable*? (Washington, D. C. : CQ Press, 2007), pp. 103 - 104。

　　近几十年抗议运动发生的频率日益增大，规模也日益扩大。有关数据显示，表示曾经参加过抗议游行或静坐的成年人比例从 1978 年的 7% 上升到 1994 年的 10%。从 20 世纪 70 到 90 年代，相关调查也显示，抗议运动的参加率约为 6.7% ~ 10%，并呈逐年上升趋势。有关堕胎的游行就占了全部游行活动的约 1/3。然而，帕特南认为参加游行人口比重增加的原因是由于 60 年代之前不喜欢游行的一代老年人的故去，而不是新的年轻人加入到游行的行列当中。如图 3 - 4 所示，20 世纪 80 年代以来，20 多岁的年轻人较少参加抗议运动，并且抗议运动的参加者日益呈现老龄化趋势。如果此趋势保持下去，最终会出现抗议运动参加者数量下滑的状况。

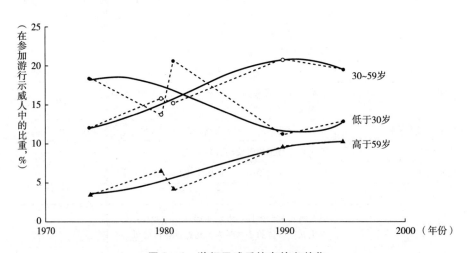

图 3 - 4　游行示威反抗者的老龄化

资料来源：〔美〕罗伯特·帕特南：《独自打保龄：美国社区的衰落与复兴》，第 188 ~ 189 页。

第二节　运动诉求

随着社会运动组织结构的改变，运动诉求与议题也随之发生变化。20世纪70年代以来，社会运动组织纷纷细化议题。为了能够在竞争激烈的筹款广告中更加吸引眼球，许多组织开始倡议一些特定的议题，并使用一些煽情的话语来寻求那些没有时间参与集体行动，但偶尔会捐款的中产阶层热心人士。如保护濒临灭绝的珍稀动物或植物以及救助患有某种疾病的儿童等具有煽动性的具体议题在70年代以后的社会运动组织中备受青睐。

左翼社会运动运动诉求在20世纪70年代以后呈现出碎片化趋势。大多组织关注的是极为具体的议题。而那些关系到广大社会民众的一般性议题或宏观性议题，如贫困问题、劳工权益与社会保障安全网络等却在此时得到了较少的关注。与这些宏观议题联系最为紧密的一些组织也很快地衰落下去。以工会为例，1983年有20.1%的工人加入工会，当时的工会会员数约为1770万。然而，这一数字到了2011年则迅速下降到11.8%，减少了将近一半的会员。[①]

妇女运动在20世纪70年代以后的发展是运动诉求碎片化、多样化的一个写照。妇女运动的第一次与第二次浪潮都是以争取妇女的政治与经济权利为运动的核心诉求的，如第一次浪潮中的投票权、私人财产权、财产继承权与第二次浪潮中的堕胎权、同工同酬、同性恋以及免受性骚扰与强奸等权益。20世纪70年代正值妇女运动第二次浪潮的中期。1973年美国联邦最高法院在罗诉韦德案中将堕胎权合法化是妇女运动自20世纪60年代复兴以来最大的一次胜利。这一胜利使妇女的健康问题备受关注，进而从70年代初到90年代初关注妇女各方面健康问题的组织如雨后春笋般相继建立起来。从下面这些组织的名称中就可以看出妇女运动诉求细化的端倪。如青年精英党妇女联盟（The Women's Union of the Young Lords Party）在20世纪70年代初为贫民窟妇女建立医疗中心，目前这一使命由诸如首个全球有色妇女治疗中心（The First World Women of Color Healing Circle）等社区服务

---

① "Union Members Summary," Bureau of Labor Statistics, January 27, 2012, http://www. bls. gov/news. release/union2. nr0. htm, 最后访问日期：2012年9月28日。

组织来继续承担；1980 年建立的旨在为妇女终生提供高质量的、可支付得起的全方位医疗服务的年长妇女联盟（The Older Women's League）；1983 年首个黑人妇女健康计划在首都华盛顿建立；1985 年成立的美国土著妇女健康教育资源中心（The Native American Women's Health Education Resource Center）；1992 年作为男女同性恋医疗协会（The Gay and Lesbian Medical Association）附属机构的女同性恋健康基金会（The Lesbian Health Fund）成立；1993 年成立的全国亚裔妇女健康组织，旨在消除由于种族原因而造成的健康或医疗上的不平等，并针对亚裔妇女进行医疗保健方面的教育。

　　争取《平等权利修正案》成为美国宪法第二十七条修正案也是妇女运动第二次浪潮中的核心诉求之一。该修正案于 20 世纪 20 年代初提出。然而，在强大的基督教右翼反《平等权利修正案》运动的牵制以及妇女运动自身内部分裂的负面影响下，该法案在 1982 年，即最后期限结束前未获得通过法案所需的 38 个州的支持。大规模的由草根阶层参与的妇女运动也从此衰落。

　　妇女运动的第三次浪潮始于 20 世纪 90 年代初，以年轻女性为运动的中坚力量。与妇女运动的前两次浪潮相比，第三次浪潮并没有完整、统一的核心运动诉求，故美国学者用"多样化"（diversity）来总结性地描述妇女运动第三次浪潮的运动诉求。① 第三次浪潮反对以任何借口所造成的歧视，如性别歧视、种族歧视、阶级歧视、年龄歧视以及对同性恋的歧视。与前两次浪潮为妇女争取政治、经济权利不同，尽管美国妇女在政治、经济方面仍然没有完全获得真正平等的权利，但第三次浪潮将斗争的焦点放在了文化领域。她们攻击的对象大多是大众文化与媒体中的性别歧视现象，如对女性美及社会角色的传统定位等。第三次浪潮并未对如何实现性别平等提出具体建议。因此，这种多样化的目标和将斗争领域锁定于大众文化与媒体的妇女运动第三次浪潮注定是更加地方性的、更加具体的与更加个人化的。

　　现代环境保护运动始于 20 世纪 70 年代，随后运动诉求逐渐细化。按照主要议题分类，目前美国环境保护运动中存在 11 种运动诉求。如图 3－5 所

---

① Immanuel Ness ed. , *Encyclopedia of American Social Movements*, p. 429.

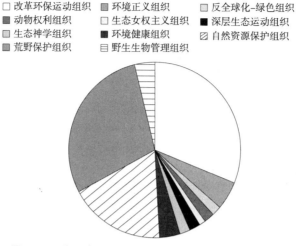

图3-5　美国全国性与地方性环境保护运动组织分类

资料来源：Robert J. Brulle, "The U. S. Environmental Movement"。

示，目前在环境保护运动中占最重要地位的是改革环保运动（Reform Environmentalism）组织。与该议题相关的全国性与地方性组织占环保组织总数的31%，约有1780个。事实上，20世纪70年代之前，所谓的环保主义者（environmentalists）是指自然资源的保护者（conservationists）。然而，随着美国工业化的发展及其对环境造成的不良影响，人们越来越关心居住环境与个人身体健康的关系。改革环保运动组织所关切的议题都是与保护生态系统与人类健康相关的。此类知名的环境保护组织包括绿色和平组织、环境保护组织（Environmental Defense）以及国家资源保护委员会。第二大类环保组织是荒野保护（preservation）组织，占全国性与地方性环保组织总数的29%，约有1615个。该类环保组织始于19世纪。由于当时美国移民数量的增多与经济的快速发展，荒野的数量大幅度减少。这类组织的核心运动诉求是保护荒野的原生态，要求人类不要以任何方式改变荒野的自然状态。塞拉俱乐部、荒野保护协会以及自然保护组织（The Nature Conservancy）都是主张荒野保护的知名组织。第三大类环保组织是自然资源保护（conservation）组织，占全国性与地方性环保组织总数的18%，约有980个。自然资源保护在1900年至1960年间曾是所谓的传统环保运动的核心诉求。特别是在19世纪末20世纪初的进步运动时期，美国企业对自然资源的过度开发是自然资源保护运动发生的最大推动因素。此类组织主张理性发

展自然资源，以此来满足人类的长期需求。这类组织包括美国森林者协会
（The Society of American Foresters）以及美国森林组织（American Forests）。
按照组织数量从多到少的顺序，其他环境保护运动组织还包括：强调环境
问题的社会解决方法的环境正义组织（Environmental Justice），主张通过问
责企业或政府，甚至是利用司法诉讼程序解决环境问题；旨在减少使用对
人类健康有害的有毒材料的环境健康组织（Environmental Health）；主张为
了满足人类娱乐的需求保护或理性发展野生生物资源的野生生物管理组织
（wildlife management）；强调宗教信仰对解决环境问题的重要作用的生态神
学组织（ecotheology）①；坚决保护自然界中所有非人类物种的权利，保护其
不受人类侵犯的深层生态运动组织（Deep Ecology）；旨在应对经济全球化
对全球环境的影响的反全球化 - 绿色组织（Anti - Globalization/Green）；认
为人类无权侵犯动物权利并致力于保护动物的动物权利组织（Animal
Rights）；旨在为妇女争取在环境保护运动中的领导地位的生态女权主义组
织（Ecofeminism）。②

事实上，在这 11 类大的环境保护议题之下，各个环境保护运动组织还
有各自更加具体的运动诉求。例如，属于动物权利组织的，旨在保护鸟类
的国家奥杜邦协会；属于自然资源保护组织的，旨在保护树木的美国森林
者协会；等等。

美国学界通常将左翼社会运动视为社会的边缘力量不满社会现状，希
望通过变革的方式改变社会的危机型运动，而右翼社会运动则是能够适应
现状的社会力量针对左翼变革力量展开的防御型运动。纵观美国社会运动
发展史，左右翼社会运动呈钟摆式周期性变化。左右翼社会运动相互牵制、
互为呼应。正是有这一左一右两种力量的存在，左右翼社会运动在美国的
发展似乎从未走向过于极端的程度。时而某些社会运动会走向激进的边缘，
但往往会被一种反力量牵绊。

20 世纪 70 年代兴起的新基督教右翼运动恰恰是对 60 年代发生的一系
列左翼社会运动的一个反应。这一反应不仅体现在社会政治议题方面，同

---

① 宗教神学环保组织并不是纯粹的环保组织，从严格意义上讲，它们应该是将所关注的议题
扩展到环境领域的宗教组织。

② 目前，生态女权主义组织在美国已经非常少见。

样也体现在运动诉求方面。20世纪70年代之前，基督教右翼关切的问题只限于宗教与神学领域，社会政治问题并不是其关注的焦点。然而，由于60年代一系列左翼社会运动对社会传统价值观带来的强烈冲击以及美国联邦最高法院的一系列判决，如1962年联邦最高法院裁决在公立学校中举行强制性的祷告仪式违宪、1963年联邦最高法院裁决在公立学校诵读《圣经》违宪、1968年联邦最高法院裁决在公立学校禁止教授进化论违宪以及1973年联邦最高法院裁决妇女堕胎合法化，基督教右翼发生了强力反弹。因此，到了70年代以后，在此前从不发声的社会政治问题方面基督教右翼开始大声疾呼。美国政治学家詹姆斯·伯恩斯（James Francis Byrnes）总结了基督教右翼运动的运动诉求所基于的四个原则：亲生命、亲家庭、亲道德、亲美国。[①] 亲生命的原则是指反对堕胎是基督教右翼运动的另一个重要诉求。几乎所有的新基督教右翼运动组织都致力于反对堕胎运动。它们认为生命从受孕就已经开始存在，堕胎是杀害无辜的罪恶行为。目前，新基督教右翼运动将反对堕胎运动的焦点放在反对阶段性堕胎与严格限制堕胎的议题方面。亲家庭的原则主要体现在以下四个方面：教育、传统家庭观的保卫、反对同性恋，以及诸如限制色情片等有关道德规范的问题。对大多数新基督教右翼运动的支持者来讲，亲家庭方面的诉求也是救赎美国或亲美国的一个重要部分。亲道德的原则是基于新基督教右翼运动对70年代以来美国社会道德水平的评判。他们认为，美国家庭结构的溃散要归因于社会道德水准的下滑，而社会道德的沦丧又是世俗人文主义教育的恶果。在基督教右翼主义者眼中，以人为本的教育体系打破了以上帝为中心的教育传统，他们将所有社会上的丑恶现象都归结为世俗的人文主义教育。基督教右翼主义者认为，美国要想得到救赎，必须回到信仰上帝的时代。这是因为他们一直坚信美国是上帝的选民，美国不能离弃上帝。

从历史上看，右翼社会运动的主题通常是道德层面的，如传统的性别分工、家庭道德观等。然而从最近的茶党运动来看，它们的诉求更多的是与国家福利政策相关的议题，如反对全国性医疗改革、平衡政府债务。右翼社会运动诉求从道德层面向国家政策宏观议题转变与当下美国国内的政

---

① 〔美〕R.G.哈切森：《白宫中的上帝》，段琦、晓镛译，中国社会科学出版社，1992，第198页。

治环境息息相关。到目前为止，我们可以将右翼社会运动的运动诉求简要总结如下：在家庭婚姻方面，坚决保卫传统的家庭价值观，对一切非婚性关系，如婚前性关系、未婚先孕、未婚生育持否定态度，反对同性恋合法化；在教育方面，支持在公立学校诵读《圣经》、祷告，主张独尊英语，反对教授进化论，要求清除学校内的毒品、枪支与暴力，反对向学生提供避孕套；在打击犯罪方面，主张强化社会治安，严厉禁毒，严厉打击各种形式的犯罪，恢复死刑制度；在新闻自由方面，主张严格控制各种出版物中的色情内容，对电视、电影中的色情与暴力镜头严格控制；在政府方面，主张小政府、限制政府权力，降低政府开支；在经济方面，支持自由主义市场经济，反对政府的调控与干预措施；在外交方面，支持美国政府加强防御力量的建设。

第三节　运动话语构建与传播

美国社会运动的道德内容，如运动所体现出的价值认同以及运动话语构建，说到底受到了宗教的深刻影响。美国历史上的废奴运动就曾把运动口号的构建基于《圣经》的教义。美国前国务卿威廉·詹宁斯·布莱恩（William Jennings Bryant）将民粹分子的苦难描述成为"被钉在十字架上的苦难"。黑人民权领袖马丁·路德·金也用"圣明的主啊，我终于自由了"来结束"我有一个梦想"的演讲。在美国这样一个民主国家中，多数原则在各种决策制定过程中都是至关重要的。那些寻求改变的社会运动必须学会向更为广泛的公众传递或表达它们所寻求的变革的合法性。在这个过程中，运动话语道德层面的构建与传播就显得格外重要了。

运动话语构建与传播在社会运动中所起的重要作用不言而喻，特别是对运动的组织动员来说更是如此。美国学者将社会运动视为一场"道德工程"，[①] 这是因为社会运动是用使其诉求合法化的制度改革的方式来实现集体认同的。因此，运动话语构建与传播是否能够深入人心是社会运动能否在潜在的支持者当中建立一种集体身份认同的决定性因素之一。特别是对于建立在共同信条基础上的，一个缺乏共同祖先、缺乏血脉关系的移民国

---

① Marshall Ganz, "Left Behind: Social Movements, Parties, and the Politics of Reform," pp. 8 – 9.

家来讲，运动话语构建能够得到广泛民众的信仰、道德与价值观层面的共鸣是社会运动成功的重要因素。

　　一个有关美国民众对左右翼社会运动诉求或观点了解程度的调查的结果显示，大多数受访者能够重复右翼社会运动的核心诉求，如维护美国传统价值观、个人自由、有限政府等；而对于左翼社会运动诉求，一半的受访者表示"不知道"。[1] 这个调查是在 2004 年针对美国中西部白人摇摆选民做出的。通过这个调查结果，不难看出，与左翼社会运动诉求相比，右翼社会运动诉求似乎要更加深入人心。这也从一个侧面反映出 20 世纪 70 年代以来美国左右翼社会运动在运动话语构建方面表现出的巨大差异。为什么大多数美国民众会对右翼社会运动的核心诉求如此耳熟能详呢？归根结底，这得益于右翼社会运动对话语道德层面构建的注重。几乎所有右翼社会运动口号的设计都深受美国传统价值观的影响，并带有浓厚的宗教色彩。

　　相反，随着 20 世纪 70 年代以来左翼社会运动诉求碎片化趋势的出现以及其对具体细微议题的关注，左翼社会运动非常难以用几个简单的语汇来概括其核心运动诉求。或者说，左翼社会运动至今还没有像右翼社会运动那样从一个道德制高点上来总结其核心运动诉求并将其推广，进而在更加广泛的美国民众当中建立一种集体身份认同。从这个意义上讲，20 世纪 70 年代以来的左翼社会运动并没有传承像 60 年代黑人民权运动那样能够将运动诉求与美国传统价值观和信仰紧密联结的一贯做法。由于 70 年代以来左翼社会运动纷纷细化议题，其运动话语构建也显得极为具体。以妇女运动第二次浪潮的口号为例，"我是女性，听我咆哮"（I am a woman, hear me roar!）与"姐妹团结就是力量"（Sisterhood is powerful）。这些口号代表了妇女运动第二次浪潮中中产阶级、白人并支持异性恋的妇女的心声。值得一提的是，同性恋问题在妇女运动第二次浪潮中是一个极富争议的议题，其也是导致第二次浪潮内部分裂的重要因素之一。随后，到了 20 世纪 90 年代兴起的妇女运动第三次浪潮，之前有关妇女力量的口号被改为"女孩力量"（girl power）。原因之一在于第三次浪潮是以年轻女性为运动的中坚力量；原因之二在于第三次浪潮是将所有的女性——不管阶级、种族、同性

---

① 　Ari Berman, "Big ＄＄ for Progressive Politics," *The Nation*, October 16, 2006.

恋与否——都纳入运动所代表的利益群体当中。不难看出，这种运动所代表的包罗万象的利益群体与运动诉求难以避免的高度的内在异质性导致了第三次浪潮至今尚未打出一个醒目的标语。同理，环境保护运动也是如此。大多环境保护运动组织的口号就是一个非常具体的话语，如打出"保护鸟类"口号的国家奥杜邦协会与打出"保护树木"的美国森林者协会。从道德层面上审视这些口号，这些口号的确没有向广大受众传递出环境保护运动的深层理念。

与 20 世纪 70 年代以来左翼社会运动不同的是，该时期兴起的右翼社会运动由于其防御性特点以及将运动诉求聚焦在社会政治问题方面，其更加容易占据话语构建的道德制高点。70 年代兴起的新基督教右翼运动主要是针对 60 年代一系列左翼社会运动导致的恣意的自由主义在美国社会泛滥而展开的，因此，为了有力打击恣意的自由主义对传统价值观的危害，代表自由主义的字母"L"（Liberalism）成为右翼社会运动宣传材料中出现频率最多并被大肆渲染和诅咒的字眼。在大部分右翼社会运动组织寄发给民众的信件中，字母"L"都占据显要的位置。[①]

宗教在右翼社会运动话语构建中发挥着至关重要的作用。右翼社会运动的一个重要诉求，即救赎美国（Redeeming America），就带有浓重的宗教色彩。福音派与基要派是右翼社会运动的中坚力量，因此有如此的运动诉求与话语也就不足为奇了。右翼社会运动领袖经常呼吁美国民众要忏悔，要重新建立对上帝的信仰。以美国法律与正义中心寄给美国民众的信件为例，上面写道："美国到底怎么了？我们拒绝以上帝为荣耀。这样做的后果只有为憎恨与暴力打开了大门。"[②] 这种带有浓厚宗教色彩的话语在右翼社会运动组织分发给民众的信件与其他宣传材料中都极为常见。基督教联盟领袖帕特·罗伯逊在写给民众的信件中反复出现的一句话就是"恢复上帝在美国的统御地位"（to restore godly leadership in America）。在信中，罗伯逊还说道："我希望在未来会有一位正直的公务员入主白宫，并且让一批恪守上帝训诫的人们掌控联

---

① Clyde Wilcox and Carin Robinson, *Onward Christian Soldiers? The Religious Right in American Politics* (Bolder, CO: Westview Press, 1996), pp. 111 – 129.

② John Hicks, "The Political Subsistence of the Religious Right: Why the Christian Right Survives and Does not Thrive," *The American Religious Experience*, 2001, pp. 5 – 6.

邦职位。"① 由此可见，宗教化的语言不但是右翼社会运动话语构建的一个显著特点，而且选举基督教右翼人士上台执政也是右翼社会运动的重要运动策略之一。反堕胎运动的积极分子经常在堕胎诊所前举行游行示威，反对派人士高举着出自《圣经》的"不可杀人"（Thou shalt not kill）的标语牌。② 这类醒目的标语口号事实上直接触动的是广大民众脆弱的道德神经，它的作用与效果也是不言而喻的。

此外值得一提的是，一些右翼智库也为右翼社会运动话语的道德构建贡献了一分力量。例如，美国著名右翼保守智库传统基金会（Heritage Foundation）在 1973 年成立时就使用了一些既能够与美国民众的主流信仰沟通又朗朗上口的话语框定自己的使命。传统基金会的使命是"基于自由商业、有限政府、个人自由、美国传统价值观与强大国防的原则制定并促进保守的公共政策"。传统基金会所誓言奉行的原则成为随后建立的右翼组织纷纷仿效的话语。③

综上所述，自 20 世纪 70 年代以来，左右翼社会运动在话语构建方面的表现迥然不同。左翼社会运动在 70 年代以后开始不断地规避在道德层面上宣扬自己的主张，将运动的重心放在每个具体的问题上。这就导致了左翼社会运动的动员工作遭遇到前所未有的困难，造成能够积极参与集体行动的人员资源的极度匮乏。左翼社会运动的运动诉求碎片化以及将运动重心放在具体议题上导致的另一个问题是运动内部的利益难以协调，进而导致社会运动整体的团结度降低。这个问题同样会拖累运动话语构建。由于社会运动的团结度不够，整个运动难以以一个共同的声音向外发声。以环境保护运动为例，保护树木的环境保护组织就很难与保护鸟类的组织进行相互协调。然而，右翼社会运动，特别是 20 世纪 70 年代兴起的新基督教右翼运动尽管在近十年其内部的矛盾也开始日益显现，诸如在与共和党的关系的问题上争论日益激烈，但从整体上来讲，与左翼社

① Pat Robertson, "A Message from the President," Christian Coalition of America, http：//www.robertsonelectric.com/president－message.php，最后访问日期：2012 年 9 月 26 日。

② 赵梅：《"选择权"与"生命权"——美国有关堕胎问题的论争》，《美国研究》1997 年第 4 期，第 67 页。

③ Ari Berman, "Big ＄＄ for Progressive Politics"．

会运动相比，新基督教右翼运动的口号、核心运动诉求以及基本观点在美国民众当中要更加耳熟能详。

第四节　运动策略与手段

20 世纪 70 年代以来，左右翼社会运动采取的策略与手段有许多相同之处，但也有不少区别。有关社会运动组织职业化必然会导致大规模群众运动消亡的问题，美国学界目前仍存在争议，但普遍认为社会运动组织职业化会使社会运动采用激进直接行动策略的可能性降低，并倾向于采用传统制度化政治参与的方式和手段。[1] 美国学者认为，社会运动组织职业化导致采用传统制度化政治参与方式主要有两方面的原因：一是外部环境，如社会运动组织所关注的议题已经被合法化或被吸收为制度化政治议题之后，社会运动组织也必然随之改变策略，采用一些传统制度化的政治参与方式来进一步声张诉求，如对立法机关的游说等。同样，社会运动组织的职业化通过聘用付薪的全职员工与组织分工的细化也满足了采取传统制度化政治参与方式所需的资源。二是职业化的社会运动组织自身发展的需要。社会运动组织一旦职业化，传统制度化的策略与手段会与其职业化的组织结构以及职业化的活动议程安排相得益彰。例如，传统制度化的行动需要得到事前审批，用于这些行动的资源花费（如资金与职工的工时等）也可以被量化或预算。[2] 20 世纪 70 年代以来的左右翼社会运动组织基本上都是职业化的正式组织，故它们采取的运动策略也大都倾向于传统制度化的参与方式，如游说、司法诉讼、建立政治行动委员会影响政治选举、建立地方的分支机构等，而组织激进的抗议示威游行已经不再是这些组织首选的运动策略了。

左翼的支持堕胎运动就是一个缩影。首先，支持堕胎运动所处的外在

---

① 参见 Frances Fox Piven and Richard A. Cloward, *Poor People's Movements: Why They Succeed, How They Fall*; Suzanne Staggenborg, "The Consequences of Professionalization and Formalization in the Pro - Choice Movement," in Jo Freeman and Victoria Johnson, *Waves of Protest: Social Movements since the Sixties*, pp. 99 - 135。

② Suzanne Staggenborg, "The Consequences of Professionalization and Formalization in the Pro - Choice Movement," p. 121.

环境将其引进了制度化政治领域。1973 年美国联邦最高法院对罗诉韦德案件的最终判决使堕胎权利合法化，这是支持堕胎运动的一个分水岭。此前，使堕胎合法化的诉求使得支持堕胎运动只是一个传统政治的"局外人"。在此期间，常见的运动策略和手段是组织抗议示威游行与为怀孕妇女提供堕胎服务的支持。在游说与诉讼方面，大多数组织只是做一些游说协调工作以及鼓励个人采取司法诉讼手段维权。到了 1973 年堕胎合法化以后，有关堕胎的斗争事实上就转移到了制度化政治领域，如国会，而支持堕胎的运动组织也纷纷职业化以满足和适应在制度化政治领域继续斗争的需要。特别是 1976 年《海德修正案》（*Hyde Amendment*）[1] 在国会得到通过之后，支持堕胎运动组织加速了其职业化的趋势（如表 3 - 2 和表 3 - 3 所示）。

表 3 - 2 支持堕胎运动组织：非职业化组织及其主要策略与手段

组织名称	主要策略与手段
1973 年前的全国堕胎权利行动联盟（NARAL）	示威游行；支持为怀孕妇女提供介绍性服务；在州层面开展游说活动的协调工作；鼓励诉讼
1977 年前的人口零增长组织（ZPG）	示威游行；为怀孕妇女提供介绍性服务；在州立法机关进行游说；在 1973 年前从事教育活动；在 1973 年后开始国会游说
1973 年前的全国妇女组织（NOW）	参加支持堕胎的示威游行
1977 年前的全国妇女健康网络（NWHN）	从事地方性示威游行的支持工作
1977 年前的生育选择宗教联盟（伊利诺伊州）（IRCAR）	参与示威游行；在州立法机关进行游说；给国会议员写信；教育活动

资料来源：Suzanne Staggenborg, "The Consequences of Professionalization and Formalization in the Pro - Choice Movement," pp. 116 - 117。

表 3 - 3 支持堕胎运动组织：职业化组织及其主要策略与手段

组织名称	主要策略与手段
1973 年后的全国堕胎权利行动联盟（NARAL）	国会游说；自 1973 年起开始司法诉讼；从事与竞选相关的工作；向政治行动委员会捐款；自 1970 年年底开始草根组织工作
1977 年后的人口零增长组织（ZPG）	国会游说

---

[1] 国会于 1976 年通过《海德修正案》，禁止使用联邦政府的资金资助妇女堕胎。该修正案得到了联邦最高法院的认可。此修正案的通过也是反堕胎运动的一项重要胜利。

续表

组织名称	主要策略与手段
1973 年后的全国妇女组织（NOW）	国会游说；教育工作；从事与竞选相关的工作；向政治行动委员会捐款
1977 年后的全国妇女健康网络（NWHN）	教育工作；在国会听证会上作证
1976 年后的生育选择宗教联盟（伊利诺伊州）（IRCAR）	立法机关的游说；教育工作；20 世纪 80 年代开始加大在州层面的组织工作

资料来源：Suzanne Staggenborg, "The Consequences of Professionalization and Formalization in the Pro - Choice Movement," pp. 118 - 119。

　　近四十多年来，尽管大多左翼社会运动都未将组织大规模群众运动作为首选手段，但在美国发生的大规模社会运动不减反增。这看似矛盾的现象是可以得到解释的。究其原因，现代通信手段的发展——互联网与社交网站——使得大规模群众运动的组织与动员更加容易、更加快速。因此，近些年左翼抗议的直接行动尽管有既有组织的参与，但大多都是通过社交网站联系、自发举行的。然而，由于缺乏草根参与力量的维系与跟进，其维持的时间都不是很长，最长持续数月时间。如同性恋抗议示威游行尽管规模很大，经常有上万人参与，但都只是昙花一现，不会有后续参与力量的跟进。2008 年 11 月 10 日，超过 2 万人在洛杉矶、圣迭戈、萨克拉门托及其他地方举行示威游行，反对禁止同性恋法案的"8 号提案"通过。这一抗议运动只维持了七八个月就偃旗息鼓。

　　在采取传统制度化手段方面，20 世纪 70 年代以来的左右翼社会运动组织可谓一脉相承。然而，与左翼社会运动组织以传统制度化参与手段为主并辅以地方组织力量不同的是，新基督教右翼运动则是两者并重。通过动员草根民众为右翼保守派候选人投票、影响选举结果、选举右翼保守派人士上台执政是新基督教右翼运动采取的最常见也是最重要的运动策略。可以说，新基督教右翼运动策略既有美国利益集团活动的色彩，又兼具了草根群众运动的特点。与其他利益集团相比，新基督教右翼运动的突出特点是能够在短时间内迅速动员它所拥有的社会资源网络，形成公开而强大的政治攻势。①

---

　　① 刘澎：《宗教右翼与美国政治》，第 38 页。

新基督教右翼运动草根参与的成功动员主要得益于教会在美国社会中独一无二的作用，教会为信教者提供的凝聚力与归属感是其他组织无法比肩的。事实上，20世纪70年代勃兴的新基督教右翼运动所拥有的丰富组织网络资源可以追溯到福音派在20世纪三四十年代就已经逐步建立起来的教会网络。这个网络既包括教会也包括保守派的学校与宣传媒介，如作为福音派牧师培训场所的慕迪圣经学院（Moody Bible Institute）与洛杉矶圣经学院（Bible Institute of Los Angeles），暑期圣经大会（Summer Bible Conferences）在布道的同时为家庭提供共同度假的机会，传播福音派的广播节目（Radio Preaching and Teaching）与福音派出版社，如福音派之光出版社（Gospel Light Publishers）、大卫·C. 库克出版社（David C. Cook）、慕迪出版社（Moody Press）、佐德凡出版社（Zondervan Publishing House）。这个网络为70年代勃兴的新基督教右翼运动提供了组织动员的渠道与人员基础。

在被认为是西方世界中最宗教化的美国，宗教对新基督教右翼运动也起到了积极的促进作用，特别是在20世纪的最后三十年更是如此。如图3-6所示，在20世纪后半期，除了在80年代末90年代初出现过一次美国总人口中无宗教信仰人数比例为11%以外，美国人中信教人数比例均维持在90%以上。福音派教友在二战后数量增加更是明显。二战后，福音派的信仰者从农村和基要主义的社会边缘人群转为城市中产阶级人群。以全国福音派联合会为例，其教友数量在40年代至70年代间增加了三倍多。[①] 可见，新基督教右翼运动在20世纪最后三十年的群众基础是在不断扩大的。

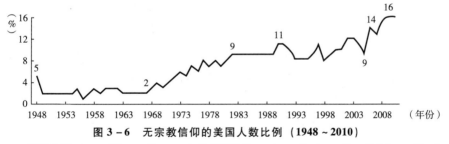

图3-6 无宗教信仰的美国人数比例（1948~2010）

资料来源：http://www.gallup.com/poll/128276/Increasing-Number-No-Religious-Identity.aspx，最后访问日期：2012年10月1日。

① James L. Guth, Lyman A. Kellstedt, John C. Green and Corwin E. Smidt, "Onward Christian Soldiers?: Religion and the Bush Doctrine," p. 73.

新基督教右翼运动主要通过两种既有区别又协调合作的组织路径来实现自己的运动诉求。一是通过社会运动组织或被称为非营利性组织的力量动员并组织草根参与，提高福音派教友的参政程度，同时并致力于通过立法与司法程序来影响公共政策变革以及扩大在共和党内部的影响，如美国法律与正义中心（The American Center for Law）、传统价值联盟（The Traditional Values Coalition）、联盟辩护基金会（The Alliance Defense Fund）。新基督教右翼运动的草根动员主要是运用保守派教会资源。基督教右翼组织在教会分发各种宣传材料、设立捐款箱从事捐款活动并将组织运动与教会本身的活动安排有机地结合在一起。1993年，新基督教右翼运动核心组织基督教联盟就曾动员50个州的870个教会同时行动，共同反对克林顿政府的医疗保险计划。[1] 二是通过利益集团筹款影响选举政治、与政党结盟，如家庭研究理事会（The Family Research Council）、工作家庭活动组织（The Campaign for Working Families）。在草根动员的同时，新基督教右翼运动还积极从事着美国学者丹尼斯·巴尔（Denise Baer）与大卫·波塞提斯（David Bositis）所说的"政党动员"（partisan mobilization）。[2] 从推选运动领袖帕特·罗伯逊作为共和党成员参加总统选举，到支持世俗保守派的共和党总统候选人罗纳德·里根并成功将其送入白宫，到支持右翼保守派的共和党候选人参选国会与州议会议员，再到支持右翼保守派人士参选地方学校校董会董事，新基督教右翼运动对各类选举的影响遍布联邦、州以及地方等各个层面。

宣传媒介也是新基督教右翼运动组织特别擅长使用的策略。除了各个运动组织都有的宣传报纸、杂志等纸媒外，新基督教右翼运动组织还利用现代通信技术的发展，通过广播、电视、互联网络来宣扬自身的运动诉求和主张。例如，基督教右翼运动领袖帕特·罗伯逊在1960年建立的，目前世界最大的基督教电视网之一的基督教广播网（Christian Broadcasting Network，CBN）。基督教广播网建立了全美第一家基督教电视台，目前有将近200个国家和地区可以收看到该广播网的节目。其中，一个名为七百俱乐部的电视节目是美国广播史上最长寿的节目之一。该节目由一些新基督教右

① 刘澎：《宗教右翼与美国政治》，第39页。
② Denise Baer and David Bositis, *Elite Cadres and Party Coalitions* (Westport, CT: Greenwood, 1988), p. 75.

翼运动的重量级人物主持，如帕特·罗伯逊、泰利·缪斯温（Terry Meeus-wen）、高登·罗伯逊（Gordon Robertson）、克里斯提·瓦兹（Kristi Watts）。700 俱乐部占据了全美 97% 的电视市场份额，平均每日的观众人数可达到一百万。[①] 其他重要的基督教右翼宣传媒体还有《基督教检查者》（*Christian Examiner*）、珊瑚脊事工（Coral Ridge Ministries）、《华盛顿时报》（*Washington Times*）、誓约新闻网（covenantnews.com）等。

第五节　外部机遇环境

在早期历史上，美国一度是一个非常封闭、保守的国家。早期的欧洲移民来到这片土地上时，他们认为自己是上帝的选民，并立誓在这片上帝赐予的土地上建立"山巅之城"。人们对于"山巅之城"的理解一直存在一个误区，认为美国从建国开始就想成为一个超级大国。事实上，在建国后的很长一段时间内，美国是一个相对封闭的国家。加之，有数据显示美国信教人数几乎一直维持在 90% 以上，正是宗教中的绝对标准使美国人更加保守。今天的美国虽然存在少数极左人士和组织，也有一些极右人士和组织，但总体来讲，美国是一个中间偏右的国家。根据盖洛普的民意调查（如图 3-7 所示），当今的美国人越来越保守。自 2008 年以来，与自由派和温和派相比，保守派一直保持人数最多的趋势。

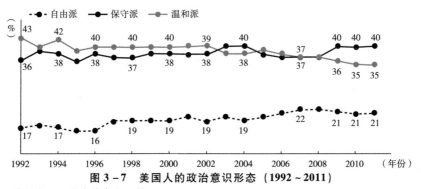

图 3-7　美国人的政治意识形态（1992~2011）

资料来源：盖洛普官方网站，http://www.gallup.com/poll/152021/Conservatives - Remain - Largest - Ideological - Group. aspx，最后访问日期：2012 年 10 月 1 日。

[①]　相关数据见基督教广播网的官方网站，http://www.cbn.com/about/index.aspx，最后访问日期：2012 年 10 月 1 日。

　　回顾美国的历史，不难发现，左翼思想和社会运动的萌生与发展大都发生在美国危如累卵之时，如 19 世纪末 20 世纪初的进步主义时期、20 世纪 30 年代经济大萧条时期、20 世纪 60 年代深陷越战泥潭以及最近始于 2007 年年底的次贷危机时期。更有趣的是，当这些左翼社会运动发展到过分背离美国基督教保守传统的轨道进而存在危及其生存的可能时，右翼社会运动就必然兴起，使社会右转。例如，美国第三次宗教复兴运动就是对 19 世纪末 20 世纪初广泛流行的社会主义思潮的反应，兴起于 20 世纪 70 年代的第四次宗教复兴运动，即新基督教右翼运动也是对 "60 年代" 发生的一系列左翼社会运动给美国社会带来的反正统文化和世俗化浪潮的反应，以及 21 世纪发生在左右翼社会运动——"占领华尔街"运动与茶党运动间的较量。美国的历史和现状都表明，左翼思想和社会运动只是美国社会陷入危机时上演的一段插曲，是美国社会变革与进步、自我调节的重要方式之一，并不具有从根本上反对资本主义制度的颠覆政权的性质。曲目上演到高潮之时，不但会刺激右翼保守思想和右翼社会运动的萌生和发展，还会使美国社会向传统保守理念回归。

　　既然美国是一个中间偏右的国家，那么是不是这样的国家环境总是对右翼社会运动有利呢？事实上，应该从两种时间维度思考这个问题。若从总的历史发展趋势来看，美国是对右翼社会运动的发展有利的。但若将历史切割成块，左右翼社会运动在不同的历史时期有不同的发展机遇。从历史上看，19 世纪末 20 世纪初与 20 世纪 60 年代为左翼社会运动提供了萌生和发展的良好机遇。然而，辩证地看，社会运动与其所处的外部环境很难说孰因孰果；更准确地讲，两者应该是互相推动、互相促进的关系。那么，20 世纪 70 年代以来美国左右翼社会运动各自遇到了怎样的政治机遇？两者又是如何互动的呢？下文将从 20 世纪 70 年代以来的美国社会、政治与经济三重维度剖析左右翼社会运动所处的外部环境。

一　社会机遇

　　左翼社会运动在 20 世纪 60 年代一度占优，特别是黑人民权运动与反越战和平运动是左翼壮大的一个重要因素。可以说，在美国的大学、主流媒体、好莱坞以及一些大城市，左翼完全占垄断地位。然而，到了 70 年代初，左翼社会运动不但未能续写辉煌，反倒成为强弩之末。本书第二章第二节已经对 60 年代左翼社会运动的衰落进行了全面的剖析和解读，在此不再赘述。然而，值得一提的是，随着左翼社会运动手段不断激进化，越来越多的美国民众开始站出来反对它们。美国民众越发感觉到新左派的进一步左倾与反文化运动的激进将美国社会逼近悬崖的边缘，充斥整个社会的是越来越多的暴力、犯罪、色情和单身母亲，乃至破碎的家庭以及美国传统价值观的丢失。此时，美国民意已经开始向右转。

那么 20 世纪 70 年代以来美国社会展现给世人的是怎样的一幅图景呢？以丹尼尔·贝尔为代表的许多社会学家认为美国从 20 世纪六七十年代开始已经向一个新的社会阶段过渡，贝尔将其称为"后工业社会"。那么后工业社会有哪些特点？对左右翼社会运动又有怎样的影响呢？

堪称丹尼尔·贝尔著作姊妹篇的《后工业社会的来临》（1973 年）与《资本主义文化矛盾》（1976 年）从不同视角对其后工业社会思想做了全面的阐释与论述。《后工业社会的来临》对后工业社会的特点给出了全面的理论阐述和实例分析。《资本主义文化矛盾》探究的是资本主义社会中的经济与文化危机，特别是阐释了美国在从工业社会向后工业社会过渡过程中的文化现代主义的衰竭。贝尔认为，美国将是世界上第一个进入后工业社会的国家，并于 20 世纪六七十年代就开始了从工业社会向后工业社会的过渡。[①]

根据贝尔提出的后工业社会思想，20 世纪 70 年代以来开始向后工业社会过渡的美国社会具有如下特点。

（1）贝尔首先在《后工业社会的来临》一书中将后工业社会的特点概括为五个方面：一是在经济方面，从产品生产经济转变为服务性经济；二是在职业分布方面，专业与技术人员阶级处于主导地位；三是从中轴原理上讲，理论知识处于中心地位，它是社会革新与政策制定的源泉；四是未来的方向，控制技术发展，对技术进行鉴定；五是在制定决策方面，创造新的"智能技术"。[②]

（2）后工业社会中人类生活中心任务的转变。贝尔将资本主义社会分为三个阶段：前工业化阶段、工业化阶段与后工业化阶段。前工业社会的主要任务是对付自然，在诸如农业、采矿、捕鱼、林产等榨取自然

① 〔美〕丹尼尔·贝尔：《后工业社会的来临：对社会预测的一项探索》，第 15 页。
② 〔美〕丹尼尔·贝尔：《后工业社会的来临：对社会预测的一项探索》，第 14 页。

资源的行业中，劳动力起决定作用。工业社会由于生产商品，因此其主要任务是对付制作的世界。后工业社会的中心是服务，即人的服务、职业和技术的服务，其首要目标是处理人际关系。由于各自中心任务的不同，这三个不同的社会发展阶段也被贝尔称为自然世界、技术世界和社会世界。①

（3）后工业社会中更加突出的文化危机是 20 世纪 60 年代政治和文化激进主义之殇。尽管从人们自我意识、社会空间、包容性以及自我实现的空间扩张方面看，"60 年代"发生的左翼社会运动具有无可争辩的积极影响。然而，贝尔从文化视角完全否定了这个年代。他认为政治和文化的激进主义是"60 年代"的标记。换句话说，它不仅是叛逆性的，而且还是革命性的，它试图建立一种新的社会秩序以取代旧秩序。② 贝尔对"60 年代"的反文化运动进行了猛烈抨击，称其为"幻觉文化"，认为其极端行为表现在性行为、裸体狂、变态、吸毒和摇滚乐方面。他曾这样挞伐"60 年代"的反文化运动：

> 六十年代我们看到的反文化"新"现象，其名称本身就是一种欺骗。以往所谓"反抗文化"注重运动想象，将执拗抗拒意识和混杂材料加工成超越时代意义的作品。这类文化过去存在过。可六十年代反文化是一场孩子们发动的十字军远征。其目的无非是要打破幻想与现实的界限，在解放的旗帜下发泄自己生命的冲动。它扬言要嘲弄资产阶级的假正经，其实仅仅抖露出自由派爹妈的私生活。它宣称代表着新潮与勇敢，实际上只会嘶哑着嗓子反复叫喊——由于使用电子共鸣器这种大众传播媒介，摇滚乐的音量陡然暴增——可怜的年轻人，他们竟也要嘲笑半个世纪前在纽约格林威治村里放浪形骸的波希米亚们。与其说这类玩意儿是反文化，不如称它作假文化。③

在对文化持保守主义态度的贝尔眼中，"60 年代"的反文化运动使美国文化粗鄙至极。他在谈到 20 世纪 70 年代以来美国社会面临的资本主义文化

---

① 〔美〕丹尼尔·贝尔：《资本主义文化矛盾》，第 198、200 页。
② 〔美〕丹尼尔·贝尔：《资本主义文化矛盾》，第 195 页。
③ 〔美〕丹尼尔·贝尔：《资本主义文化矛盾》，第 37 页。

危机时曾讲道："从长远看，这些危机能使一个国家瘫痪，给人们的动机造成混乱，促成及时行乐意识，并破坏民众意志。"①

（4）后工业社会中的文化危机是资本主义社会经济、政治与文化领域矛盾的极端体现。事实上，贝尔对后工业社会中的文化危机并未停留在"60年代"政治与文化激进主义之殇的论断层面，而是将其归因于美国资本主义历经二百多年的发展与演变已经形成的在经济、政治与文化三大领域间的根本性对立冲突。贝尔在《资本主义文化矛盾》中采用冲突理论解释暗藏于经济、政治和文化领域里的资本主义矛盾。他指出，经济领域在前工业与工业社会阶段都是关键部门。在这种谋利至上，围绕专业和科层组织建立的轴心结构中，个人被当作"物"而不是人来对待，成为最大限度谋求利润的工具。在政治领域中起轴心支配作用的是平等原则。由于这些平等要求已经变成了"民众应享"，政治机构不得不日益加紧对经济与社会领域的干涉，以便调配经济体系产生的社会位置和酬劳。政治参与的要求作为一种原则，正在向社会的各个领域渗透推广。这样，官僚体制与平等之间的紧张关系就构成了工业社会的冲突格局。文化领域的特征是自我表现和自我满足。不难看出，文化的这种民主化倾向会促使每个人去实现自己的"潜力"，因此也会造成"自我"同经济与政治秩序所需的"角色要求"不断发生冲撞。② 由此可见，经济与政治的现代化不断地侵袭传统的文化领域，并最终统治了文化领域。这三者的矛盾到了20世纪60年代已经汇聚成了一股强流，被最终推向了极端。

贝尔是一名文化保守主义者。他笔下的20世纪70年代以来向后工业社会过渡的美国社会是一个传统价值观念受到严重侵蚀、文化危机四伏的鄙俗至极的社会，这也正是贝尔呼唤宗教在后工业社会回归的重要原因。他认为，在后工业社会中已经被科技和经济的迅猛发展耗尽能量的"宗教冲动力"难以起到抑制、平衡"经济冲动力"的作用。经济冲动力成为社会前进的唯一主宰后，世上万物都被剥去了神圣色彩。发展与变革即是一切。社会世俗化的副产品是文化上的渎神现象，资本主义便难以为人们的工作和生活提供所谓的终极意义了。西方资本主义制

① 〔美〕丹尼尔·贝尔：《资本主义文化矛盾》，第74页。

② 〔美〕丹尼尔·贝尔：《资本主义文化矛盾》，第26～27页。

度一旦失去了宗教苦行主义的束缚，它在经济与文化两方面的发展必然会畸形冒进，相互抵触。①因此贝尔强烈地呼唤用宗教的回归来拯救美国社会。他认为在后工业社会这种无处不在的道德秩序里，能够说明那些治理社会的规章正确无误的正当理由扎根于一种共同的价值体系。而宗教作为与终极价值有关的意识形态，就是一种共有的道德秩序的根据。②

诚如贝尔所说，自20世纪70年代以来，美国社会一切传统的价值观念与道德规范都受到了工业现代化浪潮的严重挑战，在生活伦理方面尤甚。性自由思想泛滥整个美国社会，进而导致高离婚率、婚前性行为、未婚母亲、同性恋等现象愈演愈烈，打破了传统的家庭观念和婚姻制度，成为美国社会的一大痼疾。根据美国统计局调查数据，美国离婚率在1979年高达50%，到了2009年才下降至34%。③ 另有数据显示，1979年美国约有1/3的男性、1/5女性有同性恋经历，1/10的男性在婚后继续保持这种同性与异性的性异常行为。④ 2002年，根据盖洛普的调查数据，男性和女性仍各有1/5是同性恋者。⑤

此外，自20世纪30年代罗斯福新政以来，美国政府的权力不断扩大，政府与媒体对个人生活的干预也随之越来越多。美国学者杜恩·欧德菲尔德（Duane Murray Oldfield）认为，政府的规定与大众媒体对个人生活的侵犯是美国政治和文化国有化趋势的重要原因之一。随着文化与政治的趋同，在美国要想维持地方或地区的次文化特色已经变得越来越艰难。⑥ 在这样的社会背景下，被逼到墙角的美国右翼保守派，即被尼克松称为"沉默的多数"，被迫向冒进的左翼发起反攻。也正因如此，美国才有了20世纪70年代勃兴的第四次宗教大觉醒运动，即新基督教右翼运动。欧德菲尔德认为，

---

① 〔美〕丹尼尔·贝尔：《资本主义文化矛盾》，第13页。

② 〔美〕丹尼尔·贝尔：《资本主义文化矛盾》，第205～206页。

③ 美国统计局官网，http://www.census.gov/compendia/statab/2012/tables/12s0133.pdf，最后访问日期：2012年10月3日。

④ 张惠玲：《当代美国政治中的新基督教右翼运动》，第27页。

⑤ 盖洛普官方网站，http://www.gallup.com/poll/6961/What－Percentage－Population－Gay.aspx，最后访问日期：2012年10月3日。

⑥ Duane Murray Oldfield, *The Right and the Righteous: The Christian Right Confronts the Republican Party*, p. 62.

新基督教右翼运动不仅是基督教新教对其在美国宗教中的传统地位的捍卫，更加重要的是对社会中令人不安的现象的理性反应。[1] 具体地讲，这些现象包括堕胎、色情、教育官僚化以及同性恋对社会造成的威胁。它们代表着世俗人文主义在美国的兴起，严重侵蚀了美国基督教新教的传统。因此，他也将新基督教右翼运动称为防御型运动。

从贝尔的文化视角审视 20 世纪 70 年代以来的美国社会，右翼社会运动已经被逼到了墙角，必须发起反攻。然而，也正是在贝尔提出的美国自 20 世纪 70 年代以来向以人为中心的后工业社会阶段中，人们关切的不仅是社会道德与价值观念的问题，还有人的权利、人的健康、人与自然环境的关系等问题。左右翼社会运动都关注人的权利问题。例如在堕胎问题上，支持堕胎运动与反堕胎运动归根结底都是在维护人的权利。一个主张维护妇女的选择权，而另一个则是要保护胎儿的生命权。这两个运动在维护人的权利问题上各执一词，就像是两条没有交点的平行线。尽管在不同时期，两个运动会因所处的外部环境不同能够分出孰强孰弱。然而，从长远来看，它们的角力会一直维持下去。这也是为什么支持堕胎运动和反堕胎运动会在 20 世纪 70 年代以来持续斗争的原因。在 80 年代右翼保守派里根政府时期，反堕胎运动占优；而在 90 年代，尽管克林顿是民主党内的中间势力，在堕胎问题上的态度也略显保守，但此时的支持堕胎运动也逆转形势，占据上风。根据盖洛普的最新数据（如图 3 - 8 所示），目前支持堕胎运动仍占优。但美国民意对待堕胎的态度并非极左，而是呈中间偏右的特点，即民众认为堕胎应该合法化，但必须给予堕胎一些限制条件。仅有 26% 的受访者认为堕胎应该无条件合法化，56% 的人认为堕胎只能在某些情况下合法化，而认为应该禁止堕胎的只占 17% 。[2] 由此可见，根据贝尔的后工业社会理论，20 世纪 60 年代左翼社会运动对美国社会所产生的后果和影响促使右翼社会运动在 70 年代的勃兴。同时，20 世纪 70 年代以后的左翼社会运动也不会因 60 年代左翼社会运动的衰退而销声匿迹。

---

[1]　Duane Murray Oldfield, *The Right and the Righteous: The Christian Right Confronts the Republican Party*, p. 6.

[2]　盖洛普官方网站，http://www.gallup.com/poll/9904/Public - Opinion - About - Abortion - InDepth - Review. aspx，最后访问日期：2012 年 10 月 3 日。

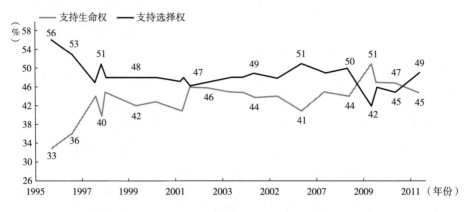

图 3 - 8　美国成年人在堕胎问题上的态度（1995～2011）

资料来源：http://www.gallup.com/poll/147734/Americans - Split - Along - Pro - Choice - Pro - Life - Lines.aspx，最后访问日期：2012 年 10 月 3 日。

　　将丹尼尔·贝尔的后工业社会称为后现代社会的英国著名社会学家安东尼·吉登斯对后现代社会做出的制度性分析，似乎也佐证了左翼社会运动不会在后现代社会消失的论断。尽管吉登斯在《现代性的后果》一书中放眼的是全球，然而他的论述也同样适用于美国。因为，就现代性而言，世界上有哪个国家能与现在的美国抗衡呢？吉登斯在书中为后现代秩序勾勒了下面的轮廓（如图 3 -9 所示）。

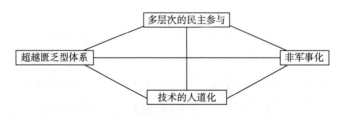

图 3 - 9　后现代秩序的轮廓

资料来源：〔英〕安东尼·吉登斯：《现代性的后果》，田禾译，黄平校，译林出版社，2011，第 143 页。

　　吉登斯从四个维度阐述了其后现代性秩序的思想。一是超越匮乏型体系。从解放政治的角度来说，超越资本主义意味着超越资本主义市场带来的阶级划分。生活政治将进一步超越用经济标准决定人类的整个生活状况的环境。超越匮乏型体系又包括协调化的全球秩序、社会化的经济组织、关注生态的体系和对战争的超越四个维度。二是多层次的民主参与。监督与行政权力的加强导致了对民主参与的压力的逐渐增加，故在后现代社会会出现多元政治的倾向。三是非军事化。这意味着从现代社会中的军事权力向战争工具消亡的世界过渡。四是技术的人道化。现代社会中，人与环境是工具化的关系。然而，到了后现代社会，技术将把道德问题逐渐引入人类与人化环境之间。① 事实上，目前环境问题在世界范围内都已经成为政府工作的重点。

从吉登斯勾勒的后现代社会图景不难看出，左翼社会运动特别是环境保护运动与反战和平运动将面临的后现代社会机遇。事实上，吉登斯也在《现代性的后果》一书中特别提到了社会运动的未来导向作用。他认为，在后现代社会，环境保护运动的斗争焦点就是人化环境。环境保护运动关心的不仅是具有严重后果的风险，也关注人化环境的其他方面。而和平运动则是在唤起觉悟和限制军事威胁的战略方面非常重要。② 因此，和平运动对向后现代社会过渡的美国也是至关重要的。

总之，20世纪70年代以来向后工业社会过渡的美国社会为左右翼社会运动都提供了一定的社会机遇，如左翼社会运动中的环境保护运动与和平运动。对于经历过了"60年代"政治与文化冒进的美国来讲，左右翼社会运动在有关社会政治与道德议题方面的较量更具凸显性，如"亲生命、亲家庭、亲道德、亲美国"的新基督教右翼运动，支持生命权与支持选择权运动，支持或反对同性恋运动等。

二　政治机遇

自20世纪70年代至今，美国历经八位总统，其中五位是共和党成员，三位是民主党成员。从整体趋势看，美国政治精英的意识形态趋于保守，故右翼社会运动拥有相对更加有利的政治机遇。70年代以来左右翼社会运动所面临的机遇转变应该始于20世纪60年代中后期美国政治环境与政治精英对"60年代"左翼社会运动态度的转变。随着20世纪60年代左翼社会运动诉求不断多样化，运动策略不断激进化，美国政治精英也失去了对运动的统一看法。不仅是一向与左翼社会运动意识形态相左的共和党开始对

① 〔英〕安东尼·吉登斯：《现代性的后果》，第143~149页。
② 〔英〕安东尼·吉登斯：《现代性的后果》，第141~142页。

其进行镇压，甚至传统上与左翼社会运动联姻的民主党也逐渐疏远甚至镇压各种左翼集体行动。本书第二章第一节已经对"60 年代"左翼社会运动衰落的政治因素，即 60 年代中后期至整个 70 年代的美国政治环境进行了分析，在此不再赘述。

本书第二章将美国政治精英对 20 世纪 60 年代左翼社会运动态度的转变定格在 1964 年总统大选。事实上，美国战后政治精英的保守化以及罗斯福新政联盟的衰落早在二战的时候就已经开始。随着战后美国经济与社会的变化，新政联盟的选民阵线开始松动。中低等收入人群在战后所承担的税额越来越高，故对于新政联盟的不满越积越深。美国农场主对于战后通货膨胀极度恐慌，一方面认为民主党政府的财政与福利政策是通货膨胀的根源，另一方面又向往民主党政府对农产品价格的支持政策。这种矛盾心理使农场主经常在选举中摇摆于民主党与共和党之间。新政联盟传统的南方忠实选民，如南方白人也随着黑人民权运动的高涨逐渐不满于民主党政府对黑人采取的让步政策。此外，一些南方的企业家为了争取更大的自由竞争空间而对民主党政府的经济干预政策表现出不满。到了 20 世纪 50 年代初，除了黑人仍然坚定地支持新政联盟以外，新政联盟传统的支持者，如农民、工人、天主教徒、南方人以及城市中的少数族裔都纷纷远离了民主党。这也是为什么 1952 年共和党总统候选人德怀特·艾森豪威尔能够获得总统大选胜利并在 1956 年连选连任的重要原因之一。不过，艾森豪威尔的胜利并不意味着共和党的强势逆转。由于艾森豪威尔未能在美国面临1953～1954 年经济危机时有所作为，选民在 1956 年的国会选举中投票给了民主党，使其获得当时国会两院的多数。但是新政联盟在二战时就已经开始松动是不争的事实，其最终在 1968 年破裂。

与新政联盟破裂伴随而生的是美国政治保守主义的兴起，最终于 1981年 1 月 20 日保守主义的政治代表人物里根入主白宫时从原来处于政治边缘的地位一跃成为政治的主流。事实上，战后在美国兴起的有五股保守主义势力。[①] 第一股保守主义势力是深受如弗里德里克·哈耶克（Friedrich Hayek）与路德维格·冯·米塞斯（Ludwig von Mises）等欧洲新自由主义经

---

① Charles W. Dunn, *The Future of Conservatism: Conflict and Consensus in the Post - Reagan Era* (Wilmington, Del.: ISI Books, 2007), pp. vi - vii.

济学家思想影响的个人自由主义者（libertarians）与古典自由派（classical liberals）。他们对罗斯福新政后的美国极度担忧，认为美国经济随时有可能发展成为社会主义计划经济——走向哈耶克所称的"通往奴役之路"①。这些经济上的保守派反对无所不在的政府对个人自由、资本主义自由市场经济以及经济领域中个人能动性的干预。新自由主义自由市场经济思想对美国右翼保守派的经济观点产生了重大影响。从20世纪60年代的美国经济学家米尔顿·弗里德曼（Milton Friedman）与芝加哥经济学派，到80年代的美国经济学家阿瑟·拉弗（Arthur Laffer）与供应学派经济学家，再到1992年诺贝尔经济学奖得主加里·贝克尔（Gary Becker）等都深受力倡自由主义经济的新自由主义经济思想的影响。新自由主义经济思想成为自里根政府以来支配美国经济政策的最重要的经济思潮。里根政府的减税、放松经济管制与私有经济体增长鼓励政策都是新自由主义经济思想的直接政策产品，小布什政府的减税政策也体现了新自由主义经济思想的精髓。然而，与传统保守派不同的是，个人自由主义者强调个人的自治，反对政府限制或禁止堕胎，反对政府允许在公立学校中祈祷。

　　第二股兴起的保守主义势力是来自美国中西部的保守派。它们是保守势力中意识形态最淡漠的一个派别，更加倾向于妥协。这股势力的主要代表人物有总统杰拉德·福特，参议员罗伯特·塔夫脱（Robert A. Taft）、艾弗莱特·麦克金利·德克森（Everett McKinley Dirksen）与罗伯特·多尔（Robert Dole）。与以纽特·金里奇（Newt Gingrich）为代表的南部及阳光地带的保守派不同，中西部的保守派会出于实用主义和人道主义原因而主张扩大联邦政府的权力。例如，参议员塔夫脱在20世纪40年代末主张建设公共住房，而参议员德克森在20世纪60年代支持1964年通过的《民权法案》与1965年通过的《投票权法案》。

　　第三股保守主义势力被称为传统保守派（paleoconservatives）。出于对极权政体以及美国20世纪三四十年代自由主义和世俗化泛滥的担忧与恐惧，传统保守派反对腐蚀美国传统价值观念的相对道德主义，主张美国社会向传统的宗教与道德绝对主义回归。这股势力的主要代表人物有理查德·韦

①　Friedrich Hayek, *The Road to Serfdom* (UK: Routledge Press, 1944).

弗（Richard Weaver）、鲁塞尔·科克（Russell Kirk）、威廉·F. 巴克利（William F. Buckley）与罗伯特·尼斯百特（Robert Nisbet）。

第四股保守主义势力是特别关注美国社会道德问题的宗教右翼，包括基督教福音派、罗马天主教的保守派、大多数的摩门教教徒以及一些犹太教徒。宗教右翼传统保守派在许多方面有着相似的主张，它们都对美国社会道德的沦丧表示担忧，它们反对堕胎、同性恋以及所有与其传统宗教教义背道而驰的世俗现象。

第五股保守主义势力是由此前是自由主义者、后来在 20 世纪 60 年代末 70 年代初归属右翼阵营的新保守派构成。新保守派阵营大多是由 20 世纪 30 年代美国经济大萧条时期，在社会与经济问题上深受马克思主义思想影响、思想激进的被称为"纽约文人"的犹太裔进步青年发展而来。40 年代正值极端左翼思潮式微之时，这些知识分子因对苏联政策的不满而对国际共运的理想幻灭，转而拥护罗斯福新政，开始肯定和歌颂美国的民主传统。美国自由主义学术思潮在此时得以重建，丹尼尔·贝尔也在此时提出了著名的"意识形态终结论"。然而，经过 60 年代新左派运动之后，这些犹太裔知识分子开始对进一步左倾的美国自由派表示不满，相反被保守派的民族主义和其主张的进行社会温和变革吸引，最终在 20 世纪 60 年代末 70 年代初归属了右翼阵营——新保守主义（或新保守派）。[1] 新保守主义的勃兴既是针对自由派激进改革纲领和政策做出的批判纠正，也反映出美国社会公众在"60 年代"动荡之后向传统回归、寻求稳定价值观念的广泛心理。新保守派反对"60 年代"的过激倾向，从不同的角度和立场提出了一系列偏向节制、冷峻和实际的观点，强调要控制国家干预，鼓励自由竞争，缩减福利开支，抵制过分的平等要求，恢复道德约束和文化秩序。从地理分布上讲，新保守派通常分部在美国东北部，特别是在纽约。新保守派与美国南部、中西部和阳光地带的保守派在宗教与文化信仰方面所持的观点并不相同。例如，新保守派的代表人物丹尼尔·贝尔就是一个经济领域中的社会主

---

[1] 关于新保守主义起源也可参见周琪《"布什主义"与美国新保守主义》，《美国研究》2007年第 2 期，第 15～18 页。

义者，政治上的自由主义者，文化方面的保守主义者。① 主要代表人物还包括欧文·克里斯托尔（Irving Kristol）、诺曼·波德霍雷茨（Norman Podhoretz）、西蒙·马丁·李普塞特（Seymour Martin Lipset）、菲利普·塞尔兹尼克（Phillip Selznick）、内森·盖尔泽（Nathan Galzer）、丹尼尔·布罗德卡斯汀（Daniel Broadcasting）等。

美国媒体在 20 世纪 30～60 年代一直充当着自由派的传声筒，80% 的媒体从业者也被有自由派思想的民主党人垄断着。② 政府内任职者也大都被自由派垄断。此时，美国保守派人士被称为"沉默的多数"。由于缺乏一个能够全面代表保守主义思想的政党上台执政，故美国保守派在这段时间内也难以成为一个全国性的政治力量。然而，借助于"沉默的多数"力量成功获得 1980 年美国总统大选胜利的政治保守主义者罗纳德·里根不但扭转了保守派长期不得势的不利局面，而且带领美国多元化的保守势力开始了对自由派的大反攻。共和党也是自 1954 年以来第一次重新获得了国会参议院的多数席位。更值得一提的是，里根的保守派思想还赢得了众多南方民主党人的支持，他们甚至称自己为"里根民主党人"。在平衡各方保守势力方面，里根可谓是一名真正的政治大师。诚如美国学者乔治·H. 纳什（George H. Nash）所说的："在 20 世纪 80 年代，罗纳德·里根在政治层面上起到了凝聚美国保守派力量的作用，他使各方保守势力都在政治层面上找到了归属感。"③ 对于新保守派和其他反共的民族主义者来说，里根政府史无前例地壮大了美国军事力量，给苏联带来了巨大的军事开支压力。对于个人自由主义者和亲商业的保守派来说，里根政府实施了 30% 的全面减税政策与经济放松管制政策。里根政府反对肯定性行动计划、反对反犯罪立法以及不断地宣扬美国例外论与爱国主义，都是为了满足中西部保守派的要求。为了迎合传统保守派与宗教右翼，里根除了强调美国的传统价值观、宗教精神与家庭观念以外，还先后任命了被普遍认为是美国联邦最高法院最保守的原教旨主义大法官（originalist judge）安东宁·斯卡利亚（Antonin Scalia）和在

① 〔美〕丹尼尔·贝尔：《资本主义文化矛盾》，第 21 页。

② 袁晓明：《保守仍然是美国本色》，《环球时报》2006 年 12 月 7 日。

③ George H. Nash, "The Uneasy Future of American Conservatism," in Charles W. Dunn, *The Future of Conservatism: Conflict and Consensus in the Post - Reagan Era*, p. 9.

生命权运动中口碑颇佳的桑德拉·戴·奥康纳（Sandra Day O'Connor）。

　　保守主义和共和党在 1980 年的总统大选中的胜利是美国政治从自由主义转向保守主义的漫长历史性转变的转折点，其标志着一个时代的结束。[①] 然而，由于里根政府实施的自由放任经济政策，并且在减税的同时大幅度增加军费开支，因此在其执政数年后美国财政赤字失控、外贸赤字异常庞大。共和党也因此在 1992 年总统大选中失利给一个名不见经传的年仅 46 岁的民主党总统候选人比尔·克林顿（Bill Clinton）。但由于受到当时保守主义舆论的影响，克林顿的胜利也未能给民主党带来完全的优势。虽然克林顿是一个具有自由派思想的民主党人，然而从他努力为自己塑造走中间道路的形象及其执政理念与竞选策略中都可见其保守的一面。例如，与杜卡斯基不同，克林顿不反对死刑；与蒙代尔不同，在福利问题上他准备采取强硬立场；与大多数民主党国会议员不同，他不明确反对美国参加"沙漠风暴"行动，但也不是非常赞成该行动；竞选时，当他出现在中西部和南方的小城市时会避免显示出与传统的民主党支持者如工会领袖和大城市的黑人有过于密切的接触。[②] 在堕胎问题上，尽管他赞成堕胎合法化；但与自由派主张毫无限制的堕胎不同的是，他提倡尽量减少堕胎。对于同性恋问题，尽管克林顿宣称不反对同性恋，但他于 1993 年提出的对待军队内部同性恋者的"不问，不说"（Don't ask, don't tell）政策就是一个折中决策，即如果同性恋者性取向未公开，就可以参军；但如果现役军人公开同性恋性取向，就会被开出军籍。1996 年，他还签署了《婚姻保护法案》，规定联邦政府不承认同性恋婚姻的合法性，授权各州可以拒绝认可其他州的同性结婚证书的合法性。尽管保守主义和共和党在 1992 年总统大选中一度受挫，但很快就在 1994 年的国会中期选举中卷土重来。1994 年以保守派为主的共和党人在 40 年来首次获得国会众议院多数，这是美国向保守派思想回归的又一里程碑。

　　事实上，自里根政府以来，没有一位共和党总统能够像里根那样如此全面地代表保守主义各方派别的思想。在小布什执政期间，美国保守主义就历史上首次遇到了来自于内部的挑战。[③] 作为一个所谓的"再生基督徒"，

---

① 李道揆：《九十年代的美国政治》，《美国研究》1997 年第 4 期，第 9 页。

② 李道揆：《九十年代的美国政治》，第 11 页。

③ George H. Nash, "The Uneasy Future of American Conservatism," p. 15.

小布什自认为是福音派一员。同时，由于"9·11"事件的爆发，新保守主义主张的先发制人、政权变更、单边主义和仁慈的霸权也成为小布什政府的核心政策理念。由此可见，保守主义阵营中的宗教右翼和新保守主义成为影响小布什国内外执政理念的核心力量。尽管小布什政府在经济理念上仍然坚持小政府、实施减税政策，但小布什提出的一个总价值达1580亿美元的医疗保险计划——使美国老年人能够享受医疗机构免费提供处方药服务的福利，以及小布什执政期间实施的不断扩大联邦政府权限的教育政策，使传统保守派对日益庞大的联邦政府感到担忧。小布什带有新保守派色彩的先发制人的外交政策也与"留有余地"的传统保守派理念相悖，随着美国受困于伊拉克战争，很多人对这场战争失去了耐心。2003年，美国也因此爆发了自反越战和平运动以来规模最大的一次反伊拉克战争的和平运动。可以说，美国人最终又回归到了传统保守派克制的防御理念上。总的来讲，小布什执政期间保守主义阵营内部的分歧主要表现在外交政策方面，在其内政方面还是秉持了一贯的保守派作风，迎合了基督教右翼的要求。这在小布什对联邦最高法院大法官的任命以及在堕胎与同性恋问题上的主张中都有所体现。

小布什在执政期间发动了两场战争，致使政府预算赤字超过了老布什政府所创的历史记录。2003年，美国联邦预算赤字已经达到了创纪录的3742亿美元。除战争开支外，小布什政府的庞大政府预算赤字还与其实施的减税政策、经济疲软不无关联。2007年年底，美国爆发了自20世纪30年代经济大萧条之后最为严重的次贷危机。酿成此次严重金融危机的原因也被普遍认为是源自里根政府对金融业实施的放松管制政策。可以说，在小布什执政的后半段，美国陷入了内外交困的境地。正是在这种形势下，共和党在2008年的总统大选中再一次失利于年仅47岁、宣誓"变革"的黑人民主党总统候选人巴拉克·奥巴马。2008年总统选举结果表明美国民众再也无法容忍新保守派的外交政策和新自由主义的经济政策了，也标志着保守主义自20世纪70年代兴起以来遭遇了第一次严峻的考验和低潮。

奥巴马在执政初期是一个地道的自由派民主党人，这表现在其执政理念上。他将实现全民医疗保险作为自己的头号执政目标。他支持堕胎合法化，同时也是美国首位公开支持同性婚姻的在任总统。不过，新保守派外交政策与新自由主义经济政策的失败以及奥巴马的上台都并未导致美国政治精英整体左转的现象发生。相反，正是奥巴马的自由主义执政理念、大力推行的全民医疗改革使美国政治精英的极化现象凸显并进一步加剧，特别是在国会议员对奥巴马提出的医疗改革法案按党派划线的投票上表现得淋漓尽致。美国政治极化现象并不是一个新鲜事物。事实上，20 世纪 50 年代美国政治就开始了极化过程，90 年代逐渐加剧。[①] 如图 3 - 10 所示，政党倾向与自由—保守意识形态关联系数越高说明自由派民主党和保守派共和党的人数越多，而两党中的温和派人数则在减少。图 3 - 11 也表明，近些年美国国会参众两院中两大政党的分歧在逐渐拉大。从图 3 - 10 和图 3 - 11 可以看出，两大政党意识形态极化的现象自 20 世纪 90 年代开始日益加剧。

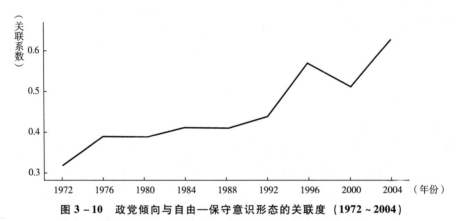

图 3 - 10　政党倾向与自由—保守意识形态的关联度（1972 ~ 2004）

资料来源：Alan I. Abramowitz and Kyle L. Saunders，"Is Polarization a Myth?" p. 546。

　　奥巴马执政之初的自由派执政理念引发了代表传统保守主义势力的茶党运动。借助茶党运动在美国的不断蔓延，共和党在 2010 年中期选举中重新控制了国会众议院，同时在参议院缩小了与民主党的差距。绝大多数新当选的共和党众议员都是支持茶党主张的保守派共和党成员。茶党运动不仅导致温和派共和党议员落选，而且迫使在任的温和派共和党议员向更加保守的政治立场偏移。在民主党阵营中，绝大多数保守派民主党议员落选，而支持现任少数党领袖南希·佩洛西（Nancy Pelosi）的自由派民主党议员的比重却显著增大。不难看出，在 2010 年中期选举之后，美国政治精英意识

①　Alan I. Abramowitz and Kyle L. Saunders，"Is Polarization a Myth?" *The Journal of Politics*，Vol. 70，No. 2，2008，pp. 542 - 555；Morris P. Fiorina and Samuel J. Abrams，"Where's the Polarization?" in Richard G. Niemi，Herbert F. Weisberg and David C. Kimball，*Controversies in Voting Behavior*（Washington D. C.：CQ Press，2011），pp. 309 - 318。

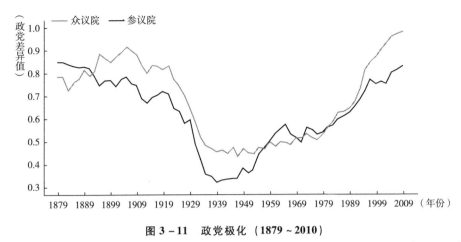

图3-11 政党极化（1879~2010）

资料来源：Nolan McCarty, Keith T. Poole and Howard Rosenthal, *Polarized America: the Dance of Ideology and Unequal Riches* (MA: The MIT Press, 2008), p.17。

形态差别日益加大，政治极化现象日渐加剧。

综上所述，自20世纪70年代至小布什政府，美国政治精英的意识形态总体来讲趋于保守。特别是在政治保守派代表人物里根获得1980年总统大选胜利之后至小布什政府的近30年间，美国国内主要政策的制定基本没有偏离共和党的思想轨迹。其间，尽管有以克林顿为首的民主党的短暂胜利，但其执政理念无不受限于共和党的政治框架。右翼社会运动在这段时间内所处的政治环境也相对有利。然而，随着新保守派倡导的外交政策的失败以及共和党自20世纪80年代就大力推行的新自由主义经济政策使美国陷入严重的金融危机，美国政治保守派遭遇了自20世纪70年代以来最为严重的挫败，美国也由此诞生了历史上首位黑人总统。正是美国历史上首位黑人总统的诞生，加之其自由派的执政理念，并未使受挫的政治保守派从此一蹶不振、偃旗息鼓，而是在某种程度上激发了它们的反抗斗志。奥巴马上任之初，美国政治保守派与自由派就展开了强烈的对峙。在奥巴马执政的第一届政府时期，美国政治精英意识形态差异异常凸显、政治极化现象日渐加剧。美国政治极化现象也凸显了美国社会矛盾的进一步激化，这种政治形势为左右翼社会运动提供了相互角力的有利机遇。事实上，美国2009年的茶党运动与2011年的"占领华尔街"运动的先后发生也验证了这一点。

三　经济机遇

自 20 世纪 70 年代以来，特别是从 80 年代到 2008 年金融危机期间，美国国内的经济政策基本没有偏离共和党的政策框架——"新自由主义"政策。从里根政府时期开始施行的新自由主义经济政策改变了美国社会的阶级关系和社会结构。

美国著名社会学家大卫·哈维（David Harvey）是这样定义新自由主义的：

> 在我看来，新自由主义是指自 19 世纪 70 年代的经济危机以来形成的一股经济思潮，它标榜私有制，反对公有制；主张自由化，反对政府干预，提倡自由市场和自由贸易；制定严苛的政策以重塑或巩固资本所有者阶层的权力。①

他认为新自由主义政策的推行是对 20 世纪 70 年代末纽约市政府财政危机的反应。新自由主义政策主张通过资本所有者阶层权力的进一步固化和集中化来击退危机。美国政客一直奉行金融实用主义，20 世纪 80 年代形成的实用主义哲学的原则之一就是政府要不惜任何代价地保护金融机构。②

1981 年 1 月罗纳德·里根上台执政之时，美国正处于内外交困的焦灼局面。国内经济困难，生产率下降，通货膨胀严重，失业率高，税收沉重。从 20 世纪 60 年代末到 1980 年，美国通货膨胀率从 2% 上升到 14%，同期的失业率也由 4% 增加到 10%。美国经济陷入严重的滞胀危机。这种失业率和通货膨胀率一起上升导致经济增长停滞的现象让当时的经济学家都感到非常困惑，此前盛行的认为失业率和通货膨胀率成反向关系的凯恩斯主义在这种现象面前也受到挑战。在国外，美国的冷战对手苏联也注意到了美国在这段时期所遇到的困难，其在美洲中部和南部、亚洲以及世界其他地方的攻势更加猛烈。为了振兴国内经济以及重振美国在世界上的威望，里根在 1980 年大选中就提出了解决经济滞胀、复兴经济和增强国防力量的竞选纲领。

---

① 〔美〕大卫·哈维：《资本之谜》，陈静译，电子工业出版社，2011，第 9 页。
② 〔美〕大卫·哈维：《资本之谜》，第 11～12 页。

　　里根经济学奉行的就是一套新自由主义理论体系——自由放任主义，减少政府对经济的干预，使市场经济自发调节。它是保守主义的经济学，是同凯恩斯主义对立的。里根经济学的提出和实施是美国政府经济政策的又一次重大变革。里根经济学的理论基础是供应学派和货币主义。这两个学派都赞成自由放任、反对国家干预、提倡由市场这只无形的手起作用。供应学派是由南加利福尼亚大学的阿瑟·拉弗和哥伦比亚大学的罗伯特·A. 蒙德尔（Robert A. Mundell）发起的。供应学派认为克服经济滞胀的办法是增加供应。它主张大量削减个人和公司所得税，鼓励人们工作和企业投资。货币主义学派是由保守派经济学家米尔顿·弗里德曼发起的。该学派主张政府只有使货币供应量保持稳定的、可预计的、同经济增长相适应的增长幅度，国民经济才能健康发展。1981 年 2 月 18 日，里根向国会提出了以下面四条为主要内容的"经济复兴计划"，国会也基本接受了里根的提议：（1）减税，税收结构从累进变为累退（3 年减少个人所得税 30%，但最后国会同意 3 年内减税 25%，而不是 30%；将最富裕阶层的税率从 70% 减少到 50%，随后在 1986 年的另一次税收改革中又将此税率降到 28%，而低收入阶层的税率却从 11% 增加到了 15%）。（2）降低联邦政府开支增长率（削减除防务以外的所有政府开支，如削减了许多社会福利项目、社区层面的反贫困项目、食物补助项目与公共住房项目等；联邦对地方政府的资助减少了 60%；削减了诸如管理企业的环境保护机构等产业管理机构的预算）。（3）减少政府管制经济的规章条例和政府在经济方面的作用［如调控美国产业结构的"反垄断法"的联邦贸易委员会修正政策，大幅度减少诉讼量，对并购案件采取放任态度；通过了一系列放松对金融业监管的立法，如《1980 年存款机构放松管制和货币控制法》（*The Depository Institutions Deregulation and Monetary Control Act of 1980*）、《1982 年高恩－圣杰曼存款机构法》（*The Garn – St. Germain Depository Institutions Act of 1982*）］。（4）控制货币供应增长率。同年，减少管制规章条例和控制货币供应量也付诸实施。①

　　自里根政府推行新自由主义政策到 2008 年金融危机爆发，不论是民主

---

　　①　李道揆：《美国政府与美国政治》，商务印书馆，1999，第 572 ~ 579 页；郦菁：《美国社会运动兴衰的秘密》，第 28 ~ 29 页。

党还是共和党上台执政，美国政府的经济政策始终未偏离新自由主义政策
框架。最主要的原因在于在这段时间内里根重金打造美国国防力量拉动经
济发展以及克林顿执政期间新经济发展的大好局面似乎都在为新自由主义
政策背书。里根复兴经济的政策使美国经济在 1983 年 10 月起开始了战后最
强劲的复苏。1982～1989 年，美国经济增长了 35%（调整通货膨胀率后的
数据），即每年超过 4.5% 的经济增长率。经济的增长也带来了税收的增加。
尽管政府实行了减税政策，但在这八年间，个人所得税仍然增加了 50%。
到 1986 年年底前，通货膨胀率也降至 1%。在里根总统任期将满时，美国
失业率下降到了 5.5%，利息率也已经下降。从 1982 年 7 月到 1988 年年底，
标准普尔 500 指数每年平均增长 21%。[①] 新兴产业也在计算机、软件、通信
以及网络领域不断兴起。有经济学家认为是里根经济学带来了 20 世纪最长
的一段美国经济增长期（20 年）。当然也有学者批评里根经济政策使美国面
临空前庞大的财政赤字，进而又引起了高利率、美元高汇率和高外贸逆差。
1980 财年赤字是 738 亿美元，到了 1986 财年则高达 2208 亿美元。[②] 里根的
减税和增加国防开支并举政策是造成政府庞大财政赤字的根本原因。

　　20 世纪 90 年代，由于信息技术的高速发展，美国经济在克林顿执政时
期出现了战后罕见的持续性高速增长。90 年代初，美国经济增长幅度曾达
到 4%，失业率也从 6% 降到 4%。[③] 在这种大好的经济局面下，克林顿政府
进一步放松了对金融业的管制，如 1999 年提出的《1999 年葛兰姆－李琦－
布莱利法》（The Gramm - Leach - Bliley Act of 1999）。2000 年小布什上台后，
美国国内政治经济政策仍然因循共和党保守主义理念，直至 2007 年年底美
国次贷危机的爆发。次贷危机爆发前，美国政府的债务激增已经使经济变
得十分脆弱。由于发动了两场战争，小布什政府联邦预算赤字再创历史新
高。因此，当美国房地产业崩盘、失业率飙升时，过度借贷的美国人就会
大量拖欠债务，进而造成金融体系瘫痪。当美国经济再次面临重创时，美

---

① 美国统计局官网，http://www.census.gov/ces/dataproducts/economicdata.html，最后访问日
　　期：2012 年 10 月 15 日。

② 美国统计局官网，http://www.census.gov/compendia/statab/2012/tables/12s0469.pdf，最后
　　访问日期：2012 年 10 月 15 日。

③ 美国统计局官网，http://www.census.gov/ces/dataproducts/economicdata.html，最后访问日
　　期：2012 年 10 月 15 日。

国选民照旧投票给善于解决经济问题的民主党人。2008 年，奥巴马上台之初立即举起"凯恩斯大旗"，加紧对经济及金融市场的管制。然而，从奥巴马第一任的经济政策推行效果来看，尽管美国经济复苏趋势良好，但明显不能够与 20 世纪 30 年代的罗斯福新政比肩，尤其是在惠及美国中下层民众方面更是如此。因此，美国并没有像奥巴马上台初期有些学者宣称的那样，与新自由主义彻底决裂。事实上，尽管笃定自由市场的新自由主义使美国在 2008 年深陷金融危机的泥潭，但奥巴马在 2009 年 1 月 20 日的就职演说中仍然肯定市场的作用，即"市场创造财富和扩大自由的力量是无与伦比的"。① 从目前情况来看，华尔街对美国财政政策的巨大影响力并未发生根本性改变。新自由主义形成的既得利益格局仍然没有大的改变。② 奥巴马政府的经济政策也尚未触及问题的根本所在，这或许可以从奥巴马任命的经济部门官员看出端倪。奥巴马政府的经济官员无一例外都属于经济保守派。例如，奥巴马首个任期中的国家经济委员会主任——劳伦斯·萨默斯（Lawrence Summers）曾任克林顿政府时期财政部部长，当时也正值对金融放松管制要求达到巅峰之时；奥巴马首个任期中的财政部部长蒂姆·盖特纳（Timothy Geithne）与华尔街关系十分密切，曾任纽约联邦储备银行负责人。

新自由主义政策带来了美国社会阶级关系和社会结构的改变，其后果有二。第一个后果是带来美国精英结构的变化——全国性金融精英取代了能够保障社区繁荣与稳定的地方性政治与经济精英联盟。20 世纪 80 年代以来，以华尔街为主导的美国全国性金融精英取代了地方性精英。全国性金融精英的崛起一方面得益于美国政府推行的新自由主义政策，另一方面也是美国在向后工业社会过渡的过程中产业结构调整的结果——制造业衰退，而金融服务业逐渐成为国民经济主要支柱产业。此外，金融精英与共和党首先在政治上结盟也是共和党执政的政府推行新自由主义政策的重要原因之一。20 世纪 70年代以前，美国的金融精英与产业精英通过银行为地方企业等实体经济贷款、支持产业资本发展形成利益共同体。然而，70 年代两次石油危机、美国经济

---

① 巴拉克·奥巴马 2009 年 1 月 20 日就职演说《开创负责任的新时代》，转引自《奥巴马演说集》，王瑞泽编译，译林出版社，2009，第 291 页。

② 严海波：《奥巴马新政与新自由主义的终结》，《人民论坛》2009 年第 6 期。

持续低迷、实力的下降促成金融精英与产业精英这种联盟方式的瓦解。到了80 年代，由于里根政府推行的对金融业的放松管制政策以及反垄断法的大幅度废除，美国银行业与实体经济部门先后掀起了并购热潮。实体经济部门并购导致地方性企业数量的骤降，进而造成了制造业产业竞争力与利润率的下滑（如图 3 - 12 所示）。美国金融业也因此从传统的银行借贷业务向投资银行业务和金融衍生品交易业务转移。在随后几十年间，这种趋势不断发展。20世纪 90 年代信息技术推动的新经济的幕后操手实际上是华尔街从事投资的金融精英。互联网经济泡沫破灭后，美国经济之所以能够软着陆也是由于金融精英找到了获得高额利润的新工具——次贷与金融衍生品。

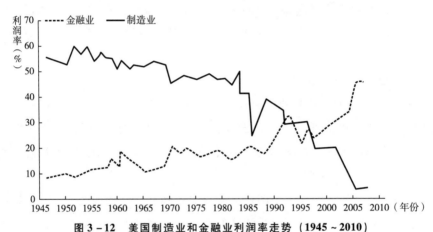

图 3 - 12　美国制造业和金融业利润率走势（1945～2010）

资料来源：〔美〕大卫·哈维：《资本之谜》，第 24 页。

新自由主义政策对美国社会造成的第二个后果是美国贫富差距进一步拉大，社会底层被拖入绝望的境地。随着维护美国地方稳定与繁荣的产业精英的衰落，他们与工人阶级分享经济利益的妥协方案也无法维系。目前，在美国社会占主导地位的金融精英则只求维护资本所有者的权力和利益，不会顾及其他阶级的利益。美国社会阶级关系也因新自由主义政策的实施、金融精英的崛起而发生断裂。20 世纪 70 年代以来美国中产阶级收入水平并没有得到实质性提高，工人阶级也未能分享到生产率提高所带来的好处。近 40 年来，美国企业员工工资增长基本处于停滞状态（如图3 - 13 所示）。

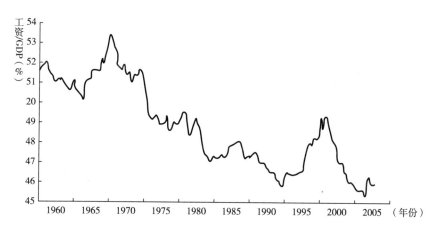

图 3 − 13 美国企业员工工资占 GDP 的比重

资料来源:〔美〕大卫·哈维:《资本之谜》,第 13 页。

    然而,美国富裕阶层的收入却在不断增加。根据美国统计局数据,近 40 年来,80% 的收入阶层平均收入水平呈下降趋势,只有 20% 呈上升状态。其中,收入最高的 1% 富裕阶层在 2011 年的平均收入同比增长了 6%。① 美国基尼系数自 20 世纪 80 年代以来一直保持 0.4 以上,2010 年曾一度达到 0.46。② 随着贫富差距的拉大,美国生活在贫困线以下的人数也在 2010 年创下了美国统计局收集相关数据 53 年以来的最高纪录——这一年共计 4620 万人生活在贫困线以下。③

    新自由主义经济政策在近 40 年间导致了美国社会阶级关系断裂、社会矛盾进一步激化,进而促成了美国社会中“怨愤”群体的形成,但由于自 20 世纪 70 年代以来美国公民社会的衰落以及左翼社会运动自身结构性变化——运动诉求的碎片化、对一般性议题与宏大议题的关注度不够、运动

① 美国统计局官网,http://www.census.gov/hhes/www/income/data/historical/inequality/IE − 1.pdf,最后访问日期:2012 年 10 月 15 日。

② 基尼系数是 20 世纪初意大利学者基尼(Corrado Gini)根据洛伦兹曲线所定义的判断收入分配公平程度的指标。它是比例数值,在 0~1 之间。若低于 0.2 表示收入绝对平均;0.2~0.3 表示比较平均;0.3~0.4 表示相对合理;0.4~0.5 表示收入差距大;0.6 以上表示收入差距悬殊。

③ 美国统计局官网,http://www.census.gov/hhes/www/poverty/about/overview/index.html,最后访问日期:2012 年 10 月 15 日。

组织职业化等——并未发动起能够有效阻止新自由主义政策和金融精英扩张的社会运动,直至 2011 年秋 "占领华尔街" 运动的爆发。2011 年美国最新左翼社会运动——"占领华尔街" 运动的爆发也进一步验证了左翼社会运动自 20 世纪 70 年代以来相对势弱于右翼社会运动的特点。

小　结

社会运动长期以来都是美国活跃的公民社会的一个重要标志和结构性要素。左右翼社会运动是其中最为重要的两大互为牵制的社会力量,它们也是牵制和限制传统政治权力的重要力量。纵观美国社会运动发展史,左右翼社会运动呈周期性发展趋势。在不同历史时期,左右翼社会运动的兴衰态势也不尽相同。20 世纪 70 年代以来的美国左右翼社会运动的发展也毫不例外。综合本章阐释的社会运动自身结构性变化及其所处外部机遇环境等多重因素,右翼社会运动在 20 世纪 70 年代以来的发展要相对强势。

与左翼社会运动相比,右翼社会运动在 20 世纪 70 年代以来与其群众基础、政党政治联系得更加紧密。从社会运动自身结构性变化来讲,右翼社会运动首先在组织方面更加注重社区组织等地方性组织的建设,特别是扎根于宗教右翼的教会组织网络使其动员群众变得更加容易和有效,并相对更易于维持。从这段时期内的运动诉求来讲,右翼社会运动的诉求相对统一,集中于社会政治与道德等议题。为了得到更多民众对其运动诉求合法性的认可,右翼社会运动还特别注重运动话语在道德层面的构建,以此寻求与民众在传统道德与价值观上的共鸣。相关调查表明,这种做法的确在民众中收到了非常好的效果。与左翼社会运动相比,美国民众更加耳熟能详的是右翼社会运动的诉求与话语。从运动策略与手段方面看,右翼社会运动在 20 世纪 70 年代以后强调与政党——共和党——的结盟,建立进入政治过程的渠道,以此寻求更大的政治与社会影响力。右翼社会运动的相对强势还在于其所处的有利的外部环境。由于左翼社会运动在 "60 年代" 的激进,美国社会无论从民众还是精英层面的意识形态都趋向保守。尤其自 20 世纪 80 年代以来推行的新自由主义政策更是在某种程度上扼制了左翼社会运动的发展。里根与克林顿时期良好的经济数据掩盖了新自由主义政策对美国社会酿成的恶果,如全国性金融精英的崛起导致的全美资本的垄断、美国社会贫富差距拉大、地方性产业精英衰落导致的社会阶级关系的断裂。美国社会中产阶级及社会底层并未分享到生产率提高所带来的利润，相反平均收入水平不升反降。因此，这些传统上是左翼社会运动群众基础的中产及中下阶层疲于为生计奔波，加之左翼社会运动自身结构性变化的原因未能对其进行有效的组织和动员等，这都是左翼社会运动在这段时期内相对式微的重要原因。

　　20世纪70年代以来左翼社会运动组织的职业化、诉求的碎片化，并且为了享受税收优惠，寻求非营利组织的身份，尽可能与传统上联姻的民主党撇清关系等都在不同程度上导致了左翼运动的式微。2008年，当美国经济遭受了自20世纪30年代初经济大萧条以来最严重的一次打击之时，美国社会并未立即爆发大规模的抗议运动。这也从另一个侧面表明了左翼社会运动在近40年的长期式微。相反，茶党运动——一个彻头彻尾的保守运动——却率先在2009年2月爆发，要求政府减少公共开支，进一步减税。而大规模的左翼社会运动——"占领华尔街"运动则在2011年9月才姗姗来迟。

第四章　美国右翼社会运动最新案例
——茶党运动

由 2007 年年底次贷危机引发的全美乃至全球性金融危机对美国经济造成了自 20 世纪 30 年代经济大萧条之后的最严重打击。这次美国金融危机又被人们称为"大衰退",是战后历时最长(始于 2007 年 12 月,止于 2009 年 7 月,历时 18 个月)、损失最严重的一次。① 经济衰退结束后,美国经济复苏和就业回升的道路异常艰难和缓慢。在这种形势下,美国国内并未立即爆发大规模的抗议运动。这从一个侧面说明了一直表现活跃的公民社会自 20 世纪 70 年代以来的势衰以及大规模草根社会运动的式微。更值得一提的是,在此次金融危机爆发两年后(2009 年 2 月)率先揭竿而起的是一场要求政府大幅度减税、平衡公共开支的保守运动,即茶党运动,而左翼"占领华尔街"运动则在茶党运动发生的两年半之后(2011 年 9 月)才爆发。

事实上,这两个左右翼社会运动的最新案例与美国历史上其他社会运动一样,都具有一些共同之处:危机驱动、反精英与反体制。危机驱动是指茶党运动与"占领华尔街"运动都是在 2007 年年底美国次贷危机引发的金融危机背景下爆发的。就反精英而言,茶党运动将其抗议目标指向政治精英,既包括民主党也有共和党;而"占领华尔街"运动则将抗议目标直指华尔街的经济精英。反体制是指茶党运动和"占领华尔街"运动都对美国现行的一些经济和社会政策不满。然而,同样处于危机之下,最先组织起来的草根抗议运动则来自右翼。这恰恰是右翼社会运动在 20 世纪 70 年代以来一直相对强势而左翼社会运动在此时相对式微的表现。19 世纪末 20 世纪初,左翼社会运动对经济精英的抗议曾依赖于被边缘化的中产阶级力量,而从 20 世纪后半叶至今,这些被边缘化的中产阶级却助长了右翼社会运动

---

① 陈宝森、王荣军、罗振兴主编《当代美国经济》,社会科学文献出版社,2011,第 3 页。

对黑人、非法移民与社会底层穷人的抱怨。与过去的反精英社会运动不同，2007 年金融危机之后在美国爆发的社会运动不仅有蓝领工人和贫困的农民等左翼力量参与，而且政治光谱中处于中间地带与右翼的普通民众也参与其中。这个新兴的反精英群体正是美国专栏作家弗兰克·里奇（Frank Rich）所指的"信用卡广告中描述的城郊美好生活的中产阶级难民"。[①] 本章与第五章将对这两个美国左右翼社会运动最新案例的政治过程进行研究，进一步探析两个最新社会运动是否延续了自 20 世纪 70 年代以来右翼社会运动相对强势的特点及其所处的外在机遇环境的变化。

第一节　运动组织动员

一　运动缘起

人们普遍认为，最近的美国右翼民粹主义运动——茶党运动的酝酿始于 2009 年美国保守派对历史上第一位黑人总统奥巴马的不满。[②] 然而，纵观美国近 40 年右翼力量的发展史，茶党运动民众基础的形成至少可以追溯到 1992 年总统大选的"佩罗现象"。罗斯·佩罗（Ross Perot）是美国历史上最为成功的独立总统候选人，他在 1992 年总统大选中获得了史无前例的 19% 的普选选票。尽管茶党运动参与者的构成比当时佩罗的支持者要更为多样化，或者尽管佩罗在某些社会问题上没那么保守，如佩罗赞成堕胎合法化，但至少有一点毋庸置疑，就是对庞大的联邦预算赤字的强烈反对。因此，反对大政府与主张预算平衡的新民粹主义右翼力量在当时就已经集结起来。这股力量虽然在将近 20 年后才最终迸发出来，但它始终没有逝去，一直存在于美国社会当中。在奥巴马上台执政的两年前——2007 年 12 月 16 日，这股势力就已经开始抬头。2007 年 12 月 16 日是波士顿茶党的 234 周年纪念日。当天，2008 年共和党总统候选人、右翼民粹主义领袖荣恩·保罗（Ron Paul）与他的支持者在波士顿港重新上演了"波士顿倾茶事件"，将

---

① Frank Rich, "Hollywood's Brilliant Coda to America's Dark Year," *The New York Times*, December 12, 2009.

② 参见赵敏《美国"茶党"运动初探》，《现代国际关系》2010 年第 10 期，第 31~33 页。

印有"暴政"和"无代表权就不纳税"的旗帜象征性地扔进了摆放在波士顿港口前面的箱子。① 此时，奥巴马还没有上台，是小布什政府第二任期的后半段。保罗及其支持者的行动正是针对小布什执政期间庞大的政府开支所做出的抗议，小布什执政期间每年的预算赤字都高达 2000 亿美元。小布什政府还推出了医疗保险处方药计划，这一计划将使联邦政府在未来的十年内开支 8000 亿美元，将联邦预算增加至 7000 亿美元、联邦债务增加至 25000 亿美元。这些数据显示小布什政府是一个名副其实的大政府，小布什政府的开支也要高于以往任何一位现代总统。在小布什执政后期，美国爆发的次贷危机也是激怒右翼民粹主义运动的又一重要原因。无论是媒体精英的保守派、右翼组织还是茶党运动的参与者都认为茶党运动始于小布什政府。2010 年，美国保守派评论家大卫·波阿斯（David Boaz）曾经对克林顿政府做出这样的评价来影射当时奥巴马政府的糟糕：

> 1996 年，我曾抨击过克林顿有关政府计划经济的能力和义务的冒进观点及其反对个人主义的观点。然而，现在我突然发现自己开始怀念克林顿时期，并认为那是一个美国的黄金时代——政府开支增长缓慢、我们轰炸过一些国家但都未将美国置于危险境地。②

茶党运动的参与者与右翼组织也将美国现存的问题归咎于小布什执政的八年，认为小布什本应该主张"有限政府"但背弃了经济保守派的核心原则，使联邦赤字失控。③ 尽管保罗与茶党运动在某些社会问题以及外交政策的主张方面存在差异，但在茶党运动的核心诉求方面，两者的共同点则更加突出——主张恪守美国宪法、经济保守主义以及支持州权。

茶党运动的爆发始于 2009 年 2 月 17 日由喜剧演员、保守派博主凯利·卡伦德（Keli Carender）发起的反对奥巴马政府经济刺激计划的抗

---

① James F. Smith, "Ron Paul's Tea Party for Dollars," *Boston Globe*, December 16, 2007, http://www.boston.com/news/politics/politicalintelligence/2007/12/ron_pauls_tea_p.html, 最后访问日期：2012 年 10 月 30 日。

② David Boaz, "We Miss You, Bubba," *The Washington Times*, January 11, 2010.

③ Scott Rasmussen and Douglas Schoen, *Mad as Hell: How the Tea Party Movement is Fundamentally Remaking our Two-Party System*, p. 118.

议集会。她将奥巴马的经济刺激计划称为"猪肉刺激计划"（the porku-lus）①。当天，在她的家乡——华盛顿州西雅图市，有 120 人参加了抗议集会。② 当时，卡伦德并未使用"茶党"一词。不过，这次抗议集会只是三天后茶党运动正式启动的一个预热。2 月 19 日，全球性财经有线电视卫星新闻台（CNBC）财经分析师里克·桑特利（Rick Santelli）在芝加哥商品交易所的直播中指责奥巴马政府耗资 2750 亿美元的房贷救助计划，并对观众说道："这是美国！你们中有多少人想要为享用着额外的浴室却付不起房贷的邻居支付房贷呢？"③ 桑特利呼吁美国民众组织 21 世纪的波士顿茶党抗议奥巴马政府的经济救助计划。桑特利的讲话随即在各大有线电视台播放，视频也被上传到 YouTube 网站，当天的点击率就达到上百万次。桑特利讲话结束后的数小时内，几十个桑特利团体在互联网上建立网页，其中 Chi-cagoTeaParty.com 自称是桑特利茶党的官方网站。此网站的拥有者是芝加哥广播制片人扎克·克里斯坦森（Zack Christenson）。在桑特利讲话结束后的12 个小时内，有 2000 人在该网站注册。④ 随后，在全国性右翼保守组织的资助和领导下，茶党运动迅速升温。在随后的几周内，地方性抗议活动在辛辛那提、绿湾、哈里斯堡相继爆发。2009 年 4 月 15 日纳税日当天，全国有超过 750 个"茶党"组织在各大城市发动游行示威活动。2009 年 9 月 12日，在首都华盛顿举行的"9·12"大游行是茶党运动兴起以来规模最大的一次示威游行活动，约有 200 万保守主义者参加了此次大游行。⑤ 该游行由

① 猪肉桶（pork barrel）是美国政界常用的一个词语。它源于美国南北战争前，南方种植园主家里都有几个放着腌猪肉的大木桶。这些腌猪肉是用来分给奴隶的，故指人人都有一块。后来，美国政界将国会议员在通过拨款法案时拨款给各自选区或各自热衷的项目的做法称为"猪肉桶"。

② Kate Zernike, "Unlikely Activist Who Got to the Tea Party Early," *The New York Times*, February 28, 2010.

③ John V. Last, "A Growing 'Tea Party' Movement?" *Weekly Standard*, March 4, 2009, http://www.cbsnews.com/stories/2009/03/04/opinion/main4843055.shtml, 最后访问日期：2012 年 10 月 31 日。

④ John V. Last, "A Growing 'Tea Party' Movement?" *Weekly Standard*, March 4, 2009.

⑤ David Gardner, "A Million March to US Capitol to Protest against 'Obama the Socialist'," November 5, 2011, http://www.dailymail.co.uk/news/article-1213056/Up-million-march-US-Capitol-protest-Obamas-spending-tea-party-demonstration.html, 最后访问日期：2012 年 10 月 30 日。

全国性以及地方右翼组织领导，旨在抗议奥巴马政府的一系列"社会主义"新政举措，是右翼民粹主义者、福克斯新闻台主持人格伦·贝克（Glenn Beck）呼吁动员的"9·12 计划"（9/12 Project）纳税人游行的一部分。贝克于 2009 年 2 月 7 日注册建立了"9·12 计划"官方网站——the 9/12 - project. com，成为茶党运动重要动员力量之一。

二 运动参与者构成

茶党运动兴起伊始，有关茶党运动是不是一个真正的草根运动一直存在争议。现任众议院民主党领袖南希·佩洛西曾指责茶党运动是伪草根运动（Astroturf），是由美国一小撮富人阶层组织并策划，旨在为富人而不是广大的中产阶层谋求减税的运动。[1] 不过，也有人将茶党运动看作群众性运动（mass movement）。那么，茶党运动是不是一个真正的草根运动呢？西达·斯考切波（Theda Skocpol）和凡妮莎·威廉姆森（Vanessa Williamson）曾经对茶党运动的性质进行过如下的分析："简单地将茶党运动概括为'群众性运动'会忽略一个事实，即大量的媒体精英、富有的政治行动委员会、全国性的保守倡议组织以及那些自诩为茶党运动草根阶层代言的精英也参与到了茶党运动当中。"[2] 其他的相关证据与数据也表明，准确地讲，茶党运动是一个由保守派精英和右翼保守组织及媒体策动，保守派民众响应的草根运动。

2009 年年初发生的一些早期抗议表面上看是对保守派博主和媒体人——凯利·卡伦德与里克·桑特利——呼吁的一种自然反应，但随后发生的大规模席卷全国的抗议活动则是由各种右翼保守团体与媒体动员、组织和领导的，如福克斯新闻广播（Fox News）、由前共和党众议员迪克·阿米（Dick Armey）领导的华盛顿游说团体——"自由事业"（FreedomWorks）、右翼智库"为繁荣而斗争的美国人"（Americans for Prosperity）以及其他全国性及地方性右翼保守组织"茶党爱国者"（Tea Party Patriots）、"茶党快车"（Tea Party Ex-

---

[1] Brian Beutler, "Pelosi: This is Astroturf, Not Grassroots Protests," *Talkingpointsmemo. com*, April 15, 2009, http: //tpmdc. takingpointsmemo. com/2009/04/pelosi - this - is - astroturf - not - grassroots - protest. php, 最后访问日期：2012 年 10 月 30 日。

[2] Theda Skocpol and Vanessa Williamson, *The Tea Party and the Remaking of Republican Conservatism*, p. 11.

press）、"茶党国家"（Tea Party Nation）。

　　相关数据显示，茶党运动具有广泛的民众基础。根据拉斯姆森报道2009年4月中旬的民调结果，在美国选民中，有51%的选民对茶党运动持欢迎态度，支持茶党运动的占35%，20%~25%自认为是茶党运动的成员，2%~7%自认为是运动的积极分子。还有49%的受访者认为应该有更多的民众参与茶党运动，而反对此观点的则只有34%。最新的拉斯姆森报道民调结果（2012年7月）显示，美国选民中对茶党运动持欢迎态度的人数有所下滑，但仍有35%的选民对茶党运动持欢迎的看法。① 以上的数据都充分表明，茶党运动是一个由保守派精英和右翼保守组织资助和领导，并有着广泛群众基础的右翼草根运动。

　　除了一些核心组织外，茶党运动能够持续不断地动员与组织民众参与其中还要归功于一些关键人物、象征性领袖以及一个特定的民众支持群体。西雅图的喜剧演员、保守派博士凯利·卡伦德被誉为茶党运动的创始人。她对小布什放弃自由市场原则的言论以及奥巴马的经济刺激计划极为愤慨，通过写博客表达愤怒并呼吁民众示威游行，反对政府的经济救助计划。2009年2月17日，由卡伦德策划并组织的在西雅图举行的有120人参加的示威活动爆发，该活动被后来茶党相关文献列为茶党运动的第一次示威活动。第二位关键人物是第一次用"茶党"的名称呼吁发起茶党运动的全球性财经有线电视卫星新闻台财经分析师里克·桑特利。2012年2月19日，桑特利在芝加哥商品交易所做现场直播时指责奥巴马在前一天刚刚宣布的2750亿美元的房贷救助计划，并呼吁7月在芝加哥掀起茶党运动。另一位关键人物是被美国有线电视新闻网（CNN）记者称为茶党运动设计师的乔·维兹比基（Joe Wierzbicki）。维兹比基是"我们国家理应更好"（Our Country Deserves Better）组织的全国协调人。他对茶党运动的最大贡献在于组织了全国巡回巴士之旅——后来被称为"茶党快车"——以此为政治候选人筹集竞选经费，同时扩大茶党的影响力。第一次"茶党快车"之旅于2009年8月28日启动，并在最后一站——华盛顿特区的集会中吸引了7.5万人参与。

---

① RasmussenReports, "35% View Tea Party Favorably, 42% Do Not," July 11, 2012, http://www.rasmussenreports.com/public_content/politics/general_politics/july_2012/35_view_tea_party_favorably_42_do_not, 最后访问日期：2012年10月31日。

在为期六个月的全国巴士巡回之旅中，该组织筹集了约58.5万美元。① 其他一些茶党运动关键人物还包括2009年4月芝加哥茶党的主要组织者埃里克·奥多姆（Eric Odom），"茶党爱国者"的全国协调人马克·梅克勒（Mark Meckler），在2009年年初建立了"9·12计划"网站，策划并组织了一次规模最大的茶党示威游行——2009年"9·12"大游行的福克斯新闻台主持人格伦·贝克以及为茶党运动资助了大量资金的"为繁荣而斗争的美国人"组织的创立者大卫·科赫（David H. Koch）。

在众多茶党运动领袖中，特别值得一提的是2008年共和党副总统候选人莎拉·佩林（Sarah Palin）。无论在共和党还是在茶党运动内部，佩林都是一个极具争议的人物。但对于一部分茶党运动成员来讲，佩林是茶党运动的象征性领袖，佩林也自称是"茶党教母"。自2009年7月5日宣布辞去阿拉斯加州州长职务之后，佩林就开始投身于各种茶党活动，为茶党运动造势。2010年2月在田纳西州纳什维尔市举行的首次茶党全国大会上，佩林做了主旨演讲。她认为"美国已经为另一场革命做好了准备"，指责奥巴马的经济救助计划是在"用公共的不负责任替代个人的不负责任"，并称茶党运动是"美国政治的未来"。② 在2010年中期选举期间，凡是佩林支持的候选人，其竞选活动都能吸引更多的茶党运动的支持者。可见，佩林在茶党运动中的影响力及受欢迎程度。佩林之所以能够成为茶党运动动员的重要人物之一，原因在于她恰好迎合了2008～2009年在美国再次勃兴的右翼民粹主义情绪。事实上，佩林在最初步入政坛时，从竞选阿拉斯加州瓦西拉市市长，到竞选阿拉斯加州州长，再到2008年成为共和党副总统候选人，就一直以反对固有的老牌政治精英的姿态出现。正如她在2008年共和党全国代表大会上讲的一样："我并不是那个永久政治机构中的一员。过去几天来，我很快地了解到，如果你不是华盛顿政治精英中的一员，那么媒体就会只因为这个理由认为你不是一名合格的候选人……我去华盛顿不是为了

---

① Scott Rasmussen and Douglas Schoen, *Mad as Hell*：*How the Tea Party Movement is Fundamentally Remaking our Two - Party System*，p. 148.

② Charles Hurt, "Sarah's Tea Talk Sounds Presidential," *New York Post*, February 8, 2010, http：// www.nypost.com/p/news/national/sarah_tea_talk_sounds_presidential_w3U7DqYM18s7uhq6ydzDiL, 最后访问日期：2012年11月1日。

寻求你们的好评价，而是去服务于这个国家的人民。"① 由此不难看出，佩林恰好迎合了茶党运动反权威的情绪。这也是她能够成为茶党运动重要动员力量的主要原因。《经济学人》杂志的调查数据显示，茶党运动成员最喜爱的全国性人物有两位，分别是莎拉·佩林和格伦·贝克——喜爱这两位人物的茶党运动成员都超过了60%。②

除了核心组织力量以及重要的领袖人物以外，茶党运动还拥有一个特定的群众基础。2010年2月有线电视新闻网的调查数据显示，大部分茶党积极分子是男性（60%是男性，40%是女性）；80%是白人，少数族裔只占12%；40%具有大学学历；中等以上收入者（年收入超过5万美金）占66%；与40%的美国民众自认为是保守主义者相比，茶党运动积极分子中自认为保守的有75%；来自的地区分别是南部31%，中西部29%，西南部28%，而来自东北部的只占13%；52%自认为无党派倾向性，44%是共和党，而自认为是民主党的只占4%；40%年龄在30～49岁，29%在50～64岁。③ 由此可见，大部分茶党运动的支持者是白人、男性、中年人以及来自中西部、南部和西南部的持保守观点的人群。

从对一些具体问题的观点来看，茶党运动成员比一些共和党人更加保守。2010年2月《经济学人》杂志调查数据显示，74%的茶党运动成员认为堕胎等于谋杀；81%的人反对同性婚姻；63%的人支持公立学校学生学习解释上帝如何创造世界的圣经《旧约创世纪》；62%的人认为通往天堂的唯一方式是经由耶稣基督。与美国普通民众相比，茶党运动支持者要更加关心联邦预算赤字问题。预算赤字是茶党运动支持者最为关心的问题中的第二大问题，仅排在经济问题之后——38%的茶党运动支持者认为经济问题是最重要的，23%的人认为赤字问题最为重要。而在普通民众中，只有8%的

① Sarah Palin, "Speech to the 2008 Republican National Convention," September 3, 2008, http://www.msnbc.msn.com/id/26535811/ns/politics - decision _ 08/t/transcript - palins - speech - convention/，最后访问日期：2012年11月1日。

② The Economist/YouGov poll, February 20, 2010, http://www.economist.com/blogs/democracyinamerica/2010/02/economistyougov_poll_0，最后访问日期：2012年11月1日。

③ "Who are the Tea Party Activists?" CNN Polling Center, February 18, 2010, http://www.cnn.com/2010/POLITICS/02/17/tea.party.poll/index.html，最后访问日期：2012年11月1日。

人认为赤字是国家所面临的最重要问题。85%的茶党运动支持者认为奥巴马是社会主义者，而普通民众中赞同此观点的人只有34%。① 另据盖洛普的数据，87%的茶党运动支持者认为奥巴马政府的医疗改革是一件坏事，而在所有的美国成年民众中赞成此观点的只有50%；68%的茶党运动支持者反对奥巴马在2011年8月2日签署的提高债务上限的法案，而在美国普通民众中则只有46%。②

三 核心运动组织与动员

茶党运动迅速崛起的另一个原因是一些右翼保守组织为其进行的动员、策划与资助。地方性茶党组织在2009年春开始出现，到2010年其数量仍在不断增加。根据2010年秋《华盛顿邮报》一个记者团队的报道，他们成功地联系到了650个茶党组织。③ 根据西达·斯考切波和凡妮莎·威廉姆森在2011年上网搜索地方茶党组织数目的调查，当时有804个茶党组织可以在网上查到相关信息，还有164个茶党组织自2009年2月以来定期集会。④ 尽管各州及地方性的茶党组织自2009年以来有数百个之多，但5个全国性组织构成了茶党运动的核心力量。它们分别是"自由事业"（FreedomWorks）、"我们国家理应更好"（Our Country Deserves Better）、"为繁荣而斗争的美国人"（Americans for Prosperity）、"茶党爱国者"（Tea Party Patriots）、"茶党国家"（Tea Party Nation）。

（一）"自由事业"

"自由事业"是一个全国性倡议组织，成立于1984年，总部设在华盛顿特区，自称在全国有上万名草根志愿者。该组织的主席是前美国众议院多数党领袖迪克·阿米。1994年，阿米曾与纽特·金里奇共同撰写《美利

---

① The Economist/YouGov poll, February 20, 2010, http：//www. economist. com/blogs/democra-cyinamerica/2010/02/economistyougov_poll_0，最后访问日期：2012年11月1日。

② 盖洛普官方网站，http：//www. gallup. com/poll/148841/Tea - Party - Supporters - Oppose - Debt - Agreement. aspx，最后访问日期：2012年11月1日。

③ Amy Garder, "Gauging the Scope of the Tea Party Movement in America," *The Washington Post*, October 24, 2010.

④ Theda Skocpol and Vanessa Williamson, *The Tea Party and the Remaking of Republican Conservatism*, p. 90.

坚契约》，共和党也在当年重新获得了阔别 40 多年的对参众两院的控制权。"自由事业"得到了科赫家族的资金支持，特别是查尔斯·科赫（Charles Koch）与大卫·科赫为该组织提供了大量资助。科赫家族拥有石油天然气企业集团——美国科氏工业集团（Koch Industries Inc.）。"自由事业"主张低税、自由与有限政府，组织中的职业政治活动家都是经济保守派。"自由事业"是最早参与茶党运动的组织之一。正如奥巴马在《滚石杂志》中讲道："我想这已经不是一个秘密了。迪克·阿米和他的'自由事业'组织是最早将茶党支持者团结在一起的组织之一……"①　"自由事业"的主要使命是动员、招募、教育及培训草根志愿者积极分子，为实现其倡导的低税、自由与有限政府而工作。著名的保守主义者格伦·贝克就曾赞许该组织在草根动员组织方面最为出色。②　2010 年中期选举期间，"自由职业"宣布了一个该组织支持与反对的参众议员候选人名单。它将其反对的候选人称为"自由的敌人"，如参议院民主党领袖哈里·里德（Harry Reid）、民主党众议员艾伦·格雷森（Alan Grayson），后者最终在 2010 年中期选举中败选。而该组织将其支持的候选人则称为"自由的支持者"，如共和党参议员候选人马可·卢比奥（Marco Rubio）、帕特·图梅（Pat Toomey）、兰德·保罗（Rand Paul），这三位候选人在 2010 年中期选举中皆获胜利。其中，卢比奥与图梅都是茶党运动支持的政治新星。③

（二）"我们国家理应更好"

"我们国家理应更好"是一个总部设在加州萨克拉门托的政治行动委员会，成立于 2008 年 8 月，旨在反对奥巴马参选 2008 年总统选举。该组织将奥巴马刻画为一个主张自由开支并倾向于在美国大搞社会主义的超级自由派，其主席霍华德·卡鲁吉安（Howard Kaloogian）是共和党前加州州议员。该组织宣布了六条组织使命，即反对政府的经济救助计划、缩减政府规模与干预、阻止提高税收、废除奥巴马的医改新政、停止不可控的开支、恢

---

① "The Rolling Stone Interview of Barack Obama," *Rolling Stone Magazine*, October 15, 2010.

② Matt Gertz, "Beck's Mutually Beneficial Partnership with FreedomWorks," June 14, 2010, http://mediamatters.org/research/2010/06/14/becks – mutually – beneficial – partnership – with – free/166159，最后访问日期：2012 年 11 月 1 日。

③ "自由事业"的相关信息引自该组织的官方网站，http://www.freedomworks.org，最后访问日期：2012 年 11 月 2 日。

复美国的繁荣。① 2008 年 10 月，"我们国家理应更好"组织发起了为期两个星期的"阻止奥巴马"巴士游活动，并在全国组织了 35 个示威游行活动。② 2012 年，它仍是反对奥巴马连任成功的重要力量。在国会议员选举方面，它反对所有民主党参议院领袖哈里·里德与民主党众议院领袖南希·佩洛西支持的候选人。该组织自称代表"里根保守派"，主张降低税收，反对政府的经济救助计划，支持强大的国防力量，倡导安全边界以及国家能源独立。③ 2010 年它曾组织了 8 次全国性的巴士巡游活动，即后来知名的"茶党快车"以及一些地区性巴士巡游活动，并发起了 400 多次示威游行活动，旨在推动在全国各地开展成百上千的纳税日抗议活动。

（三）"为繁荣而斗争的美国人"

"为繁荣而斗争的美国人"是由美国科氏工业集团的大卫·科赫于 2004 年创立的，总部设在弗吉尼亚州。它是一个保守政治倡议组织，是美国选举政治中最有影响力的保守团体之一。④ 该组织为共和党在 2010 年中期选举中重新控制众议院起到了关键作用。它主张地方、州以及联邦层面的有限政府与自由市场原则，关注的主要问题包括政府预算与开支、税收、产权、医疗保险与权利、银行与金融服务、劳工、教育与养老金、能源与环境、技术。⑤ 大卫·科赫是该组织董事会成员，资助了许多茶党活动。该组织是 2009 年 4 月 15 日茶党全国示威游行活动的核心组织力量之一。根据 2012 年的数据，该组织有 190 万名成员，并在 35 个州有附属组织，⑥ 这些附属组织都与地方性茶党团体结盟。该组织在 2009 年 8 月发起的名为"别干预我的医疗保险"（Hands Off My Health Care）的

---

① Our Country Deserves Better, "Mission Statement," http：//www. teapartyexpress. org/mission，最后访问日期：2012 年 11 月 2 日。

② Our Country Deserves Better, "Stop Obama Tour," http：//www. ourcountrydeservesbetter. com/campaigns/stopobamatour/，最后访问日期：2012 年 11 月 2 日。

③ Our Country Deserves Better, "Issues," http：//www. ourcountrydeservesbetter. com/about - us/issues/，最后访问日期：2012 年 11 月 2 日。

④ David Weigel, "Behind the Cato - Koch Kerfuffle," *Slate*, March 1, 2012, http：//www. slate. com/blogs/weigel/2012/03/01/behind_the_cato_koch_kerfuffle. html，最后访问日期：2012 年 11 月 2 日。

⑤ americansforprosperity. org，最后访问日期：2012 年 11 月 2 日。

⑥ Tim Phillips, *The New York Times*, March 3, 2012, http：//www. nytimes. com/2012/03/04/opinion/sunday/catching - up - with - tim - phillips - of - americans - for - prosperity. html，最后访问日期：2012 年 11 月 2 日。

巴士巡游活动，吸引了上万名茶党积极分子参与。在 2010 年中期选举期间，该组织自称在示威游行活动、电话银行活动、拉票活动方面花费了 4000 万美元。众议院能源和商务委员会的 6 位新成员中有 5 位在 2010 年中期选举时受益于该组织的宣传广告与草根投票动员活动。[①] 在曾被誉为美国能源创新样板公司的太阳能电池板制造企业索林卓公司（Solyndra）2011 年破产事件中，该组织曾花费 840 万美元拍摄与播放电视广告，以此抨击曾经批准向该公司发放 50028 万美元联邦贷款担保的奥巴马政府。这也被媒体称为当时对奥巴马政府进行的最为猛烈的攻击。[②] 2012 年 9 月，根据《华盛顿邮报》的报道，该组织计划在 2012 年总统大选中花费 12500 万美元阻止奥巴马连任成功，其主席蒂姆·菲利普斯（Tim Phillips）还自称拥有 115 个专业成员致力于对 900 万名摇摆选民的动员。[③]

（四）"茶党爱国者"

"茶党爱国者"是由珍妮·贝丝·马丁（Jenny Beth Martin）、马克·梅克勒与艾米·克雷默（Amy Kremer）在 2009 年 3 月成立的一个全国性草根组织，主张恢复美国的财政责任以及宪法规定的有限政府和自由市场的基本原则。该组织主要致力于动员与组织草根阶层活动，以此推进政府的公共政策改革，并使其恪守财政责任、有限政府与自由市场的基本原则。[④] 2010 年，该组织据称有超过 2200 个地方性附属组织，[⑤] 网上注册的组织成

---

① Tom Hambruger, Kathleen Hennessey and Neela Banerjee, "Koch Brothers Now at Heart of GOP Power," *Los Angeles Times*, February 6, 2011, http：//articles. latimes. com/2011/feb/06/nation/la－na－koch－brothers－20110206，最后访问日期：2012 年 11 月 2 日。

② Brody Mullins, "Americans for Prosperity to Air Ads Slamming Obama's Ties to Solyndra," *Wall Street Journal*, November 9, 2011, http：//blogs. wsj. com/washwire/2012/01/14/americans－for－prosperity－to－air－ads－slamming－obamas－ties－to－solyndra/，最后访问日期：2012 年 11 月 2 日。

③ Peter Wallsten and Tom Hamburger, "Conservative Groups Reaching New Levels of Sophistication in Mobilizing Voters," *The Washington Post*, September 20, 2012, http：//www. washingtonpost. com/politics/decision2012/conservative－groups－reaching－new－levels－of－sophistication－in－mobilizing－voters/2012/09/20/3c3cd8e8－026c－11e2－91e7－2962c74e7738_story. html，最后访问日期：2012 年 11 月 2 日。

④ Tea Party Patriots, https：//www. teapartypatriots. org/about/，最后访问日期：2012 年 11 月 2 日。

⑤ Kate Zernike, *Boiling Mad：Inside Tea Party America*（New York：Times Books, 2010），p. 101.

员约有 115311 名成员——其中 63% 是男性，女性占 37%。[①]　"茶党爱国者"
是《来自美利坚的契约》（*The Contract from America*）的重要支持力量之一。
《来自美利坚的契约》最初是由休斯敦一名律师瑞恩·赫克（Ryan Hecker）
提出的。赫克还建立了《来自美利坚的契约》网站，呼吁美国民众登录该网
站发表看法并为其投票，此举得到了许多茶党组织的响应。赫克认为 1994 年
共和党提出的《与美利坚的契约》代表的是知识界经济保守派运动，而《来
自美利坚的契约》则是一个自下而上的产物。[②]《来自美利坚的契约》列出了
国会议员应该遵循的议程，分别是恪守美国宪法、反对排放权交易、保持联
邦预算平衡、简化纳税体制、审计或评估联邦政府机构的合宪性、限制联邦
开支的年增长率、推翻 2010 年 3 月 23 日通过的医改法案、通过"所有途径原
则"的能源政策、减少专项拨款、减税。[③]　与其他大部分茶党运动组织不同，
"茶党爱国者"自称是一个百分百的草根组织。正如该组织的全国协调员马丁
讲的一样："我们不会参与政治行动委员会的活动。我们希望该组织恪守自己
的核心原则，而不只是支持一个党派或反对另一个党派。"[④]　"茶党爱国者"
是茶党运动 9 月 12 日华盛顿大游行的重要组织力量之一，并组织了许多反对
奥巴马医改新政的抗议活动。2012 年 1 月 19 日，该组织与南方共和党领袖会
议（The Southern Republican Leadership Conference）共同资助了在南卡罗莱纳
州举行的共和党总统候选人电视辩论。

（五）"茶党国家"

"茶党国家"是由田纳西州一名律师——贾德森·菲利普斯（Judson Phil-
lips）在 2009 年成立的政治保守组织。该组织为保守主义者建立了一个社交网

---

①　Devin Burghart, Leonard Zeskind and Charles Tanner, Jr., "Tea Party Nationalism: A Critical Exami-
nation of the Tea Party Movement and the Size, Scope, and Focus of its National Factions,"
Rep. Institute for Research and Education on Human Rights, Fall 2010, http://justanother-
coverup. com/wp – content/uploads/2010/11/TeaPartyNationalism. pdf，最后访问日期：2012 年 11 月
2 日。

②　Bernie Becker, "A Revised Contract for America, Minus 'With' and Newt," *The New York Times*,
April 15, 2010.

③　《来自美利坚的契约》内容见其官方网站，http：//www. thecontract. org/the – contract – from –
america/，最后访问日期：2012 年 11 月 3 日。

④　Scott Rasmussen and Douglas Schoen, *Mad as Hell: How the Tea Party Movement is Fundamentally
Remaking our Two – Party System*, p. 150.

站（www. teapartynation. com），在网站的主页将其自述为"一个由想法相同的人们组成的团体，渴慕上帝赐予的个人自由。美国的国父们曾将这种自由笔之于书。我们相信有限政府、言论自由、第二修正案、我们的军队、安全的边界以及我们的国家"。[①] 该组织网上注册成员约有 51000 名。[②] 它因组织 2010 年首次茶党全国会议而声名大噪。然而，"茶党国家"在茶党运动组织中是一个存在巨大争议的组织，争议的焦点在于菲利普斯创立的"茶党国家"是一个营利组织。该组织官方网站的主页上有许多营利的宣传活动，但该组织宣称组织这些活动的最终目的是将所得收益用于推进茶党运动的进一步发展。在组织首次茶党全国会议的过程中，菲利普斯也将此次会议打造成一个营利的活动——收取入场费并支付主旨演讲者如莎拉·佩林六位数的演讲费用。一些茶党组织因此拒绝参加此次会议，"茶党爱国者"就是其中之一。

第二节　运动诉求

一　运动诉求内容及特点

茶党运动的名称源于 1773 年的"波士顿倾茶事件"（Boston Tea Party）。"波士顿倾茶事件"的导火索是英国国会在 1773 年颁布的《茶叶法案》（The Tea Act）。该法案免除了东印度公司对北美市场销售的茶叶的出口税，将价格降至比北美殖民地商人走私的茶叶的价格还低，以此帮助英国本土商人并由英属东印度公司垄断茶叶贸易。鉴于此以及 18 世纪 60 年代以来英国对北美殖民地肆意增加税收导致北美殖民地居民的强烈不满，波士顿革命分子将东印度公司三艘船上的 342 箱茶叶倒入波士顿港口内。2009 年爆发的茶党运动的诉求与"波士顿倾茶事件"尽管不尽相同，但有些类似。[③]

---

① Tea Party Nation，http：//www. teapartynation. com，最后访问日期：2012 年 11 月 2 日。

② Tea Party Nation，http：//www. teapartynation. com/profiles/members/，最后访问日期：2012 年 11 月 2 日。

③ 尽管 2009 年发生的茶党运动与"波士顿倾茶事件"都是与税收相关的抗议运动，但"波士顿倾茶事件"是由英国国会对东印度公司免税直接导致的抗议事件，而 2009 年的茶党运动则是反对奥巴马政府增加税收的抗议运动。相关内容见 Joseph J. Thorndike，"A Tax Revolt or Revolting Taxes?" Tax History，December 14，2005，http：//www. taxhistory. org/thp/readings. nsf/Art-Web/1BC5839831CD15EE852570DD0061D496? OpenDocument，最后访问日期：2012 年 11 月 5 日。

一个针对茶党运动支持者、反对者以及持中立意见的民众的盖洛普民意调查的结果显示（如表4-1所示），在列出的对美国未来会产生严重威胁的问题中，茶党运动支持者在联邦政府债务和联邦政府的规模与权力两个问题上的态度与茶党运动反对者的差异最大，而在失业与种族歧视问题上三类民众的看法则非常相似。在支持茶党运动的受访者中，认为会对美国未来造成严重威胁的前两个问题分别是联邦政府债务、恐怖主义。该数据与对茶党运动持中立意见的受访者的看法相同。然而，对茶党运动持反对意见的受访者则认为会对美国未来造成严重威胁的前三个问题分别是医疗成本、失业和大公司的规模与权力。

表4-1　会对美国未来产生严重威胁的问题

（调查问题：下面哪个问题会对美国未来造成极其严重的威胁？）

单位:%

	茶党运动支持者	对茶党运动持中立意见	茶党运动反对者
联邦政府债务	61	44	29
恐怖主义	51	43	29
联邦政府的规模与权力	49	30	12
医疗成本	41	37	33
非法移民	41	32	14
失业	35	34	32
向伊拉克、阿富汗派兵的决定	24	31	22
大公司的规模与权力	16	21	32
环境，包括气候变暖	13	27	30
对少数族裔的歧视	13	17	17

资料来源：盖洛普官方网站，http://www.gallup.com/poll/141119/Debt - Gov - Power - Among - Tea - Party - Supporters - Top - Concerns.aspx，最后访问日期：2012年11月5日。

通过对网上大量茶党组织相关材料的调查，可以发现茶党运动的运动诉求呈现出以下一些特点。

第一，全国性与州层面的茶党组织一般将运动诉求集中在经济议题方面，如低税、自由市场、恪守宪法原则、平衡联邦政府预算、削减政府开支、反对奥巴马医改法案、阻止碳减排法案的通过等。几乎所有全国性茶党组织的官网上都列有上面的诉求，如"茶党国家""自由事业""茶党爱国者"﹁为繁荣而斗争的美国人"﹁我们国家理应更好"。

第二，地方性茶党组织的运动诉求则更加多样化。尽管地方性茶党组织与全国性组织一样明确反对进步主义并在经济议题方面都持保守主义看法，但地方性组织的运动诉求经常会涉及一些社会议题，包括反对堕胎、反对枪支管制、反对非法移民、反对同性婚姻等。根据一份针对政治观察家与政治活动家的访问调查，尽管茶党运动积极分子都赞成低税与有限政府，但他们以及获得茶党支持的议员事实上有着更加广泛的政治诉求，包括严格移民执法、增加选民身份认证要求、限制堕胎等。[1] 是否将社会议题纳入茶党运动的诉求一直存在争议。一些茶党运动的全国性组织领袖不断呼吁茶党运动的支持者将其诉求聚焦在经济议题方面，以此避免运动内部产生分裂与矛盾。地方性组织与全国性组织的运动诉求不能完全协调一致也是茶党运动面临的现实问题。以"自由事业"为例，其全国性组织与其州附属组织的诉求就不尽相同。此外，该组织的保守主义诉求并不是包罗万象，有些社会议题并未包含在内。该组织的领袖之一布兰登·施泰因豪泽（Brendan Steinhauser）曾讲道："'自由事业'在州层面的最大诉求是预算与税收问题，其他长期优先考虑的议题还包括限制国家雇员工会（state - employee unions）与扩大学校的选择权等。在某些州，该组织还会致力于一些更加细小的地方议题，如宾夕法尼亚州的酒品店的私有化问题等。"[2] 此外，施泰因豪泽宣称枪支与同性婚姻问题并不在该组织诉求之列。[3] "茶党爱国者"也是一例。该组织全国协调人以及亚特兰大茶党的创始人之一——黛比·杜利（Debbie Dooley）曾讲道："在全国与州的层面，'茶党爱国者'恪守组织的核心原则——财政责任、有限政府与自由市场，并将避免提出有关社会议题的诉求。而地方茶党组织则拥有在他们认为重要的议题方面提出诉求的自由。"她承认一些地方性茶党组织的确经常提及社会议题，如"茶党爱国者"在沃尔顿县的附属组织。[4] 茶党运动内部诉求多样化的原因在于大部分茶党运动的积极分子在茶党运动开始之前就已经是十

---

[1]　Louis Jacobson, "Welcome to the Tea Party," *State Legislatures*, September 2011, pp. 13 – 14.

[2]　Eric Boehm, "Liquor Store Privatization Battle Begins, Again," *PA Independent*, July 8, 2011.

[3]　Louis Jacobson, "Welcome to the Tea Party," p. 14.

[4]　Louis Jacobson, "Welcome to the Tea Party," p. 14.

足的保守主义者，并有各自偏好的议题。故在茶党运动开始之后，这些地方组织希望将各自偏好的议题能够与经济议题联系起来，一起向外界发声。

第三，自茶党运动 2009 年 2 月爆发以来，随着奥巴马政府不断出台新政，茶党运动抗议的焦点也在相应改变——由最初反对政府的一揽子金融救助计划到后来的抗议奥巴马政府的医改新政。自 2007 年年底美国陷入次贷危机以来，联邦政府推出了一系列救市计划。为了救市，小布什政府拨款 7500 亿美元，奥巴马政府再追加 7870 亿美元。随后，奥巴马政府又推出救助汽车产业计划，为旧车换现金计划拨款 20 亿美元。所有这些复苏经济方案激怒了主张"有限政府"并平衡预算的"茶党"。这不但是茶党运动的导火索，也是运动最初抗议的焦点问题。此后，随着奥巴马政府不断推进医疗改革方案，这一被"茶党"冠以社会主义帽子的医疗改革新政成为茶党运动的又一个抗议焦点。茶党运动也随之在 2009 年夏迎来了又一个发展高潮。此时正值国会休会期，国会议员都会回到各自选区召开市政厅会议，与选民见面。全国各地举行的市政厅会议随即成为茶党运动抗议者表达对奥巴马政府推行的经济与社会政策愤怒的最佳场所。

二 老曲新唱

茶党运动是美国保守主义与自由主义长期斗争的一部分，今天的茶党支持者只是参与到这场斗争当中的新战士。[1] 斯考切波与威廉姆森在对茶党运动支持者的采访调查中发现，许多茶党运动支持者认为美国现在面临的问题是要倒退到罗斯福新政时代。追溯得更远些，福克斯新闻台主持人格伦·贝克的拥护者也在呼应他对伍德罗·威尔逊（Woodrow Wilson）的批评。[2]"西南大都市茶党"（Southwest Metro Tea Party）在组织的官方网站上宣称其组织目标就是要反对伍德罗·威尔逊的进步主义、罗斯福新政、兰登·约翰逊的"伟大社会"计划以及奥巴马"从根本上改变美国"的计划。[3]

---

[1] Theda Skocpol and Vanessa Williamson, *The Tea Party and the Remaking of Republican Conservatism*, p. 81.

[2] Mark Leibovitch, "Being Glenn Beck," *The New York Times*, September 29, 2010.

[3] "西南大都市茶党"组织官方网站，http://www.swmetroteaparty.com/educate - motivate.php，最后访问日期：2012 年 11 月 5 日。

　　说得再远些，茶党运动的保守主义诉求甚至可以溯源到美国建国初期"生产主义"（producerism）的传统民粹思想。"生产主义"是美国第七任总统安德鲁·杰克逊（Andrew Jackson）所代表的民粹思想的核心内容之一。杰克逊认为工人应该享受自己生产的产品，而不必与商人以及银行家——这些没有生产出任何产品的人一起分享。① 杰克逊决心废除美利坚第二银行就体现了这种民粹思想，并巩固了其"平民拥护者"的声誉。杰克逊是珍稀血汗钱、反对个人借贷的倡导者，将银行视为少数未经选举的私人银行家占有和支配民众财富的畸形产物。1832 年，他下令撤销了合众国基金，试图将国民经济建立在以积攒财富为基础的模式之上。杰克逊的举动再次点燃了自托马斯·杰斐逊（Thomas Jefferson）以来的反对资本主义的民粹主义情绪。纵观美国历史，"生产主义"民粹思想的影响随处可见。19 世纪末民粹主义者抨击东部银行家将其宅地农场转为抵押，美国前总统富兰克林·罗斯福（Franklin D. Roosevelt）对经济保皇派（economic royalists）② 的猛烈抨击，20 世纪 70 年代保守主义者对福利社会的攻击以及前总统克林顿推出的工作福利政策等都体现了"生产主义"民粹思想。美国建国初期，"生产主义"的民粹情绪被民粹主义者发泄在上层阶层身上，如银行家。而到了 20 世纪 70 年代之后，怀有"生产主义"民粹思想的美国保守派将这种情绪发泄在受益于国家福利计划的贫困阶层的民众身上，如贫民窟中的"福利皇后"以及非法移民等。

　　从历史上看，每每美国经济出现衰退，"生产主义"民粹思想都会得到不同程度的复兴。2009 年爆发的茶党运动同样受到了"生产主义"民粹思想的巨大影响。桑特利呼吁美国民众组织 21 世纪波士顿茶党抗议奥巴马政府的金融救助计划的讲话就反映了"生产主义"民粹思想的精髓，并得到了上百万美国民众的响应和支持。他指责奥巴马政府强迫负责任的美国中产阶级贴补那些买了房子却支付不起抵押贷款的人。同样，茶党支持者针对奥巴马政府自由派立法的抗议也是这种民粹情绪发泄的集中体现。"9·

---

① W. J. Rorabaugh, Donald T. Critchlow and Paula C. Baker, *America's Promise: A Concise History of the United States* (New York: Rowman and Littlefield Publishers, 2004), p. 210.

② 经济保皇派是美国前总统罗斯福在 1936 年接受总统候选人提名的演说中对希望控制政府活动的有财势者的称呼。

12 计划"创始人、福克斯新闻台主持人格伦·贝克就曾指责奥巴马政府的医疗改革是"掳走富人口袋里的钱送给穷人的社会主义医改"。[①] "自由事业"主席迪克·阿米在抨击美国累进所得税税制时也使用过类似的话语。阿米说:"我不会偷了你的钱之后将其送给这个人……因此,我不会使用国家的权力偷了你的钱之后将其送给另外一个人。"[②]

综上所述,像茶党组织运动诉求这样的诉求在美国历史上一直没有间断过,特别是自 20 世纪 70 年代以来更是如此,在经济衰退时期表现得更加明显。在 20 世纪 30 年代美国面临经济大萧条的背景下,美国施行了以凯恩斯主义为主导的政府干预模式。加之罗斯福新政建立起来的社会安全网并对富人征税,缩小了贫富差距。然而,进入 70 年代以后,这种政府干预的资本主义模式在经济滞胀的情况下已然失灵。大政府、强调福利社会的资本主义模式也遭到了保守主义民众的指责和抗议。在这种社会与经济背景下,公平逐渐让位于效率,新自由主义经济取代了政府干预的资本主义模式,并开创了 80 年代的里根时代。[③] 自此,新自由主义经济思想一直主导着美国的经济政策。然而,这种政府对市场肆意放任的经济模式的后果就是美国社会贫富差距进一步拉大,并为 2007 年年底的次贷危机埋下了祸根。为了应对 2008 年的金融危机,民主党巴拉克·奥巴马入主白宫后推行了金融救助、医改、加强金融监管等一系列新政。这些新政措施引起了美国保守主义民众与精英的恐慌和担忧,担心美国会重新回到 20 世纪 30 年代罗斯福时期的大政府时代,茶党运动的爆发正在积蓄能量。

第三节　运动话语构建与传播

一　运动口号与话语构建

茶党运动的名称本身就有非常深刻的象征与动员意义,也恰好迎合了

---

① http://mediamatters.org/video/2009/07/21/beck-health-care-reform-is-good-old-socialism-r/152294, 最后访问日期:2012 年 11 月 5 日。

② David Boaz, "The Roots of the Tea Parties," *Cato@ Liberty*, May 15, 2010, http://www.cato-at-liberty.org/the-roots-of-the-tea-parties/, 最后访问日期:2012 年 11 月 5 日。

③ 周琪等:《占领华尔街:资本主义的困惑》,第 50 页。

2008～2009 年当时美国民众特别是保守主义民众对政府乃至整个国家所怀有的一种特殊情绪。2009 年 2 月 19 日，"茶党"首先出现在全球性财经有线电视卫星新闻台财经分析师里克·桑特利在芝加哥商品交易所的直播讲话中。桑特利在抨击奥巴马政府金融救助计划的同时，呼吁民众组织茶党抗议奥巴马政府。桑特利对组织"茶党"抗议的呼吁立刻得到了保守派积极分子的响应。在桑特利讲话随后的十几个小时内在网上就出现了大量以"茶党"命名的组织，右翼媒体及博主也迅速传播有关地方茶党组织的相关信息并动员潜在的"茶党"成员与其建立联系。① "茶党"源自 1773 年"波士顿倾茶事件"。它是北美殖民地反对英国暴政的抗议事件并最终引起美国独立战争，故"茶党"具有唤起美国民众爱国情怀的巨大象征作用。此外，在许多茶党运动抗议游行中出现的"不要践踏我！"（Don't tread on me！）的口号也具有深刻的历史内涵。"不要践踏我！"是美国独立战争时期著名的抗议口号。尽管它不是新口号，但向政府发出了警告，准确生动地表达了美国保守主义民众对 2009 年自由派奥巴马上台执政后美国前景的担忧，即对其推行"大政府"模式以及过多地干预个人自由的忧惧。

宗教右翼是美国保守主义的一个重要组成部分。在茶党运动的口号及话语构建中也体现了浓厚的宗教色彩，诸如"上帝憎恨税收"（God hates tax）等口号随处可见。从运动诉求以及话语构建方面看，茶党运动的根源还可以追溯到 17 世纪新英格兰的清教徒思想，即对衰落的担忧以及对恢复过去辉煌的诉求。为了逃避英国国教的宗教迫害移居到北美的清教徒在 17 世纪上半叶逐渐在北美殖民地的大部分地区取得了正统地位。这时候的清教徒忘记了曾经遭受过宗教迫害的经历，转而在以清教徒为主的新英格兰地区对罗马天主教与公谊会教徒实施监禁与各种酷刑，实施宗教专制。17 世纪新英格兰的清教徒认为基督教曾经在历史上辉煌过，并坚信当时的罗马天主教与公谊会等其他教派会对基督教的统治地位造成威胁。他们还坚信只有清教徒才是唯一有资格的上帝选民，故清教徒应该制定严格的清教法规、强制实行宗教统一、重现清教

---

① Theda Skocpol and Vanessa Williamson, *The Tea Party and the Remaking of Republican Conservatism*, p. 7.

的辉煌。① 与 17 世纪新英格兰的清教徒一样，茶党运动的支持者也有对奥巴马执政下美国未来的担忧与重现美国往日辉煌的诉求。对于茶党运动来讲，美国的辉煌时刻就是美国建国初期，茶党成员坚信恪守宪法是恢复建国初期辉煌时刻的唯一方式。在亚利桑那州，茶党成员在政治集会时发放宪法小册子，如同传教团体发放《圣经》一样。茶党运动的积极分子在抗议活动的发言中也经常引用宪法中的条款，就像神职人员经常引用《圣经》一样。在莱克兰茶党组织的抗议活动中，一位名叫贾森·萨格尔（Jason Sager）的活动组织者对参加集会的民众说："你们现在已经看到我们国家所面临的最为紧迫的问题。大家知道是什么问题吗？宪法第四条第四款规定的共和形式的政府正在出现根本性问题。"② 正如 17 世纪新英格兰的清教徒将罗马天主教教徒与公谊会教徒视为威胁其地位的最大敌人一样，茶党运动将国家出现问题归咎于美国自由派精英与团体——巴拉克·奥巴马、"当前社区变革协会"（ACORN），以及已经不够保守的共和党成员，如约翰·麦凯恩（John McCain）。根据 2010 年 2 月《经济学人》杂志的调查数据，52% 的茶党支持者认为"当前社区变革协会"造成了约翰·麦凯恩 2008 年的败选，而持反对看法的只有 24%。③

　　茶党运动的口号及其话语构建的另一个显著特点是利用美国根深蒂固的反共主义意识形态将抗议对象妖魔化，将美国保守主义民众对自由主义的反对推向了极端。在茶党运动的抗议示威活动中，将奥巴马比作斯大林、将其新政称为在搞社会主义的口号及标语随处可见："不要再给这个怪物喂食物——社会主义"（Stop Feeding This Monster – Socialism）、"奥巴马·本·拉登"（Obama Bin Lydin）、"阻止奥巴马纳粹分子的渗透"（Stop Obama's Brownshirt Infiltrators）、"如果所听像马克思、所为像斯大林，那么他一定是奥巴马"（If it sounds like Marx and acts like Stalin, it must be Obama）。茶党成员将奥巴马比作社会主义者的深层原因则是美国根深蒂固

---

① Frank Lambert, *Religion in American Politics: A Short History* (New Jersey: Princeton University Press, 2010), pp. 34 – 40.

② John B. Judis, "Tea Minus Zero: The Tea Party Menace will not Go Quietly," *The New Republic*, May 27, 2010, p. 20.

③ The Economist/YouGov poll, February 20, 2010, http://www.economist.com/blogs/democracyinamerica/2010/02/economistyougov_poll_0, 最后访问日期：2012 年 11 月 8 日。

的反共意识形态。共产主义思想和价值观是美国自建国以来在意识形态方面遭遇到的最完整、最强大的挑战。从国家生存的角度来说，美国对共产主义运动及其意识形态的反应比其他一些资本主义国家更为敏感、更为激烈，甚至有时表现出近乎失态的歇斯底里，在这方面最典型的事例就是20世纪50年代的麦卡锡主义。因此，在所有西方资本主义国家中，美国在反共方面表现得最积极，最彻底，也最持久。[①]茶党运动正是利用美国反共主义意识形态来争取和动员更多的支持者，为其诉求的合法性进行辩护，并收到了很好的动员效果。

茶党运动话语构建已经超出了单纯具体诉求方面的表述——"不要大政府"（no more big government）、"唯一公平的税收就是不收税"（the only fair tax is no tax）、"给我自由"（give me liberty），而是在运动话语构建中强调宗教意识形态、美国国内左右翼意识形态的差异甚至与美国意识形态相左的其他意识形态——社会主义、法西斯主义、纳粹等多重因素，以此抨击自由派并引起更多美国保守派的共鸣与支持。2009年4月15日发生在华盛顿的茶党运动示威游行中，示威者就打出标语牌攻击弗朗西斯·福克斯·皮文与理查德·克劳沃德。[②]皮文与克劳沃德曾经在20世纪60年代提出"克劳沃德-皮文战略"——强调美国福利制度建设，并用"有保证的年收入消灭贫困"的全国制度取代现有的福利制度。皮文与克劳沃德的思想对美国自由派精英与团体产生了深刻影响。在茶党成员看来，奥巴马推行全国医改新政就是受到了皮文与克劳沃德思想的影响。茶党运动在对奥巴马个人的抨击中增加了在意识形态层面的渲染。茶党成员将奥巴马刻画为社会主义者、共产主义者、纳粹分子、法西斯、恐怖主义者。事实上，这些都是存在于美国之外的信仰。但是，茶党运动正是利用美国民众心中根深蒂固地反对这些意识形态的情绪，试图通过话语框定的方式，使运动参与者的怨愤及诉求能够在更多的民众心中产生共鸣。

二　网媒与运动话语传播

尽管茶党运动的最终爆发要得益于2009年2月19日全球性财经有线电

---

① 周琪主编《意识形态与美国外交》，第420页。

② John B. Judis, "Tea Minus Zero: The Tea Party Menace will not Go Quietly," p. 19.

视卫星新闻台财经分析师里克·桑特利在芝加哥商品交易所的直播讲话，但能够在桑特利讲话之后短短数月时间迅速动员上百万民众响应并参与到茶党运动当中则主要取决于媒体——博客、社交网络、电视——对茶党运动相关信息的传播。

桑特利在 2009 年 2 月 19 日的讲话除了在当天被各大有线电视台转播以外，视频也被上传到 YouTube 网站，点播率在当天就达到上百万之多。在讲话结束后的数小时内，互联网上就开始出现以"茶党"命名的网站，在脸谱网上也出现了几十个桑特利团体，如桑特利支持者俱乐部以及芝加哥、得克萨斯、纽约与洛杉矶等地的茶党活动计划。[①] 事实上，在桑特利呼吁民众组织茶党抗议奥巴马政府之前，就已经有一些保守派人士利用博客在互联网上动员并组织对政府不满的民众，如米歇尔·马尔金与凯利·卡伦德。媒体不但是茶党运动缘起的重要因素之一，也是其发生之后动员与组织潜在支持者——保守主义民众的重要工具之一。社交网站，如脸谱网、推特网以及一些茶党组织的官方网站如 TeaPartyPatriots. org 都是组织抗议示威游行活动与集会的重要媒介。

除了新兴媒体博客、社交网站以外，传统右翼媒体——广播与电视，特别是福克斯新闻台在茶党运动的组织动员中也起到了至关重要的作用。美国媒体的意识形态要看其受众的政治倾向。根据皮尤研究中心 2008 年对三家主流有线电视台观众的党派倾向性的调查结果（见表 4 - 2），其中只有福克斯新闻台的观众倾向保守——39% 的福克斯新闻台的观众自称是共和党成员，若加上倾向共和党的观众，这个数字可以达到 49%。而其他两家电视台如有线新闻网（CNN）与微软全国广播公司（MSNBC）的观众则都是自由派，51% 的有线新闻网观众自称是民主党成员，而微软全国广播公司新闻节目的观众中有 45% 自称为民主党成员，加上倾向民主党的观众，两个数字分别达到 64% 和 60%。由此可见，福克斯新闻台是右翼媒体，而有线新闻网与微软全国广播公司则是左翼媒体。

---

① John V. Last, "A Growing 'Tea Party' Movement?".

表 4 - 2　有线电视台观众的党派倾向性

单位:%

	普通民众	福克斯新闻台观众	有线新闻网观众	微软全国广播公司观众
党派身份				
共和党	25	39	18	18
民主党	36	33	51	45
独立党	29	22	23	27
其他/不知道	10	6	8	10
党派倾向				
共和党/倾向者	33	49	23	25
民主党/倾向者	50	39	64	60
无党派倾向	17	12	13	15

资料来源：根据皮尤研究中心官方网站数据（2008 年 4 月 30 日至 6 月 1 日）整理而成，http://pewresearch.org/pubs/1395/partisanship - fox - news - and - - other - cable - news - audiences，最后访问日期：2012 年 11 月 8 日。

　　美国媒体都有各自不同的意识形态，故通过比较研究左右翼媒体对茶党运动的报道情况就可以探究左右翼媒体在茶党运动的发生与发展过程中所发挥的作用。斯考切波与威廉姆森在对茶党运动的研究中通过比较左右翼媒体——有线新闻网与福克斯新闻台——对茶党运动初期的报道情况，得出了左右翼媒体对茶党运动报道的趋势截然不同的结论。图 4 - 1 与图 4 - 2 表明，每当茶党运动有一些重要活动发生时，如全国性示威游行（2009 年 4 月 15 日与 2009 年 7 月 4 日前后，以及 2009 年 8 月茶党运动在国会休会期间在全国各地市政厅会议上的抗议活动），两个媒体对这些活动的报道都相对增多，甚至有线新闻网还会超出福克斯新闻台报道的频率。然而，在全国性活动发生之前或当活动高潮退去，有线新闻网对茶党运动的报道明显少于福克斯新闻台，甚至有时在有线新闻网无法看到对茶党运动的报道。[1] 由此可见，有线新闻网的报道是一种反应型的报道，而福克斯新闻台则是一种预期型报道。从福克斯新闻台对茶党运动报道的轨迹还可以看出，由于其大部分传统受众是保守主义者，故在茶党运动从酝酿到发生再到爆发全国性大规模示威游行活动的过程中，福克斯新闻台发挥着重要的动员作用。

---

[1]　Theda Skocpol and Vanessa Williamson, *The Tea Party and the Remaking of Republican Conservatism*, pp. 131 - 133.

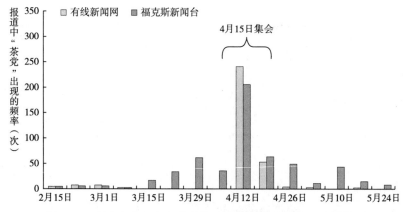

**图4-1 福克斯新闻台与有线新闻网每周对茶党运动报道情况
（2009年2月15日至5月24日）**

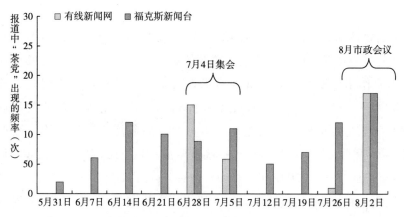

**图4-2 福克斯新闻台与有线新闻网每周对茶党运动报道情况
（2009年5月31日至8月2日）**

　　福克斯新闻台除了在报道轨迹和趋势方面不同于左翼媒体以外，几乎所有的福克斯新闻台的名嘴也都在各自的节目中公开地表达对茶党运动的支持倾向，进一步强化了福克斯新闻台在呼吁与动员民众方面的重要作用。这些主持人包括了肖恩·汉尼提（Sean Hannity）、比尔·奥瑞利（Bill O'Reilly）与格伦·贝克。特别值得一提的是格伦·贝克，他不但在自己的政治秀节目"格伦·贝克计划"（The Glenn Beck Program）中经常邀请茶党运动的组织者，而且还是"9·12计划"的创始人，目标在于将所有的美国民众带回到2001年9月12日，即在"9·11"事件之后美国民众团结一心的时刻。"9·12 计划"的官方网站还宣布了实现国家团结的"9 个原则"与"12 个价值观",这些原则与价值观完全呼应了茶党运动在财政与社会宗教方面的保守主义诉求。例如,第二个原则是"我信仰上帝,他是生命的中心",以及第六个原则是"我有生命、自由与追求幸福的权利,但不会保证有平等的结果"。①

第四节　运动策略与手段

自 20 世纪 70 年代以来的美国右翼社会运动一直采用草根动员和与共和党结盟并重的策略,2009 年发生的茶党运动也不例外。然而,从茶党运动爆发至今的发展轨迹不难看出,其在不同时期所采用的策略与手段也不尽相同。以采用的主要运动策略划分,可以将茶党运动大致分为两个阶段,即 2009 年年初至 2009 年 9 月的以草根动员、组织直接抗议示威游行活动为主要运动手段的第一阶段,以及 2009 年 10 月之后的以政治游说、筹款、为支持茶党运动的共和党候选人助选为主要运动手段的第二阶段。

一　草根动员阶段

初期的茶党运动说到底就是由一些保守派博主与保守派媒体精英呼吁对奥巴马政府不满的民众参与的一场社会抗议运动。2009 年 2 月 17 日,保守派博主凯利·卡伦德通过博客策划并组织了有 120 人参加的在西雅图的示威活动。尽管这次活动没有贴上"茶党"的标签,但它被后来茶党相关文献称为茶党运动的序曲。2009 年 2 月 19 日,财经分析师里克·桑特利在芝加哥商品交易所做的现场直播促成了贴有"茶党"标签的社会抗议运动的最终形成。在直播中,桑特利呼吁民众组织 21 世纪的茶党,行动起来,共同反对奥巴马政府的经济救助计划。桑特利的讲话是茶党运动的正式起点。随着各大有线电视台相继播放桑特利的这段讲话及其视频在 YouTube 网站上的点击率超过百万,对奥巴马政府早就心存怨愤的民众迅速被动员起来。这次动员的成功主要表现在以下几个方面:首先,在桑特利讲话结束的数

---

① 9 个原则与 12 个价值观见"9·12 计划"官网,http://the9/12-project.com/about/the-9-principles-12-values/,最后访问日期:2012 年 11 月 11 日。

小时内，在互联网以及社交网站上就开始出现了几十个桑特利团体，并开始计划在全国各地组织茶党示威活动。其次，一些茶党运动核心组织在2009年年初相继成立，如"茶党国家""茶党爱国者"以及"9·12计划"。其他一些既有右翼组织此时也纷纷贴上了"茶党"标签，成为茶党运动组织动员的核心力量，如"我们国家理应更好""为繁荣而斗争的美国人""自由事业"。这些组织中既有全国性的草根动员组织如"茶党爱国者"，也有亿万富豪支持的右翼政治倡议组织"为繁荣而斗争的美国人"与"自由事业"。在茶党运动初期，这些组织主要以动员草根力量、组织直接抗议活动为主，但同时也举办各种媒体活动并通过组织的政治行动委员会向支持茶党运动的共和党人捐款。在这些组织的动员和策划下，2009年4~9月相继发生了多次全国性大规模的抗议示威活动，人数最多的一次曾达到200万人以上。这些大规模的示威活动包括了2009年4月15日茶党全国示威游行活动、7月4日全国抗议活动、8月发生在全国各地市政会议上的抗议活动、8月28日全国巡回巴士之旅——"茶党快车"，以及9月12日的华盛顿大游行。这些草根阶层参与的直接抗议活动不但进一步扩大了茶党运动的影响力、吸引了更多的支持者，同时也为茶党运动筹集了更多的活动资金。

二 与共和党结盟及助选阶段

在2009年9月12日华盛顿大游行结束以后，茶党运动组织的示威游行活动在数量和规模上都有所减少。相反，政治游说、动员选民参与投票、为支持茶党运动的候选人筹款与助选的活动却在不断增加。关于茶党运动策略的变化，运动组织者给出了以下一些原因。一个包括了100多个茶党团体的"佛罗里达联盟"组织的工作人员贾森·霍伊特（Jason Hoyt）说道：

> 在运动初期，想让大家知道我们并且告诉大家我们同他们一样都有一种挫败感，示威活动是必需的。2009年夏，我们参加了各地的市政厅会议。2010年年初，我们开始帮助支持我们的候选人。正如11月选举的令人振奋的结果显示的那样，我们已经学会了并积极参与了2010年夏天之前所进行的动员选民参与投票的活动。①

---

① Ned Ryun, "Wither the Tea Party?" *The American Spectator*, July/August 2011, p. 64.

"北部科罗拉多州茶党"组织的工作人员莱斯利·好莱坞（Lesley Hollywood）认为，"在无数次示威游行活动之后，我们的支持者们已经准备好了做些其他工作"。她说："我们现在在科罗拉多参与众议院选区重划的活动，我们将工作的重心放在市级选举、州议会选举以及将目标定格在2012年的总统大选上。"① 事实上，许多茶党组织进行的活动都是利益集团从事的游说、助选、草拟议案等传统的政治游说活动。"威斯康星自由之子"组织的蒂姆·岳（Tim Dake）讲述了该组织所从事的活动，包括帮助议员宣传议案、草拟并推广自己组织提出的议案、参与州最高法院大法官的选举活动。②

是否与共和党结盟在茶党运动领袖内部一直是一个存在争议的问题。根据一个针对50位茶党领袖的调查结果，认为自己没有党派倾向的占到28%，11%认为自己是茶党成员而非共和党成员。③茶党运动一直在刻意回避党派色彩，打出了"草根运动"的旗号。茶党运动发生后，共和党在国会成立的"茶党连线"（Tea Party Caucus）也受到了许多茶党支持者的质疑，指责共和党在绑架茶党运动。④ 尽管如此，在美国的特殊政治背景下，茶党运动事实上也难以与共和党撇清关系。茶党运动与共和党的联姻也是两者双向选择的结果。原因在于，在美国强大的两党制下，由于选举制度的原因，第三党或小党几乎没有上台执政的可能性。保守主义色彩浓厚的茶党运动也因此不得不与共和党结盟，只有这样才能建立进入传统政治的渠道，为自己的利益诉求争取最大限度的回应。茶党运动伊始，对两大政党的抨击使外界认为其要成立第三党并在选举中推选自己的候选人。然而，一年以后，即2010年中期选举的时候，几乎所有的茶党运动支持的候选人都是在共和党的标签下参选的。大部分温和派共和党人也纷纷右倾，站在茶党一边，宣称与茶党的价值观相同。凯特·泽尔尼克（Kate Zernike）在

① Ned Ryun, "Wither the Tea Party?" p. 65.

② Ned Ryun, "Wither the Tea Party?" p. 64.

③ John B. Judis, "Tea Minus Zero: The Tea Party Menace will not Go Quietly," p. 21.

④ Alex Pappas, "Congressional Tea Party Caucus Receives Mixed Reviews from Tea Party Activists," *The Daily Caller*, July 22, 2010, http://dailycaller.com/2010/07/22/congressional-tea-party-caucus-receives-mixed-reviews-from-tea-party-activists/, 最后访问日期: 2012年11月15日。

《纽约时报》的一篇文章中曾写道:"共和党正在试图在全国各州利用茶党的气势,并与各种茶党团体表现友好。"① 现任伊利诺伊州温和派共和党参议员马克·柯克(Mark Kirk)就是在茶党运动的强压下意识形态被迫右倾的一例。在 2010 年参选参议院获胜之前,马克·柯克连选五届众议员成功。其间,他投票支持总量管制与排放交易立法,反对向伊拉克增兵。"全国来复枪协会"为他的投票记录打出了不及格(F)的分数,"全国堕胎权利行动联盟"则在支持选择权问题上给他打了 100 分。然而,茶党运动发生后,柯克的投票记录却发生了改变——投票支持反对堕胎的《斯图帕克修正案》(*Stupak Amendment*)并支持向阿富汗增兵。② 许多温和派共和党人右倾也说明了茶党运动的政治影响力的确不可小觑。

2009 年下半年,茶党运动将其运动策略由以组织直接抗议活动为主转向以动员选民投票、为支持的候选人筹款等影响选举政治为主的运动手段,并获得了成功。2009 年 11 月,在弗吉尼亚与新泽西两州的州长选举中,茶党运动支持的共和党候选人分别以 18 个百分点和 4 个百分点的优势赢得了胜利。2012 年 1 月 19 日,同样是茶党运动支持的共和党候选人斯科特·布朗(Scott Brown)赢得了马萨诸塞州参议员的席位。这个席位是民主党的保留席位,一直由已故民主党人爱德华·泰德·肯尼迪(Edward Ted Kennedy)占据。布朗在马萨诸塞州的胜利是茶党运动成功影响选举政治的标志性事件之一,也是茶党运动支持者津津乐道的经典案例。诚如一位茶党运动的积极分子所说的:"我们赢下马萨诸塞州选举的胜利就意味着没有什么选举我们不能够获胜。"③ 在 2010 年中期选举的各州共和党初选中,茶党运动就已经开始帮助支持其主张的共和党候选人参选。那些有茶党背景并贴上共和党标签参选的候选人都获得了各州共和党初选的胜利,如克里斯汀·奥唐奈(Christine O'Donnell)在特拉华州共和党初选中获胜、卡尔·

---

① Kate Zernike, "Republicans Strain to Ride Tea Party Tiger," *The New York Times*, January 23, 2010, http://www.nytimes.com/2010/01/23/us/politics/23teaparty.html? pagewanted = print, 最后访问日期: 2012 年 11 月 12 日。

② "Mark Kirk's Extremely Liberal Voting Record," *Republican News Watch*, http://republican-newswatch.com/wp/? p = 30, 最后访问日期: 2012 年 11 月 12 日。

③ Scott Rasmussen and Douglas Schoen, *Mad as Hell*: *How the Tea Party Movement is Fundamentally Remaking our Two - Party System*, p. 183.

帕拉迪诺（Carl Paladino）赢得纽约州共和党州长初选，以及在肯塔基州参议员的初选中击败参议院共和党领袖支持的候选人的兰德·保罗（Rand Paul）。在茶党运动的支持下，共和党在 2010 年中期选举中重新夺回了众议院的控制权。在新当选的 83 名共和党众议员中，茶党运动支持的候选人就有 60 多名。然而，茶党与共和党的结盟对共和党来讲却是喜忧参半。在竞争共和党候选人提名的初选中，茶党支持的共和党候选人击败了很多老牌共和党人。而这些茶党运动支持的共和党候选人思想过于保守，削弱了共和党与民主党在参议院的角力。共和党在本来可以轻松获胜的内华达州与特拉华州却输掉了国会参议员的选举。在茶党支持的 6 名参议员候选人中，有 3 人获得最终选举的胜利，他们是肯塔基州的兰德·保罗、佛罗里达州的马可·卢比奥和宾夕法尼亚州的帕特·图梅。

2012 年 5 月 8 日，一名有茶党背景的新人理查德·穆多克（Richard Mourdock）在印第安纳州共和党参议员初选中击败当了 36 年参议员的资深共和党人迪克·卢格（Dick Lugar）。① 卢格是参议院外交关系委员会首席共和党人，在外交事务上地位举足轻重。由于卢格倡导两党合作，他也是奥巴马喜欢的共和党人之一。然而，卢格在此次党内初选中败给一个知名度远远低于自己的新人，这与仍旧强大的茶党势力有着密切关系。穆多克不但在选举中获得茶党的支持，而且在其政治宣传广告中把卢格成功地描绘成一个与现实脱钩、不够保守的共和党人。此次选举也证明了茶党仍旧在共和党内部具有相当大的影响力。

第五节 外部机遇环境

美国哥伦比亚大学法学教授纳撒尼尔·波西利（Nathaniel Persily）曾讲道："茶党运动是在美国历史上不同时期都会出现的地方主义、本土主义与民粹主义的有趣结合物。只有当政府发展到史无前例的规模时三者才会结

---

① Brett LoGlurato, "The Resurgent Tea Party is about to Take out a Six – Term Republican Senator," May 8, 2012, http://www.businessinsider.com/dick – lugar – trails – tea – party – candidate – mourdock – in – indiana – republican – senate – 2012 – 5，最后访问日期：2012 年 11 月 13 日。

合起来。"[1] 2009 年年初发生的茶党运动与其所处的外部环境也密切相关，有其特定的社会、政治与经济机遇背景。

一 社会机遇

在进入 21 世纪的头八年，深受新保守主义影响的小布什政府将美国拖入了两场战争的泥潭。受到两场战争的拖累，小布什政府财政赤字一度超过了老布什政府所创的历史纪录，2003 年达到了创纪录的 3742 亿美元。尽管在小布什执政末期政府财政赤字已经有所好转，2007 年财政赤字为 1616 亿美元，但是由于 2007 年年底次贷危机的爆发，赤字又开始猛增。2008 财年财政赤字再创纪录地达到了 4550 亿美元。在这种情况下，美国国家的软硬实力皆受重创，社会矛盾也进一步激化。各种调查数据结果显示，此时的美国民众心理受到严重打击，幸福感下降，政府也陷入全面信任危机。

根据盖洛普 2008 年 10 月的民调结果（如图 4 - 3 所示），超过 9 成的民众对美国当下的状况不满。美国民众的幸福感降至盖洛普自对美国现状满意度调查开始以来的历史最低。此时，美国民众认为摆在国家面前最重要的两个问题是经济与战争。69% 的受访者认为经济是国家此时面临的最重要问题，另外 11% 认为是伊拉克战争。[2] 美国政府的信任危机也同时出现。根据 2010 年年初的调查数据，"在美国社会变革的关键时刻，通常至少有 60% 的美国民众相信政府能够在大部分时间做正确的事情。然而，现在只有 25% 的美国民众对政府抱有这种信任"。[3] 美国知名政治评论家斯哥特·拉斯姆森（Scott Rasmussen）与道格拉斯·舒恩（Douglas Schoen）认为有五大关键因素导致美国政府陷入了严重的信任危机：民众所感知到的世界的颠覆（upending of the world）、美国政府与私人机构的失败、美国霸权的衰

---

[1] Adam Liptak, "Tea - ing Up the Constitution," *The New York Times*, March 12, 2010, http://www.nytimes.com/2010/03/14/weekinreview/14liptak.html，最后访问日期：2012 年 11 月 14 日。

[2] Frank Newport, "Americans' Satisfaction at All - Time Low of 9% ," *Gallup Politics*, October 7, 2008, http://www.gallup.com/poll/110983/americans - satisfaction - alltime - low.aspx，最后访问日期：2012 年 11 月 14 日。

[3] David Brooks, "The Tea Party Teens," *The New York Times*, January 4, 2010.

退、美国普通民众社会地位的下降、政治精英与主流政治之间日益拉大的
差距。①

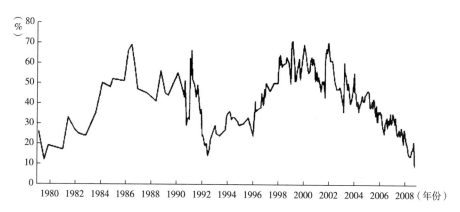

图 4 - 3　对美国现状的满意度

资料来源：盖洛普官网，http：//www.gallup.com/poll/110983/americans - satisfaction - alltime -
low.aspx，最后访问日期：2012 年 11 月 14 日。

美国民众与政治精英之间也存在巨大的极化现象。根据 2009 年的调查
数据，从整体来讲，美国人中有 55% 认为自己变得更加保守。将美国人分
为普通民众与政治精英进行调查的结果显示，66% 的美国普通民众认为自己
变得更加保守（27% 认为不是），而政治精英中只有 24% 认为自己变得更加
保守（74% 认为不是）；在支持削减个人所得税方面，80% 的普通民众支
持，而只有约 33% 的政治精英支持；80% 的普通民众认为媒体已经成为传
统政治势力的一部分，而政治精英中持此观点的只占 4%；90% 的普通民众
认为华盛顿的政治领袖已经放弃了对自由的承诺，而政治精英中只有 24%
持此观点，86% 的政治精英认为国家在向着正确的方向发展，而只有 19%
的普通民众认同；62% 的政治精英认为政府反映了民众的意愿，而 79% 的
普通民众反对；74% 的普通民众认为美国政治体制出现了严重问题，而
77% 的政治精英不赞同。②

---

①　Scott Rasmussen and Douglas Schoen, *Mad as Hell：How the Tea Party Movement is Fundamentally
Remaking our Two - Party System*, p. 53.

②　Scott Rasmussen and Douglas Schoen, *Mad as Hell：How the Tea Party Movement is Fundamentally
Remaking our Two - Party System*, pp. 83 - 84, 97.

　　内外交困与社会矛盾激化的美国进一步激发了对政府天生不信任的保守派。根据 2009 年 4 月的民调，55% 的受访者认为美国面临的最大威胁是"大政府"（big government），而 32% 的受访者认为是"大财阀"（big business）。① 根据盖洛普民调结果，2008~2011 年美国保守派的人数增加了 4 个百分点，而温和派减少了 1 个百分点，自由派则保持不变。②

　　美国保守派对政府的天生不信任感可以追溯到托马斯·杰斐逊反对中央集权并坚持州权的思想。③ 这原本是左翼的思潮，后来则变成了反对进步主义改革的有力武器。诚如美国前总统里根的一句名言——政府不能解决问题，政府就是问题——所说的，美国保守派认为政府是邪恶的。特别是当经济危机出现的时候，美国保守派就会将问题的根源指向美国政府。这在美国近代史上也频频上演。在 20 世纪 70 年代末卡特政府时期、90 年代初老布什政府时期以及奥巴马上任初期，美国保守派民众都将经济低迷的原因指向首府华盛顿。带有浓厚保守主义色彩的茶党运动就是在这种大的社会背景下被催生出来的。此外，右翼媒体特别是福克斯新闻台的全程支持性报道以及新兴信息技术手段——博客、社交网络——都为茶党运动的快速发展和崛起提供了有利的组织动员环境。

二　政治机遇

　　自 20 世纪 70 年代以来，右翼保守势力从整体上来讲占上风。然而到了小布什政府后期，新保守主义影响下的美国外交政策的失败导致保守势力一度受到抑制。在 2008 年大选年期间，意识形态一贯是中偏右的美国也开始向左转。盖洛普民调结果显示，从 2004 年至 2008 年，美国民众自认为是自由派的人数比例上升了 3 个百分点，而自认为保守派的民众数量比例则下

---

①　Susan Page, "Analysis by Jim Norman of USA TODAY/Gallup Poll of 1007 Adults Taken March 27 – 29," *USA TODAY*, April 14, 2009, http://www.usatoday.com/news/washington/2009 – 04 – 14 – biggovernment_N. htm#table，最后访问日期：2012 年 11 月 14 日。

②　盖洛普官网，http://www.gallup.com/poll/152021/Conservatives – Remain – Largest – Ideological – Group. aspx，最后访问日期：2012 年 11 月 15 日。

③　Frank Lambert, *Religion in American Politics: A Short History*, pp. 23 – 25.

降了 4 个百分点。① 对保守主义的抑制力量在 2008 年民主党获得总统大选的压倒性胜利以及获得国会参众两院的控制权时达到顶峰。此时，美国右翼势力能够施加影响的传统政治平台被全面封堵。然而，美国历史上第一位黑人总统的出现及其宣称要 "彻底改变美国" 的宣战誓言也引起了美国保守派对国家与自己生活未来的恐慌与担忧。奥巴马执政后实施的 7870 亿美元的救市计划以及将花费政府 1 万亿美元的医疗保险改革也彻底激怒了主张 "有限政府、低税" 的美国社会与经济保守派。

美国战后中间主义的瓦解与两党政治极化现象在小布什与奥巴马执政期间的加剧为茶党运动的勃兴提供了有利的政治机遇。20 世纪 50 ~ 90 年代的大部分时间内，美国政治精英的主流都是走中间路线的温和派。特别是 1972 年开始实行直接初选制的州再次增多导致了政治精英更加坚信走中间路线是赢得选举的最安全选择。然而到了小布什执政期间，这种情况悄然发生了改变。皮尤研究中心的调查显示（如图 4 - 4 所示），从 2000 年小布什上台执政至 2012 年，民主共和两党在政见上的分歧增加了 7 个百分点。在此前十几年间，两党的分歧则一直在 2 个百分点的范围内变化。

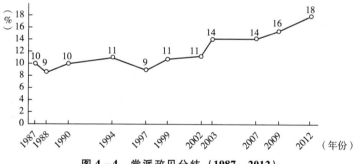

图 4 - 4 党派政见分歧 (1987 ~ 2012)

说明：该民调数据是根据 1987 ~ 2012 年针对民主党与共和党就 48 个价值观层面问题的回答统计得来。

资料来源：皮尤研究中心官网，http：//www. people - press. org/2012/06/04/partisan - polariza-tion - surges - in - bush - obama - years/，最后访问日期：2012 年 11 月 15 日。

美国专栏作者杰拉尔德·瑟伯（Gerald Seib）对两党的极化现象评论说道："今天的不同就在于两大政党都更加坚定地维护各自党内思想的一致与

① 盖洛普官网，http：//www. gallup. com/poll/152021/Conservatives - Remain - Largest - Ideolog-ical - Group. aspx，最后访问日期：2012 年 11 月 15 日。

纪律。而过去我们看到的却是共和党参议员为林登·约翰逊的《民权法案》的通过投出了关键的支持票，以及民主党众议员投票支持共和党总统罗纳德·里根的减税预算法案。"① 事实上，右翼茶党运动与两党政治极化是相互促进、互相加强的。茶党运动不但是对美国社会、政治矛盾激化的反应，同时也加剧了美国政治的极化现象。茶党势力是两党在 2010 年年初在医改法案上按党派划线投票的重要因素之一。② 受茶党运动的影响，共和党的政治立场在可见的一段时间内将倾向于更加保守和强硬。在这种情况下，共和党与民主党之间的政治极化现象也会越发严重。

自茶党运动 2009 年年初爆发以来，民主与共和两党对其态度明显不同。与民主党边缘化或忽略茶党运动不同，共和党对茶党势力的兴起基本上持欢迎态度。尽管共和党内部对茶党运动存在不同的声音，特别是共和党温和派，如约翰·麦凯恩指责茶党会分裂共和党，但是共和党保守派以及许多温和派为了赢得保守民众的支持，对茶党运动持肯定和支持的态度。2009年 7 月，"茶党连线"在美国国会的成立表明了共和党对茶党运动的支持，并为茶党运动在共和党内部甚至对美国政治进一步扩大声势与影响提供了政治渠道。"茶党连线"是由明尼苏达州共和党众议员米歇尔·巴赫曼（Michelle Bachmann）提议并经过参众两院批准成立的。

三　经济机遇

美国的经济状况是茶党运动最终爆发的又一关键性因素。由于新保守主义在小布什执政后期的受挫以及 2008 年民主党赢得总统大选与国会参众两院选举的胜利，保守主义的发展势头全面受阻。然而，对保守主义的抑制力量并未维持多久。2007 年年底次贷危机引发的金融危机使美国经历了战后历时最长的经济"大衰退"，这也是自 20 世纪 30 年代经济大萧条之后美国经济衰退最为严重的一次。2009 年 1 月上台执政的奥巴马推出的一揽

---

① Gerald F. Seib, "Lawmakers Seek Middle Ground at Their Own Risk," *Wall Street Journal*, March 12, 2010, http://online.wsj.com/article/SB10001424052748704349304575115583850338638.html, 最后访问日期：2012 年 11 月 15 日。

② Shailagh Murray and Lori Montgomery, "House Passes Health – care Reform Bill without Republican Votes," *The Washington Post*, March 22, 2010, http://www.washingtonpost.com/wp – dyn/content/article/2010/03/21/AR2010032100943.html, 最后访问日期：2012 年 11 月 15 日。

子救市新政没有起到立竿见影的效果，奥巴马政府也因经济持续低迷而备受指责。抑制保守主义思潮发展的力量也因此被大大削弱。在抑制力量式微的同时，奥巴马在金融危机加剧的状况下施行的扩大政府赤字、刺激经济的计划进一步刺激了美国的经济保守派。奥巴马的救市计划导致2010年美国联邦财政赤字接近1.3万亿美元。此外，奥巴马执政初期试图推翻小布什政府时期对年收入超过20万美元的个人和超过25万美元的家庭的减税政策，并计划增收1.9万亿美元的税收。事实上，茶党运动发生的最初导火索就是桑特利在奥巴马提出救市计划的第二天呼吁民众组织茶党、抗议政府的直播讲话。"财政责任、低税、有限政府、平衡预算"都是茶党运动的核心诉求。

此外，美国中产阶级在过去10年对经济失去安全感也是茶党运动能够迅速得到大量民众响应的重要因素。美国预算和政策优先中心（The Center on Budget and Policy Priorities）高级研究员贾里德·伯恩斯坦（Jared Bernstein）曾讲道："对于美国中产阶级来讲，过去的十年就是失去的十年。"[①]美国国家统计局的数据显示（如图4-5所示），中等收入家庭的收入在21世纪的头十年下降了近7个百分点。2010年中等收入家庭的年收入中值为49445美元，这也是自1996年以来的最低水平。近十多年来，美国中产阶级对未来经济安全不确定性的担忧随着整个国家宏观经济的低迷状况而不断

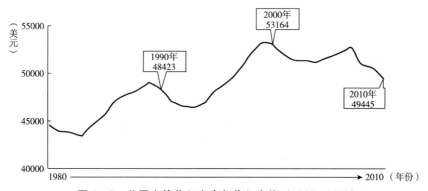

图4-5 美国中等收入家庭年收入中值（1980～2010）

资料来源：http://money.cnn.com/2011/09/21/news/economy/middle_class_income/index.htm，最后访问日期：2012年11月15日。

---

① Annalyn Censky, "A Rough 10 Years for the Middle Class," *CNN Money*, October 14, 2011, http://money.cnn.com/2011/09/21/news/economy/middle_class_income/index.htm, 最后访问日期：2012年11月15日。

加剧。茶党运动的兴起也是建立在中产阶级对未来担忧和惶恐的情绪之
上的。

小　结

　　茶党运动是一个由保守派精英和右翼保守组织及媒体策动，保守派民
众响应的右翼草根运动。从茶党运动发生至今，不难看出此次运动延续了
右翼社会运动自 20 世纪 70 年代以来的相对强势。尽管保守势力在小布什执
政后期以及 2008 年美国大选中短暂受挫，但在意识形态一贯中偏右的有利
的社会环境中，奥巴马推行的自由主义新政以及美国持续低迷的经济迅速
引爆了美国进入 21 世纪后的第一次大规模右翼草根运动。加之得益于右翼
势力从 20 世纪 70 年代就建立起来的庞大草根组织网络、右翼智库、传统媒
体以及近些年发展起来的新兴信息技术——博客与社交网络对右翼思潮话
语的构建与传播，茶党运动伊始就迅速动员了上百万民众参与到运动当中
来。除了草根动员以外，与以往右翼社会运动一样，茶党运动也延续了与
政党联姻的策略，为支持其主张的政治候选人筹款并动员选民参与投票。
在 2010 年的中期选举中，共和党能够重新获得众议院的控制权与茶党运动
的帮助密不可分。尽管茶党运动在 2012 年总统大选中未能有所作为，但民
主党自由派的代表——巴拉克·奥巴马的连任以及仍旧不大乐观的美国经
济状况或许将使茶党势力延续一段时间。

第五章 美国左翼社会运动最新案例
——"占领华尔街"运动

　　2011 年 9 月 17 日,"占领华尔街"运动在美国纽约市爆发。当日,将近 1 千名美国民众走上曼哈顿街头抗议美国经济不平等。当晚,将近 200 人在纽约市祖科蒂公园安营扎寨,开始了为期约 2 个月的占领运动。从意识形态的光谱来看,"占领华尔街"运动与茶党运动各处其左右两端。两个运动发生的背后都映衬着相同的社会与经济环境——经济低迷与社会内部矛盾进一步激化,并且两者都具有反精英的特点,然而左翼"占领华尔街"运动却迟于右翼茶党运动将近两年半之久。由于意识形态的差异,两场运动对美国当下出现的问题的根源及其解决办法都持有不同的态度和看法。"占领华尔街"运动将抗议的目标指向贪婪的金融巨头,而茶党运动则将矛头指向挥霍无度的美国政府。

　　事实上,这两场社会运动是关于向大政府还是大公司问责以及美国社会是要公平还是要效率的一次较量和对决。纵观美国历史,关于是要公平还是要效率、是大政府还是大公司应负责的争论从未停止过,而且每每遇到经济衰退时,这样的争论就尤为激烈。回溯到 20 世纪 30 年代经济大萧条时期,这样的争论以赞成公平与大政府的胜出而告终。此后,在左翼运动的影响下,时任美国总统的富兰克林·罗斯福所推行的一系列新政加强了金融管制,建立了社会安全网,并以此极大地膨胀了联邦政府的规模。到了 20 世纪 70 年代美国经济出现滞涨,此前使美国经济走出低谷的凯恩斯主义不再灵验。加之左翼运动衰落而右翼运动勃兴,美国社会与政治也开始向右转,故反对公平崇尚效率、反对大政府的声音逐渐占据上风。此后,美国奉行新自由主义政策,放松了对金融机构的管制,直至 2007 年年底次贷危机的爆发,其引发了自 20 世纪 30 年代经济大萧条以来历时最长、损失最严重的经济"大衰退"。在经济衰退、失业率居高不下的背景下,美国发生了战后以来首次相隔时间如此短暂的大规模左右翼社会运动。2009 年年初右翼茶党运动爆发，近两年半之后，左翼"占领华尔街"运动爆发。"占领华尔街"运动的发生为何晚于茶党运动？"占领华尔街"运动能否重新谱写 20 世纪 30 至 60 年代左翼势力的辉煌？本章通过考察"占领华尔街"运动发生与发展的政治过程，即从运动组织动员、运动诉求、运动话语构建与传播、运动策略与手段及其外部环境五个维度对其进行研究，试图解答上述问题。

第一节　运动组织动员

一　运动缘起

"占领华尔街"运动是全球占领运动的一部分，它最初是由国外人士策划并受到 2011 年推动变革的全球性抗议运动如"阿拉伯之春"影响的一场左翼社会运动。① 2011 年 9 月 17 日在纽约市爆发的"占领华尔街"运动是由一家名为"Adbusters"的加拿大反消费主义非营利组织借助网络策动的。早在 2011 年 7 月 13 日，受阿拉伯抗议运动特别是埃及开罗特利尔自由广场抗议运动的影响，"Adbusters"建立了"占领华尔街"运动网站——occupy-wallst. org，号召美国民众于 2011 年 9 月 17 日到曼哈顿街头抗议、占领华尔街。"Adbusters"在其官网上公布的动员文章部分内容如下：

> 9 月 17 日，我们希望看到 2 万人涌入曼哈顿下城，搭建帐篷、厨房、和平的路障并占领华尔街长达几个月之久。一旦人们走上街头，我们将不断地重复一个简单的诉求。特利尔自由广场的抗议运动成功的部分原因在于埃及民众给穆巴拉克下了一个直截了当的最后通牒，即穆巴拉克必须下台。埃及民众不断重复着这一诉求，直到最终的胜

---

① Jack Shenker and Adam Gabbatt, "Tahrir Square Protesters Send Message of Solidarity to Occupy Wall Street," *The Guardian*, October 25, 2011, http: //www. guardian. co. uk/world/2011/oct/25/egyptian - protesters - occupy - wall - street? newsfeed = true, 最后访问日期：2012 年 12 月 3 日; Michael Saba, "Wall Street Protesters Inspired by Arab Spring Movement," *CNN*, September 17, 2011, http: //edition. cnn. com/2011/09/16/tech/social - media/twitter - occu-py - wall - street/index. html, 最后访问日期：2012 年 12 月 3 日。

利。在这种模式下，我们的诉求又是什么呢？至今我们看到的最令人振奋的总统候选人应该是指责美国政治体制的核心不配被称为民主：我们要求巴拉克·奥巴马任命一个总统委员会，负责终止金钱对华盛顿政客的影响。要民主不要财阀民主。没有民主，我们注定走向灭亡。①

随后，该组织还建立了许多"占领华尔街"运动的倡议网站——occupy-wallstreet. org，occupy. net，occupiedstories. com，occupytheory. org，occupystreams. org，takethesquare. net，并利用 Twitter，Facebook，Meetup，IRC 等社交网络平台动员美国民众参与 9 月 17 日的示威抗议活动。正如"Adbusters"的创办人之一克利·拉森（Kalle Lasn）所说的："我们希望看到大量民众出现在曼哈顿下城，手握标语牌，参与抗议华尔街的和平示威游行。如果我们能够成功组织和平集会，并就抗议对奥巴马总统提出的诉求进行辩论，那么逐步地我们就会发展到能够与埃及发生过的抗议运动比肩的情况。那将是一个美好、充满活力和积极的时刻，是我们人民真正做主的时刻。"②

在"Adbusters"组织的倡议下，2011 年 9 月 17 日最终有 1 千名示威者走上曼哈顿街头，抗议华尔街的金融巨头，指责他们是美国当下经济衰退以及财阀民主形式的罪魁祸首。当晚，有 100～200 人占领了距华尔街两个街区之遥的祖科蒂公园，开始了长达近两个月的"占领华尔街"运动，直至 11 月 14 日所有的占领者被清逐出祖科蒂公园。美国《时代》杂志 2011 年 10 月的民调显示，54% 的美国民众支持"占领华尔街"运动，而反对"占领华尔街"运动的民众只占 23%。此时，茶党运动的支持者占 27%。③由此可见，"占领华尔街"运动在初期就得到了大量民众的支持。它也是自 20 世纪 60 年代民权运动以来美国发生的规模最大的左翼社会抗议运动，规模最大的一次"占领华尔街"运动示威游行有上万人参与。抗议浪潮迅速蔓延到美国其他城市乃至全球。在不到一个月的时间内，全球已有 900 多个

---

① http：//www. adbusters. org/blogs/adbusters – blog/occupywallstreet. html，最后访问日期：2012 年 12 月 3 日。

② Michael Saba，"Wall Street Protesters Inspired by Arab Spring Movement"．

③ Editors of Time Magazine，*What is Occupy? Inside the Global Movement*（Time，NY：Time Books，2011），pp. 8 – 9．

城市相继爆发了占领运动，包括悉尼、东京、巴黎、马德里、柏林、台北等。截至 2011 年 10 月末，约 2300 个占领群体在全球 2000 多个城市扎营抗议。① "占领华尔街" 运动爆发短短两周就得到了美国的工会组织、学生以及大量失业民众的支持。随着工会组织以及学生的加入，"占领华尔街" 运动的规模在 10 月初也迅速扩大，并蔓延到了美国高校校园。10 月 6 日，占领浪潮又迅速蔓延至首都华盛顿，并有上千人参与了 "占领华盛顿" 的示威游行。随着抗议规模的不断扩大，占领运动逐渐发展成为来势汹汹的社会运动。

　　尽管 "占领华尔街" 运动的倡议组织号召参与者采用非暴力的抗议示威形式，然而随着抗议者数量以及抗议规模的不断扩大，抗议者与警方的暴力冲突事件不断增加，被捕的抗议者人数也在不断增加。2011 年 10 月 1 日，当占领运动的抗议者队伍穿过纽约市布鲁克林大桥时，有超过 700 名示威者被捕，这也是占领运动爆发期间被捕人数最多的一次。从 2011 年 11 月 14 日晚开始，美国各地的警察开始对占领运动的扎营者进行强制性清场，包括占领运动的大本营纽约市祖科蒂公园、加州奥克兰市等地。当时，美国各界对清场后的 "占领华尔街" 运动的未来走向看法不一。大体有两种不同的看法：一种看法认为美国官方采用对抗性策略将有可能刺激占领运动的进一步发展，而不会导致其解散；② 另一种则认为美国官方驱逐占领运动的扎营者将会使原本对运动持同情态度的民众疏远占领运动，抑制其发展。③ 依笔者对 "占领华尔街" 运动发展至今的观察，自美国官方在 2011

---

① Chris Barton，"'Occupy Auckland' Protest Speaks with Many Voices," *The New Zealand Herald*, October 29, 2011, http://www.nzherald.co.nz/nz/news/article.cfm? c_id = 1andobjectid = 10762353，最后访问日期：2012 年 12 月 3 日。

② Richard Lambert, "Its Camp is Gone, but the Occupy Movement will Grow," *Financial Times*, November 15, 2011, http://blogs.ft.com/the - a - list/2011/11/15/its - camp - is - gone - but - the - occupy - movement - will - grow/? Authorised = false#axzz2DxURXgGf，最后访问日期：2012 年 12 月 3 日。

③ John Gapper, "A Better Way to Occupy Wall Street," *Financial Times*, November 16, 2011, http://www.ft.com/intl/cms/s/3724b32a - 1047 - 11e1 - 8211 - 00144feabdc0, Authorised = false.html? _i_location = http%3A%2F%2Fwww.ft.com%2Fcms%2Fs%2F0%2F3724b32a - 1047 - 11e1 - 8211 - 00144feabdc0.htmland_i_referer = http%3A%2F%2Fen.wikipedia.org%2Fwiki%2FOccupy_Wall_Street_Movement#axzz2DxV9Vx9a，最后访问日期：2012 年 12 月 3 日。

年 11 月中旬对其扎营活动强制清场以来，无论是从运动的规模还是从民众对其的关注度来看，占领运动在 2012 年的发展都远不及其在 2011 年秋的发展势头。

二　网络信息技术与组织动员

"占领华尔街"运动在组织动员方面的一个显著特点就是完全依赖网络信息技术。从最初的倡议、组织动员到运动发展过程中的信息发布都是通过为运动而建立的网站以及其他社交网站进行的。社交网站——IRC，Facebook，Twitter，Meetup——是占领运动组织示威游行活动的重要工具。运动支持者还使用其他现代科技工具——智能手机、社交网络、WordPress 博客平台——参与到运动当中。相关的网站除了"占领华尔街"运动的倡议组织"Adbusters"的官方网站 www. adbusters. org 以外，还包括以下一些核心组织网站（如表 5 - 1 所示）。

表 5 - 1　"占领华尔街"运动网站

网　址	主要功用
www. occupywallstreet. org	发布运动策略简报
www. occupy. net	提供全球各地占领运动组织网站链接（包括美国本土 1494 个占领运动网站）
www. occupywallst. org	发布占领运动的相关新闻
www. occupiedstories. com	发布运动参与者亲历的经历与故事
www. occupytheory. org	发布占领运动的相关理论与哲学见解
www. occupystreams. org	对各地发生的占领运动的直播报道
www. takethesquare. net	占领运动的全球性网站

资料来源：占领运动网站的相关信息均来自"Adbusters"组织官网，http：//www. adbusters. org。

网络信息技术在美国社会运动组织动员中的使用可以追溯到 20 世纪 90 年代中期。随着 20 世纪 90 年代网络信息技术在美国的快速发展，社会中的边缘群体也开始获得网络资源并将其运用到抗议运动的组织和动员之中。1995 年，反对经济合作与发展组织（OECD）提出的新自由主义经济议程的全球抗议运动就是最早应用网络信息技术进行组织动员的抗议运动之一。① 当时，经济合作与发展组织提出了一个有关开放跨界投资与贸易环境的《多边投资协定》（Multilateral Agreement on Investment）。该协定的相关信息被一些非政府组织在互联网上披露并通过群发邮件的形式散布消息，最终引发了反对该协定的全球性抗议运动。该协定也因此没有得到签署。2001 年，成功使用网络信息技术进行组织动员的大规模反全球化运动在美国爆发，此后全球有 50 多万名民众参与了此次反全球化抗议运动。这次抗议运动通过电子邮件、网上公告栏、聊天室、手机进行组织动员。在抗议运动开始之前，运动的策划者建立了独立媒体中心——各地反全球化运动网站的全球网络，并使用该中心发布信息，同时进行网络草根动员。该中心的设计允许人们随意上传信息，以此促进运动参与者的及时沟通与联络。②

　　信息技术革命与新社会运动的发展将美国社会运动推进了网络时代。德国社会学家、新社会运动理论家哈贝马斯认为，作为保护公共空间的新社会运动为民众提供了重获交流与参与民主的形式。③ 自美国社会运动进入网络时代以来，电子社会运动组织、电子运动、电子抗议以及网络积极分子等新词不断涌现。新信息传播技术在社会运动中的应用不但改变了运动的组织动员方式，使跨地区、跨国界的快速动员成为可能，而且对社会运动研究也产生了非常大的影响。近二十年来，相关的研究大量出现，学者提出了诸多新信息传播技术理论。不过，学界对信息传播技术的影响看法不一。持赞成观点的学者认为新信息传播技术有以下一些积极影响。首先，网络是至今最具说服力的有效信息传播和交流工具，网络传播信息的强大能力使其成为社会生活的一个有机组成部分。"网络社会"和"信息政治"也随之形成，"民主的电子草根动员"也应运而生。④ 其次，网络通过增强

---

① Stephen Kobrin, "The Clash of Globalizations," *Foreign Policy*, Vol. 112, 1998, pp. 97 – 109.

② David Kidd, "Indymedia: A New Communications Commons," in Barbara McCaughney and Michael Ayers, *Cyberactivism: Online Acts in Theory and Practice* (New York, NY: Routledge, 2003), pp. 47 – 69.

③ Jürgen Habermas, *Moral Consciousness and Communicative Action* (Cambridge, MA: MIT Press, 1983).

④ Manuel Castells, *The Power of Identity: The Information Age: Economy, Society and Culture*, Volume II (Oxford, UK: Blackwell Press, 1997); *The Internet Galaxy: Reflections on the Internet, Business and Society* (Malden, MA: Blackwell Publishers, 2001).

信息与机会的可见性与传播性，有助于建立并维持集体身份认同。① 即使在社会身份与意识形态认同相对较弱的群体中，新信息传播技术也有助于建立更加广泛的网络并维持更加持久的抗议运动。② 最后，网络信息的传播不但能够有效抵制政府的管理和抑制，而且有助于社会运动组织内部的协同决策与联盟的建立。③ 然而，很多学者也指出了新信息传播技术的局限性。首先，网络空间中的虚拟社会关系缺乏人与人之间面对面的交流与沟通，因此无法维持集体身份的一贯性。其次，网络上的讨论群体通常由看法相似的群体构成，他们倾向于抵制不同的声音和看法，故网络上的讨论群体极有可能造成观点的偏执。最后，新信息传播技术在为民众提供新的信息传播与交流方式的同时，也极有可能被社会的精英群体所操控，如政府对互联网的管制、精英群体对网络信息的操控等。

学界对新信息传播技术对社会运动的影响褒贬不一。然而毋庸置疑的是，新信息技术在社会运动发生和发展过程中的使用对运动的倡议、动员、组织、运动诉求与话语的传播、决策过程都产生了深刻影响。"占领华尔街"运动与茶党运动就是运用新信息传播技术的最新典型案例。新信息传播技术的应用在使两场运动的组织动员更加方便与快速的同时，也暴露其局限性。以"占领华尔街"运动为例，由于在动员过程中完全依赖网络，缺乏现实生活中草根组织的支持以及人与人之间的真实交流，故当运动遭到官方镇压受到挫折时，早期通过虚拟社会关系建立起来的集体身份认同就会发生溃散。2011 年 11 月中旬占领运动遭到政府清场之后，原本认同和支持占领运动的民众开始疏远自己与运动的关系。从占领运动在政府清场之后的发展趋势来看，无论是运动的规模还是民众的关注度都大大降低。

---

① Henry Jenkins, *Convergence Culture* (New York, NY: New York University Press, 2006); Mario Diani, "Social Movement Networks Virtual and Real," *Information, Communication and Society*, Vol. 3, No. 3, 2000, pp. 386 – 401.

② 见下列学者的研究: Jeremy Brecher, Tim Costello and Brendan Smith, *Globalization from Below: The Power of Solidarity* (Cambridge, MA: South End Press, 2000); Joyce Nipp, "The Queer Sisters and its Electronic Bulletin Board: A Study of the Internet for Social Movement Mobilization," in Wim Van De Donk et al., *Cyberprotest: New Media, Citizens and Social Movements* (New York, NY: Routledge, 2004), pp. 233 – 258; William Bennet, "Communicating Global Activism," *Information, Communication and Society*, Vol. 6, No. 2, 2003, pp. 143 – 168。

③ David Kidd, "Indymedia: A New Communications Commons".

与"占领华尔街"运动完全依赖信息技术不同，茶党运动除了使用网络之外，还得到了传统保守媒体以及大量线下保守组织的支持。以对美国社会与选举政治影响的持续发酵的时间长度来衡量，茶党运动到目前为止要相对强于"占领华尔街"运动。此外，从茶党运动的发展过程中不难看出，运动的话语权在一定程度上受到了保守派精英群体的渗透与影响。

三 参与者的构成

人们普遍认为，绝大多数"占领华尔街"运动的参与者是失业者、学生以及民主党。然而，对"占领华尔街"运动大本营祖科蒂公园扎营者以及核心运动网站之——www. occupywallst. org——上千名访问者的两个调查却颠覆了人们对占领运动参与者的普遍看法。

2011 年 10 月 10 日和 11 日，Penn, Schoen and Berland 市场研究与调查公司的一名资深研究员阿里尔·菲诺（Arielle Alter Confino）对祖科蒂公园中将近 200 名占领运动的抗议者进行了访问调查。① 该调查的结果与该公司此前对占领运动抗议者所做的随机调查的结果一致。从抗议者的就业情况看，失业者只占抗议者总数的 15%，绝大多数抗议者是有工作的。从党派倾向性来看，32% 的受访者称自己为民主党。几乎同样多的受访者（33%）称自己没有党派倾向。大部分受访者支持左翼自由派政策，如反对市场资本主义、支持激进的财富重新分配方式、加强对公司的监管、支持防止工作机会外流的贸易保护主义。65% 的受访者认为政府无论付出多大代价，都有责任确保所有公民获得医保、接受高等教育以及安全的退休生活。赞成富人多缴税的受访者占 77%，58% 的受访者反对向所有人征税。在政府是否应该救市的问题上，赞成与反对的受访者的数量旗鼓相当，各占 49% 和51%。绝大多数受访者在 2008 年支持现任总统奥巴马，而调查时支持奥巴马的人数只占 44%，51% 反对。48% 的受访者称将在 2012 年的美国总统大选中再次投票投给奥巴马，而至少有 25% 称不会。此外，几乎所有抗议者都表示为了实现运动目标而赞成公民不服从（civil disobedience）。同时，也

① Douglas Schoen, "Polling the Occupy Wall Street Crowd," *The Wall Street Journal*, October 18, 2011, http：//online. wsj. com/article/SB10001424052970204479504576637082965745362. html? mod = WSJ_Opinion_LEADTop，最后访问日期：2012 年 12 月 4 日。

有将近31%的抗议者赞成使用暴力手段来实现运动诉求。

另一个对"占领华尔街"运动核心网站之一——occupywallst. org——上千名访问者的调查结果也基本上验证了对祖科蒂公园扎营者的调查结果。一位帮助开发和建立 occupywallst. org 网站的商业情报分析师哈里森·舒尔茨（Harrison Schultz）与巴鲁克学院公共事务学院赫克托·R. 德罗古斯曼（Héctor R. Cordero - Guzmán）在 2011 年 10 月 5 日和 21～22 日分别对 1619 名和 5006 名网站访问者进行了调查。[①] 两次调查的结果也大体相似。调查发现，大部分运动的支持者是白人和男性，分别占 81.2% 和 61%。中青年者居多，其中年龄在 25～44 岁的占 44.5%，而 24 岁及以下占 23.5%，45 岁以上占 32%。60.7% 的受访者受过大学教育，29.4% 受过研究生院教育，而中学以下教育水平的只占 9.9%。从就业情况来看，47% 的受访者是全职者，兼职者占 19.9%，而失业者只占 12.3%。从收入水平来看，中低收入者占大多数，其中收入水平在 25000 美元以下的占 46.5%，5 万美元以上的占 30.1%，收入在 25000～49999 美元之间的仅占 23.3%。从党派倾向性来看，70.2% 的受访者是无党派人士，自称为民主党的仅占 27.4%。

上面两个调查的结果显示，绝大多数"占领华尔街"运动的参与者支持左翼自由主义政策主张；大部分抗议者的收入处于中下水平；在所有抗议者中，尽管失业人数只占一小部分，但其失业率却是全国平均失业率的 2～3 倍。

第二节　运动诉求

普遍认为，"占领华尔街"运动没有核心诉求，缺乏统一的行动纲领。然而，运动的倡议者则认为这恰恰是占领运动的策略之一。没有核心诉求可以吸引更多具有不同诉求的民众参与其中，增强运动的包容性，并以此扩大运动规模。正如"占领华尔街"运动的倡议者之一克利·拉森在接受《华盛顿邮报》的访问时曾说的："'没有领袖、没有统一诉求'的运动可以

---

① Sean Captain, "Infographic: Who is Occupy Wall Street?" *Fast Company*, November 2, 2011, http://www.fastcompany.com/1792056/infographic - who - occupy - wall - street，最后访问日期：2012 年 12 月 4 日。

吸纳所有人参与其中，这也是'占领华尔街'运动有别于其他社会运动的特点之一。"①

鉴于"占领华尔街"运动兼容并包的特点，抗议者的诉求也是非常多元化的。抗议诉求包括了反对99%对1%的贫富差距、华尔街金融大鳄的贪婪、居高不下的失业率、政府削减使穷人受益的社会福利计划、金钱对民主政治的操控、要求政府加强金融监管、增加就业、增加对富人征税，等等。抗议者还提出了反战要求和平、抗议气候变暖、要求社会公正等全球性抗议目标。美国各地的占领运动运动诉求更加多元化，还包括同性恋、妇女平等等议题。"占领华尔街"运动至今尚未形成明确统一的运动诉求与目标。

尽管运动诉求多元不统一，然而从运动的命名及其最为响亮的口号"我们是99%"可以看出，"占领华尔街"运动将抗议的对象指向美国华尔街的金融精英，认为他们是美国经济大衰退、失业率居高不下的罪魁祸首。然而，根据盖洛普的民意调查（如表5-2所示），六成以上的美国民众认为经济衰退是联邦政府而并非金融机构的责任。

表5-2　美国经济衰退的原因在于联邦政府还是华尔街的金融机构？

单位:%

调查时间	金融机构	联邦政府	没有观点
2011年10月15~16日	30	64	5

资料来源：根据盖洛普官网数据汇制，http：//www.gallup.com/poll/150191/Americans - Blame - Gov - Wall - Street - Economy.aspx，最后访问日期：2012年12月5日。

鉴于"占领华尔街"运动与广大美国民众的观点存在偏差，这也许是"占领华尔街"运动在被政府清场之后，其影响未能持续发酵的原因之一。此外，从盖洛普有关民众对"占领华尔街"运动运动诉求及其抗议方式的态度的调查结果来看（见表5-3），六成以上的美国民众表示不清楚其运动目标，还有五成以上的民众表示对其抗议方式不够了解。

---

① Elizabeth Flock, "Occupy Wall Street: An Interview with Kalle Lasn, the Man behind it All," *The Washington Post*, October 12, 2011, http://www.washingtonpost.com/blogs/blogpost/post/occupy - wall - street - an - interview - with - kalle - lasn - the - man - behind - it - all/2011/10/12/gIQAC81xfL_blog.html，最后访问日期：2012年12月4日。

表 5 - 3　对"占领华尔街"运动目标与抗议方式的民意调查

单位:%

	赞成	反对	不够了解
运动目标	22	15	63
抗议方式	25	20	55

资料来源：根据盖洛普官网数据汇制，http：//www. gallup. com/poll/150164/Americans - Uncertain - Occupy - Wall - Street - Goals. aspx，最后访问日期：2012 年 12 月 5 日。

由此可见，诉求纷繁多元的"占领华尔街"运动对有着各种诉求的抗议者来说的确具有超强的吸附能力。相关调查显示，抗议者中过去参加过抗议运动的人数占到了 52%。[1] 然而，缺乏明确核心诉求不利于普通民众对抗议运动的了解，抗议运动的长期发展也会在很大程度上受到限制。

"占领华尔街"运动至今还尚未对其答出的问题给出解决方案，故它充其量也只是为美国民众在这一特殊时期内提供了一个宣泄怨愤的渠道。从2012 年以来媒体对"占领华尔街"运动报道的标题来看，如《占领华尔街五一纽约市游行以广场占领失败而告终》、《"占领华尔街"运动五一节之后的趋向》、《茶党运动仍强劲，"占领华尔街"运动势衰》[2]，其未来的发展趋势及影响力令人担忧。

第三节　运动话语构建与传播

一　运动口号与话语构建

与茶党运动话语构建注重宗教含义以及传承保守派传统思想不同，"占

---

[1]　Sean Captain, "Infographic：Who is Occupy Wall Street？".

[2]　Eleazar David Melendez, "Occupy Wall Street's May Day in New York Ends in Failed Plaza Occupation," *International Business Times*, May 2, 2012, http：//www. ibtimes. com/occupy - wall - streets - may - day - new - york - ends - failed - plaza - occupation - 694899；Joe Coscarelli, "What Comes after May Day for Occupy Wall Street?" *New York*, May 1, 2012, http：// nymag. com/daily/intel/2012/05/may - day - occupy - wall - street - uncertain - future. html；Justin Grant, "The Tea Party Remains Strong as Occupy Wall Street Sputters," *Advanced Trading*, May 9, 2012, http：//www. advancedtrading. com/regulations/the - tea - party - remains - strong - as - occupy - w/240000089，最后访问日期：2012 年 12 月 5 日。

领华尔街"运动的话语构建更加凸显民粹色彩。"占领华尔街"运动的口号是美国民众宣泄怨愤的一种直接和纯粹的表达。从这些林林总总的口号中，我们可以体会到民众对美国当前残酷现实的失望情绪。

最吸引眼球的运动话语当属有关99%的口号，如"我们是99%""99%对1%"。99%的话语在具有浓厚的民粹色彩的同时，也有利于在运动的同情者中建立起一种集体身份认同，故兼有动员的功用。99%的话语最初出现在2011年8月23日的名为"Tublr"的博客页面上。一位名叫克里斯的博主写道："请大家上传照片，照片上请手写一些标语，说明大家在遭受着怎么样的恶劣经济状况的影响。请大家称自己为'99%'，并在照片的下方写上'occupywallst. org'。"①

"99%对1%"是指财富的集中。根据美国国会预算办公室的报告，在过去30年（1979～2007年）中，占总人口1%的最高收入阶层的税后收入增长了三倍，中等收入阶层的收入增加了不足40%，而占总人口20%的最低收入阶层的收入只增加了18%。②

"占领华尔街"运动的其他口号大多是一种民众内心不满情绪的直接表达。这些口号包括"反对贪婪""二战老兵，继续占领""没有工作、没有医保却背负上千美元的学生贷款""我们要工作""我们要公平""向富人征税""华尔街应该买股票，而不是政客""钱能使鬼推磨""撕裂美国梦""大公司的贪婪在谋杀我们99%"，等等。

二　媒体与话语传播

"占领华尔街"运动产生于网络媒体，其发展也是完全依赖网络、博客、社交网站、智能手机等新兴信息传媒技术。而茶党运动虽然也借助于新兴网媒进行话语传播与组织动员，但传统媒体才是茶党运动的真正发源

---

① Adam Weinstein, "'We are the 99 Percent' Creators Revealed," *Mother Jones*, October 7, 2011, http://www.motherjones.com/politics/2011/10/we - are - the - 99 - percent - creators, 最后访问日期：2012年12月6日。

② Peter Whoriskey, "CBO: Incomes of Top Earners Grow at a Pace Far Faster than Everyone Else's," *The Washington Post*, October 27, 2011, http://www.washingtonpost.com/business/economy/cbo - incomes - of - top - earners - grow - at - a - pace - far - faster - than - everyone - elses/2011/10/26/gIQAHlVFKM_story.html, 最后访问日期：2012年12月6日。

地,即 2009 年 2 月 19 日全球性财经有线电视卫星新闻台财经分析师里克·桑特利在芝加哥商品交易所做直播时呼吁民众组织茶党抗议奥巴马政府。此后,茶党运动得到了主流保守媒体福克斯新闻台的全程支持性报道。

然而,从"占领华尔街"运动发展至今的状况看,其受主流传统媒体关注的程度远不及 2009 年发生的茶党运动。"占领华尔街"运动爆发之初,2011 年 9 月 17 日在华尔街的示威游行只有将近 1 千人参加,规模并不是很大,并未吸引美国传统主流媒体的关注。

笔者对律商联讯(LexisNexis)数据库中收录的 2011 年 9 月 17 日至 27 日媒体对"占领华尔街"运动的报道做了统计,结果显示,十天内美国有线新闻频道对该运动的报道次数只有 24 次。[1] 皮尤研究中心也对"占领华尔街"运动的媒体报道与民众关注情况进行了调查。该调查分为三个时间段,结果如表 5 - 4、表 5 - 5、表 5 - 6 所示。

表 5 - 4 "占领华尔街"运动的媒体报道与民众关注[2]

单位:%

	民众关注	媒体报道
经济	27	15
史蒂夫·乔布斯	14	10
2012 年选举	12	18
阿曼达·诺克斯	10	7
阿富汗	8	4
"占领华尔街"运动	7	7

资料来源:根据皮尤研究中心官网数据汇制,民众关注调查时间为 2011 年 10 月 6 ~ 9 日,媒体报道调查时间为 2011 年 10 月 3 ~ 9 日,http://www. people - press. org/2011/10/12/wall - street - protests - receive - limited - attention/,最后访问日期:2012 年 12 月 6 日。

表 5 - 5 "占领华尔街"运动的媒体报道与民众关注

单位:%

	民众关注	媒体报道
经济	20	8
"占领华尔街"运动	18	10

---

① 律商联讯未收录全球性财经有线电视卫星新闻台与福克斯新闻台的日间节目。

② 民众关注指民众关注相关新闻报道的百分比;媒体报道指对不同新闻报道的比例分配。

续表

	民众关注	媒体报道
2012 年选举	15	19
就业、赤字问题	11	6
外交官被杀事件	4	13

资料来源：根据皮尤研究中心官网数据汇制，民众关注调查时间为 2011 年 10 月 13～16 日，媒体报道调查时间为 2011 年 10 月 10～16 日，http：//www. people‒press. org/2011/10/19/growing‒attention‒to‒wall‒street‒protests/，最后访问日期：2012 年 12 月 6 日。

表 5‒6　"占领华尔街"运动的媒体报道与民众关注

单位：%

	民众关注	媒体报道
2012 年大选	16	29
经济	14	13
东海岸暴风雪	12	3
"占领华尔街"运动	10	5
联邦赤字、债务问题	9	1
欧债危机	8	9

资料来源：根据皮尤研究中心官网数据汇制，民众关注调查时间为 2011 年 11 月 3～6 日，媒体报道调查时间为 2011 年 10 月 31～11 月 6 日，http：//www. people‒press. org/2011/11/09/campaign‒news‒draws‒more‒coverage‒than‒interest/11‒9‒11‒1/，最后访问日期：2012 年 12 月 6 日。

以上数据显示，"占领华尔街"运动并未引起美国传统媒体的太多关注。只在 2011 年 10 月中上旬，随着运动规模的不断扩大以及抗议者与警方的暴力冲突不断升级时，传统媒体才增加了对占领运动的报道。到了 10 月底以后，美国传统媒体对运动的报道又开始大幅减少。《纽约观察家》的凯特·斯特费尔（Kat Stoeffel）在一篇文章中曾指出，"占领华尔街"运动媒体传播的最大问题就是缺乏媒体报道。[①] 美国国家公共电台（National Public Radio）从"占领华尔街"运动爆发的第二个星期才开始报道，报道的也都是关于抗议者被捕的新闻。从传统媒体对"占领华尔街"运动报道的趋势

[①]　Kat Stoeffel，"Occupy Wall Street's Media Problems，" *New York Observer*，September 26，2011，http：//observer. com/2011/09/occupy‒wall‒streets‒media‒problems/，最后访问日期：2012 年 12 月 6 日。

来看，抗议者与警方暴力冲突的升级是运动引发传统媒体关注及其报道数量增多的主要原因。美国国家公共电台的执行主编迪克·迈耶（Dick Meyer）对电台在运动初期未加以报道解释说："最近在华尔街的抗议并未吸引大量的民众、名人参与，也并未造成很大的影响，而且缺乏特别明确的目标。"[①] 即使是在 2011 年 9 月末美国传统媒体对占领运动的报道大幅增加时，报道大多关注的也只是运动的暴力升级，而非像茶党运动那样得到福克斯新闻台的支持性报道。就连原本应该同情"占领华尔街"运动的自由倾向的媒体《纽约时报》也对占领运动进行抨击。《纽约时报》的吉尼亚·贝拉凡特（Ginia Bellafante）在文章中写道："'占领华尔街'运动上演了一场进步主义愚蠢闹剧，而并非有见地地推进进步主义。"[②]

第四节　运动策略与手段

一　网络组织动员

作为全球性运动的一部分，"占领华尔街"运动的动员几乎完全依赖网络，具有动员速度快速、动员规模庞大、动员受众中青年居多等特点。占领运动参与者当中 44 岁以下的占到 68%。[③] "占领华尔街"运动缘起组织者的微博文章，并迅速通过新建运动网站、社交网络传播，动员了成千上万的民众参与其中。"占领华尔街"运动爆发后，各地占领运动相继建立了网站。在美国本土就建立了 1494 个占领运动网站。每个网站除了宣传运动诉求、公布组织活动的相关信息外，还设有教授民众如何进行"占领"、如何扎营以及如何应对警方的相关法律常识的专栏。其他新兴信息技术手段，

---

① Edward Schumacher – Matos, "Newsworthy? Determining the Importance of Protests on Wall Street," September 26, 2011, http：//www. npr. org/blogs/ombudsman/2011/09/26/140815394/newsworthy – determining – the – importance – of – protests – on – wall – street，最后访问日期：2012 年 12 月 6 日。

② Ginia Bellafante, "Gunning for Wall Street, With Faulty Aim," *The New York Times*, September 25, 2011, http：//www. nytimes. com/2011/09/25/nyregion/protesters – are – gunning – for – wall – street – with – faulty – aim. html? _r = 1andpagewanted = print，最后访问日期：2012 年 12 月 6 日。

③ Sean Captain, "Infographic：Who is Occupy Wall Street？".

如社交网站、博客、智能手机都为及时发布和散布占领运动相关信息提供了技术支持。由于网络动员极强的传播与影响力，"占领华尔街"运动在爆发两周后就得到了工会与学生的支持，并随即将占领运动延伸到了美国的大学校园。参与"占领华尔街"运动的工会组织有美国教师联合会（United Federation of Teachers）、运输工人联盟（Transport Workers Union）、1199 服务业雇员国际联盟（1199 Service Employees International Union）、美国通信工人（Communications Workers of America）、卡车司机工会（Teamsters）、国际沿岸和仓库联盟（International Longshore and Warehouse Union）以及劳联—产联（the AFL - CIO）。由于线上网络媒体的巨大号召力，"占领华尔街"运动也得到了许多线下实体组织的支持，运动规模及其参与的抗议人数也随之快速扩大和增加。

二 "缺乏统一诉求与核心领袖"的扎营策略

2011 年 9 月 17 日，即"占领华尔街"运动爆发的当天有将近 200 名抗议者扎营在纽约市祖科蒂公园过夜。这是"占领华尔街"运动区别于其他社会运动所采用的独特抗议方式之一。随后，在全美各地的占领运动中，抗议者使用了同样的抗议手段。在美国各地扎营的占领抗议者得到了占领运动支持者和组织的物质资助。直到 2011 年 11 月中旬，各地的扎营活动才以美国警方强制性驱逐抗议者离场而宣告结束。此后，抗议者试图继续以扎营的方式进行抗议，但都未能成功。

自"占领华尔街"运动爆发至今，外界评论或指责最多的就是运动缺乏统一诉求，没有核心领袖。然而，这正是占领运动所使用的策略之一。按照占领运动组织者的逻辑，没有统一诉求的运动能够吸引更多的民众参与，以此扩大规模、大造声势；没有核心领袖则是不与传统政治精英结盟，保持运动的独立性。作为"占领华尔街"运动核心网站之一，occupy-wallst. org 在主页上对运动性质的描述也表明了这一点：

> "占领华尔街"运动是由不同肤色、不同性别、不同政治派别的人们组成的无领袖抵抗运动。然而，我们却都是社会上 99% 群体中的一员，无法再忍受社会上 1% 群体的贪婪和腐败。我们正在使用"阿拉伯之春"的革命策略来实现我们的目标，并鼓励非暴力手段来确保所有

运动参与者的安全。①

从短期效应看，这种"缺乏统一诉求与核心领袖"的运动策略的确吸引了具有不同诉求的民众，"占领华尔街"运动初期的规模就是有力的证明。占领运动的运动诉求包括了反对社会不公、抗议华尔街的贪婪、反对政府减少使弱势群体受益的福利计划、学生债务增多、反战要求和平、抗议气候变暖等多项议题。然而，从运动的长期发展趋势来看，多元化的运动诉求不利于抗议者集体身份认同的维持，进而会抑制运动的发展。2011年11月中旬，美国各地占领运动被清场以后，许多抗议者不再参与占领运动，又回到之前为实现各自的诉求所进行的小规模抗议活动之中。如一位爱荷华州的占领运动抗议者在当地五位占领抗议者被警方逮捕之后就停止了对占领运动的参与，重新回到此前的反对转基因食物生产商的抗议活动中。②"占领华尔街"运动被清场之后，占领运动每次示威游行的规模也在不断缩小。2012年9月17日，"占领华尔街"运动一周年的示威活动只有约600人参加。③ 这与占领运动初期上万人参加的示威游行的规模相形见绌。"占领华尔街"运动似乎已经演变成心中充满怨愤的民众的一个宣泄渠道。至今，占领运动仍未就抱怨的议题提出解决方案。布鲁金斯学会研究政治战略的资深专家威廉·高尔斯顿（William A. Galston）认为，"他们（'占领华尔街'运动）已经吸引了民众的注意。现在他们应该提出一些更加具体的解决方案。美国民众想要的是解决办法，不是示威游行。民众对示威游行的忍耐不会无期限地持续下去"。④

三　直接行动委员会与公民大会制度

尽管"占领华尔街"运动没有核心领袖，但似乎一切活动都进行得井

---

① http://www.occupywallst.org，最后访问日期：2012年12月11日。

② Erik Eckholm, "Occupy Movement Regroups, Preparing for Its Next Phase," *The New York Times*, February 11, 2012.

③ Carolina Tamayo, "Occupy Anniversary Protests Fall Flat," September 17, 2012, http://www.ntn24.com/news/news/occupy-anniversary-protests-fa-17431，最后访问日期：2013年2月8日。

④ Erik Eckholm, "Occupy Movement Regroups, Preparing for Its Next Phase".

并有条，如示威游行的组织、为扎营者提供帐篷与饮食、为运动筹款等。截至 2011 年 11 月，"占领华尔街"运动的筹款数额已经超过 50 万美元。[①] "占领华尔街"运动的有效组织主要得益于直接行动委员会（direct - action committee）及其直接民主的参与形式——公民大会制度（General Assembly）。

直接行动委员会负责计划和组织示威游行等直接抗议活动，并负责教授抗议者如何避免与警方和民众发生暴力冲突。除了组织示威游行之外的其他与占领运动相关的议题则通过公民大会，由所有参会的抗议者来投票表决。公民大会通常在晚上举行，由一个协调人主持会议。每次大会能够吸引上百人参与，每名参与者都可以提出议题，供大家讨论表决。与会者通过手势发表意见和进行表决，如向上和向下晃动手指分别表示同意与反对、抬起一个手指表示要发表意见、转动手指表示要求发言者结束发言。公民大会通常在抗议者的扎营地点举行，开会时不允许使用扩音器。公民大会采用"人民的麦克风"（people's mike）的方式，将发言者的发言传递给每个与会者。"人民的麦克风"形式指发言者讲话时，其他人重复发言者的话，达到一种扩音器的效果。以民主而非效率为目标的公民大会制度使认为美国政府运转失灵的民众体验到了真正的直接民主形式，进而增强了抗议者的集体身份认同感。公民大会制度可以追溯到几个世纪前的贵格会运动，[②] 在 1999 年西雅图发生的反全球化运动中也曾被使用，当时被称作"发言人委员会"（spokescouncil）。当然，"发言人委员会"要比公民大会规模小得多。

四　非暴力抵抗到暴力抵抗的演变

有数据显示，将近七成的"占领华尔街"运动的抗议者赞成使用非暴力手段实现运动诉求。[③] 然而，暴力从运动爆发伊始就与其结伴。自 2011 年 9 月 17 日"占领华尔街"运动发生后的三天内就有 7 名抗议者被捕。[④] 9

---

① Editors of Time Magazine, *What is Occupy? Inside the Global Movement*, p. 34.
② 希腊文明中的雅典城邦实行公民大会制度，一切重大问题由公民集体决定，公民享有广泛的民主权利。兴起于 17 世纪中期美洲殖民地的贵格会运动就曾使用过该制度。贵格会的特点是信徒聚集一堂，各自凝神默思，听凭圣灵引导，任何信徒如获启示，可发言或祷告。
③ Douglas Schoen, "Polling the Occupy Wall Street Crowd".
④ Laura Marcinek, "Wall Street Areas Blocked as Police Arrest Seven in Protest," *Businessweek*, September 19, 2011.

月24日，至少80名抗议者在曼哈顿示威游行时因阻塞城市交通被捕。[1] 10月1日，当占领运动抗议者示威游行通过布鲁克林大桥时，警方逮捕的抗议者人数超过了700人。[2] 这也是到目前为止警方在单次游行活动中逮捕人数最多的一次。2012年9月17日，占领运动抗议者在举行庆祝运动一周年的游行活动时，又有100多名示威者被警方逮捕。[3] 运动初期，抗议者与警方的冲突一方面是警方镇压所致，也有运动组织者故意为之之嫌。2011年9月底，美国传统电视媒体由于警方向女性抗议者喷射胡椒水而突然增加对"占领华尔街"运动的同情性报道。《纽约时报》专栏作家克莱德·哈伯曼（Clyde Haberman）对此曾评论道："如果'占领华尔街'运动的抗议者想要选出对运动起到最大推动作用的人的话，他们或许应该选安东尼·博洛尼亚警官（Anthony Bologna）。"[4] 正是由于博洛尼亚警官对"占领华尔街"运动9月底的一次示威游行中的女性抗议者喷射胡椒水，这段视频片段被大量传统电视媒体播放，扭转了电视媒体对占领运动报道的匮乏局面，使报道数量陡增。这也导致了占领运动参与者有关抗议手段态度的改变。一位女性抗议者在2011年10月初的游行中曾对记者说道："为了引起媒体的关注，我们不得不将事情做得再惊心动魄、再暴力些。"[5] 事实上，直接行动委员会在计划和组织示威游行活动时，故意制造一些被捕事件也是"占领华尔街"运动组织者使用的一个策略。一位直接行动委员会的工作人

[1]　Colin Moynihan，"80 Arrested as Financial District Protest Moves North," *The New York Times*，September 24，2011.

[2]　"700 Arrested after Wall Street Protest on Brooklyn Bridge," *Foxnews. com*，October 2，2011，http：//www. foxnews. com/us/2011/10/01/500 - arrested - after - wall - street - protest - on - nys - brooklyn - bridge/，最后访问日期：2012年12月11日。

[3]　Alyssa Newcomb and Carlos Boettcher，"Occupy Wall Street Anniversary Protests Dwarfed by Police Presence," *ABCnews*，September 17，2012，http：//abcnews. go. com/US/occupy - wall - street - celebrates - anniversary - protests/story? id = 17249773#. UMZ_iqWzm9o，最后访问日期：2012年12月11日。

[4]　Daniel Edward Rosen，"Is Ray Kelly's NYPD Spinning Out of Control?" *New York Observer*，December 1，2011，http：//observer. com/2011/11/is - ray - kellys - nypd - spinning - out - of - control/? show = all，最后访问日期：2012年12月12日。

[5]　Karen McVeigh，"Occupy Wall Street：the Direct Action Committee Driving the Protes's Success," *The Guardian*，October 5，2011，http：//www. guardian. co. uk/world/2011/oct/05/occupy - wall - street - direct - action，最后访问日期：2012年12月12日。

员——朗格内克（Longenecker）承认，他们在示威游行的准备工作中的确安排了一些抗议者阻断交通，以吸引警方逮捕他们。[1]

　　社会运动研究的著名学者戴维·迈耶认为，"本想做些事情引起别人的注意却经常因此失去你的支持者。在做足挑衅的同时又能够博得同情，这是一个微妙的平衡"。"占领华尔街"运动或许没有能够做到挑衅性与博得同情两者之间的巧妙平衡。2011年11月，美国媒体对占领运动抗议者制造暴力事件的报道逐渐增多。[2]美国各地的占领运动也因此要求参与者签署采取非暴力抵抗方式的决议书。[3]此时，根据盖洛普的调查，尽管民众对"占领华尔街"运动的整体看法基本没有改变（见表5-7），但对运动所采取的抗议方式的反对者却在增加。如表5-8所示，与10月中旬相比，反对占领运动所采取的抗议方式的民众增加了11个百分点，支持者减少了5个百分点。

表5-7　你认为自己是"占领华尔街"运动的支持者还是反对者，还是两者都不是？

单位:%

	支持者	反对者	既不支持也不反对	没有观点
2011年11月19~20日调查结果	24	19	53	3
2011年10月15~16日调查结果	26	19	52	4

　　资料来源：根据盖洛普官网数据汇制，http://www.gallup.com/poll/150896/Support - Occupy - Unchanged - Criticize - Approach. aspx，最后访问日期：2012年12月12日。

表5-8　你支持还是反对"占领华尔街"运动的抗议方式，或是对此不够了解？

单位:%

	支持者	反对者	不清楚	没有观点
2011年11月19~20日调查结果	20	31	49	*
2011年10月15~16日调查结果	25	20	55	*

　　资料来源：根据盖洛普官网数据汇制，http://www.gallup.com/poll/150896/Support - Occupy - Unchanged - Criticize - Approach. aspx，最后访问日期：2012年12月12日。

---

[1]　Editors of Time Magazine, *What is Occupy? Inside the Global Movement*, p. 38.

[2]　Rick Hampson, "'Occupy' Movement Faces Challenge from Violent Fringe," *USA Today*, November 14, 2011, http://usatoday30. usatoday. com/news/nation/story/2011 - 11 - 13/occupy - movement - violent - fringe/51188258/1，最后访问日期：2012年12月12日。

[3]　Jeff Swicord, "Occupy Movement Works to Maintain Credibility," *VOANews*, November 16, 2011, http://www.voanews. com/content/occupy - movement - works - to - maintain - credibility - 133995808/148307. html，最后访问日期：2012年12月12日。

占领运动所引发的暴力事件在 2012 年 1 月底进一步升级，一贯宣称奉行非暴力抵抗的占领运动也因此遭受更加强烈的质疑。2012 年 1 月底在美国加州奥克兰市发生的"占领奥克兰"运动中，抗议者暴力围攻市政府和法院，放火焚烧美国国旗，砸玻璃，在市政府内的墙上涂鸦，向警察扔石块、爆炸物、燃烧物、瓶子等危险品。对于占领运动的暴力抵抗行为，有些人认为这是其发展的必然。原因在于占领运动的抗议者构成过于复杂，既有无政府主义者，又有反犹太主义者、虚无主义者以及反资本主义者。占领运动发展的暴力趋势与 20 世纪 60 年代的诸多左翼运动发展到后期的暴力趋势相同，由此引发的对运动自身发展的影响和后果也非常相似。暴力趋势的演变对占领运动主要产生了以下三个方面的影响：第一，暴力抵抗使占领运动失去了支持者和民心。根据"占领奥克兰"暴力事件发生后在旧金山湾区做的一项调查，26％的受访者表示不再支持占领运动，一些占领运动的组织者也表示与这些暴力事件没有关系。一位自称没有参与暴力事件的抗议者在调查中表示，暴力事件是由一小撮好战的无政府主义者策动的。① 第二，暴力抵抗为政府镇压运动提供了合法性。在"占领奥克兰"运动中，警方逮捕了 400 多名抗议者。2011 年 11 月中旬占领运动被警方清场之后，占领运动的所有占领计划皆以失败告终。第三，暴力抵抗导致占领运动内部分裂。许多反对暴力抵抗的占领运动积极分子纷纷从运动中分离出来，组成独立的抗议群体。

五　"占领华尔街"运动、选举政治与精英结盟

与茶党运动策略明显分为两个阶段，即示威游行与同共和党保守派结盟影响选举政治不同，"占领华尔街"运动在扎营场所被清场之后并未看到明显的策略转变。占领运动被清场之后，运动策略仍旧是组织一些抗议示威游行，但较之运动初期规模都有所缩小。一些继续尝试占领公共场所的企图均告失败。有些地方的占领运动也从占领公共场所转向占领面临止赎的房屋。总之，美国各地的占领运动在扎营场所被清场之后，运动策略仍

---

① Ryan Devereaux, "Occupy Wall Street: 'There's a Militant Animosity Bred by Direct Action'," *The Guardian*, February 3, 2012, http: //www. guardian. co. uk/world/2012/feb/03/occupy – wall – street – animosity – direct – action? newsfeed = true，最后访问日期：2012 年 12 月 12 日。

以组织示威游行与占领活动为主，并增添了更多的暴力成分。布鲁金斯学会资深研究员威廉·高尔斯顿认为，"占领华尔街"运动的成功之处在于它使整个美国社会更加关注社会不公的问题。他还认为占领运动应该可以对选举以及政治议题施加影响，然而至今它仍未能够将其运动诉求转化为政治议题。①

根据一项调查的结果，占领运动中有35%的抗议者希望占领运动能像茶党运动影响共和党一样影响民主党。② 然而，占领运动并没有像某些抗议者希望的那样采用与民主党结盟进而影响选举政治的运动手段。2012年，尽管极少数占领运动积极分子试图在民主党或第三党的党派标签下参选国会众议员，但这些所谓的占领运动候选人均告失败，并未产生任何显著的影响。这些试图参选的占领运动积极分子包括乔治·马丁内斯（George Martinez）（纽约第7众议院选区）、纳森·克雷曼（Nathan Kleinman）（宾州第13众议院选区）以及试图作为绿党候选人参选的科林·比万（Colin Beavan）（纽约第8众议院选区）。这三位中只有乔治·马丁内斯筹集到了足够的签名最终参加了民主党初选，但也未能胜出。其他两位皆未能筹够签名，故名字也未被写在选票之上。

从历史来看，左翼社会运动与民主党的关系一向非常微妙。20世纪70年代左翼社会运动爆发的初期都是与民主党结盟，然而最终却遭到被民主党抛弃的下场。1970年，一贯支持反战运动的民主党在中期选举中惨遭失败。原因在于反战运动的暴力升级使其失去了民意的支持，民主党也因此受到牵累。在1970年的中期选举中，许多中产阶级选民将选票投给了反对反战运动暴力抵抗的鹰派共和党候选人。自1938年以来，总统所在政党没有在中期选举中失败的情况一共发生过4次，1970年中期选举就是其中的一次。民主党也因此在整个70年代的选举中处于守势。民主党对左翼社会运动的态度也由同盟者转变为反对者，并将学生运动抨击为"校园突击队"，认为对这样的运动必须加以镇压。不管是基于历史的教训还是现实的考虑，民主党对"占领华尔街"运动的态度十分谨慎。尽管奥巴马总统对占领运动表示了同情的态度，也得到了佩洛西等民主党重量级政治领袖的呼应，但占领运动至今未得到民主党的有效呼应。相反，民主党利用占领

---

① Erik Eckholm, "Occupy Movement Regroups, Preparing for Its Next Phase".

② Douglas Schoen, "Polling the Occupy Wall Street Crowd".

运动转嫁自己应负的责任，借势占领运动将抗议矛头指向华尔街，指责华尔街金融巨头不负责任的行为，抨击共和党阻挠金融监管措施的实施。美国著名社会运动学者托德·吉特林（Todd Gitlin）曾这样评论过20世纪70年代的反战运动："规模的确很大，但政治上仍然处在边缘化。"① 这或许也是占领运动目前的写照。

第五节　外部机遇环境："占领华尔街"运动相对式微的缘由

"占领华尔街"运动与茶党运动间隔两年多相继在美国爆发，这在战后的美国社会运动史上尚属首次。同样的外部环境导致了美国左右翼社会运动全面的大规模爆发。虽然周期性的经济衰退对像美国这样的资本主义国家来说司空见惯，但如此严重的经济衰退及其引发的美国社会陷入全面危机在历史上是不多见的。一份2008年10月盖洛普对美国民众幸福感的调查结果显示，91%的受访者对目前的生活状况感到不满。② 这个数字是盖洛普自1978年进行民众幸福感调查以来最高的一次。身处同样的社会与经济环境，"占领华尔街"运动却迟到于茶党运动两年多。为了探寻其中的缘由，必须将两个运动置于美国的历史框架下来考察。

2007年年底美国爆发次贷危机，随即引发自20世纪30年代经济大萧条以来的最为严重的一次经济大衰退。对此最先做出反应的是2009年初爆发的"反政治精英"的右翼社会运动——茶党运动。"反经济精英"的左翼社会运动——"占领华尔街"运动则在2011年秋姗姗来迟。不但左翼社会运动迟于右翼社会运动两年之久，而且"占领华尔街"运动最初还是由国外人士策动的。这进一步表明了美国左翼社会运动自20世纪70年代以来的相对式微。若将两个左右翼社会运动爆发时所处的外部环境以及将它们置于20世纪70年代以来美国大的历史背景下进行考察，"占领华尔街"运动迟于茶党运动发生则主要有以下四个方面的原因。

第一，2009年年初民主党总统奥巴马入主白宫是"占领华尔街"运动迟于茶党运动爆发的重要原因之一。大部分"占领华尔街"运动的参与者在

---

① Erik Eckholm, "Occupy Movement Regroups, Preparing for Its Next Phase".

② Frank Newport, "Americans' Satisfaction at All – Time Low of 9%".

2008 年大选时将选票投给了民主党候选人奥巴马。他们寄希望于奥巴马上台之后能够扭转美国国内的困难局势。因此,在奥巴马上台执政的头两年,这部分选民仍然支持他们投票选出的总统。然而,两年之后,当他们看到当初发誓进行金融及政治变革的奥巴马总统未能对美国的金融大鳄实施有效的监管,相反斥巨资、拿着大笔纳税人的钱来救助华尔街,他们再也无法压抑对社会、对政治、对华尔街的愤怒,最终走上了街头。从"占领华尔街"运动参与者的构成来看,对奥巴马政府失望的民众成为占领运动的主力。对于右翼茶党运动而言,2008 年民主党候选人奥巴马在大选中的胜利则立即引发了保守派民众的极度担忧,进而成为右翼社会运动迅速爆发的重要诱因之一。

第二,美国左翼社会运动的相对式微与中产阶级特别是中低收入阶层自 20 世纪 70 年代以来所处的困境有关。美国精英阶层对中低收入阶层的压制对左翼社会运动的发展造成了严重打击。20 世纪 70 年代之前,国内外左翼力量的壮大,加之国内妇女运动与环境保护运动等新兴抗议力量的兴起使美国精英阶层倍感担忧。第一个感受到巨大威胁的就是美国大银行家和大财阀。为了应对美国民众自 60 年代以来对大财阀愈发强烈的敌意(包括民众对政府加强工作环境的监管的支持),以及应对在竞争日益激烈的国际市场环境中不断挤压企业利润的工会势力,美国大财阀首先在 1972 年成立了代表大银行家和企业家利益的政治保守派组织——商业圆桌会议(Business Roundtable)。事实上,商业圆桌会议也是在当时政治精英的建议下成立的,如时任财政部部长约翰·包登·康纳利(John Bowden Connally, Jr.)与美联储主席阿瑟·伯恩斯(Arthur Burns)。美国政治与经济精英的紧密关系以此可见一斑。商业圆桌会议在 1975 年成功阻挠了《哈特 – 斯科特 – 罗迪诺反托拉斯改进法案》(Hart – Scott – Rodino Antitrust Improvements Act)的通过,并在 1977 年阻止了拉尔夫·纳德(Ralph Nader)成立消费者保护机构的计划。商业圆桌会议还积极推进政府向大公司减税,并成功游说里根政府签署了为大公司大幅减税的法律。在贸易政策方面,它主张开放国外市场。1988 年通过的《综合贸易法案》(The Omnibus Trade Act)即反映了商业圆桌会议思想。1990 年,老布什政府在商业圆桌会议的敦促下启动与墨西哥签订自由贸易协定的谈判。1993 年,它又花费巨资游说政府签署《北美自由贸易协定》,并极力反对就劳工待遇以及环保问题签署附属协议。①商业圆桌会议在美国经济政策自 20 世纪 70 年代以来向右转中起了关键作用。自卡特政府以来，美国政府出台的任何有关放松政府管制的经济政策以及针对美国中低收入阶层的一些公共政策都体现了商业圆桌会议的倡议与思想。美国政府在放松市场管制的同时，不断削减针对中低收入阶层的社会福利计划，冻结最低工资水平，减少提出和通过有关保护工人、消费者与环境的法规，减少向富人征税。这种政策在卡特政府的后期以及整个里根政府时期表现得尤为突出。与大财阀利益集团的兴起和新自由主义经济政策随之而来的是美国国内政治、媒体以及学术氛围的右倾。② 在这种背景下，美国中产阶级的生活水平明显下降。相关数据显示，1986 年全美居民个人可支配收入水平与 1961 年持平，与 1972 年相比下降了 20%。③ 美国家庭收入下降最严重的时期发生在 1979～1985 年。此时，家庭平均收入从 27676 美元下降到了 26786 美元，减少了 890 美元。不过，值得一提的是，美国双职工家庭的数量在此时是增加的。因此，如果双职工家庭的数量没有上升，家庭的平均收入将会下降 1780 美元。④ 根据美国国会预算办公室发布的数据（如图 5-1 所示），占总人口 1% 的收入金字塔顶层在1979～2007 年收入增长 275%，收入最高阶层（占总人口的 19%）的收入增加 65%，收入中等阶层（占总人口的 60%）的收入增加 40%，收入最低的阶层（占总人口的 20%）的收入增加 18%。高收入阶层的收入份额上升，其他收入阶层的份额下降，下降幅度大约在 2%～3%。

　　第三，美国工会势力的江河日下使左翼社会运动失去了一个强有力的领导。自 20 世纪 70 年代以来，削弱美国工会力量成为美国精英阶层的重要任务之一。还是以商业圆桌会议为例。1977 年，商业圆桌会议成功阻止了旨在消除雇主妨碍雇员组织工会的《劳动法改革法案》(*The Labor Reform Act of 1977*)

---

① J. Craig Jenkins and Craig M. Eckert, "The Right Turn in Economic Policy: Business Elites and the New Conservative Economics," *Sociological Forum*, Vol. 15, Issue 2, 2000, pp. 307–338.

② Thomas Ferguson and Joel Rogers, *Right Turn: The Decline of the Democrats* (New York: Hill and Wang, 1986).

③ Michael Sprinker et al., *The Year Left: An American Socialist Yearbook 1985* (Verso Books, 1985), p. 82.

④ M. Levinson and L. MIshel, "Whose Recovery is it, Anyway?" *Democratic Left*, September/October 1987, p. 4.

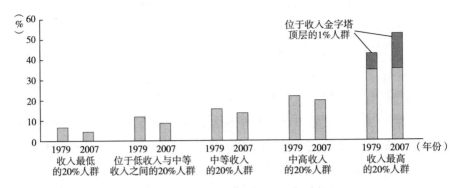

图 5-1 税后收入份额比较（1979~2007）

说明：此处的税后收入指扣除股份转让税和联邦税之后的收入。

资料来源：http://www.cbo.gov/publication/42729，最后访问日期：2012年12月17日。

的通过。80年代，美国工会数量锐减了近1/3。[①] 近些年来美国工会势力下降的趋势更加严峻。根据美国劳工部发布的最新数据，2013年美国工会的入会率为11.3%，与2012年的数据相同。1983年，美国劳工部首次进行有关工会会员数量的统计工作。当年，美国工会的入会率为20.1%，工会成员数量达1770万人。2011年，工会成员数量则下降到了1450万。[②] 在"占领华尔街"运动发生两周后，许多工会组织加入其中。然而，从占领运动至今的发展状况来看，工会的加入并未在运动的领导方面带来实质性的变化。占领运动仍然处于国内无主的状态，工会的支持也未能使占领运动的影响持续发酵。

第四，美国左翼社会运动不但缺少工会的支持，也缺少政治同盟的帮助。传统上，民主党经常与左翼社会运动联姻。在20世纪30年代和60年代初期，民主党对左翼社会运动都做出了相对有效的呼应，进而出现了罗斯福新政时期建立起来的社会安全网、60年代初黑人民权运动等一系列左翼社会运动的蓬勃发展以及林登·约翰逊时期对贫困宣战的"伟大社会"计划。然而，从70年代初开始，美国社会、政治与经济等各个领域开始向右转。在这样的历史背景下，民主党也开始右倾，未能成为左翼社会运动

---

① "An Interview with Victor Reuther, Paying Dues for Half a Century," *Multinational Monitor*, February 1987, p. 7.

② "Union Members Summary," *US Department of Labor*, January 24, 2014.

进入政治渠道的有效同盟者。2011 年秋发生的"占领华尔街"运动也未能得到民主党的有效呼应，即使民主党对占领运动表现出了同情之心。究其原因，这要归结于 20 世纪 70 年代以来美国大财阀与两大政党之间更加紧密的关系造成的美国社会全面右倾。在政治层面上，美国银行、石油与保险等大财阀自 20 世纪 70 年代初就开始逐渐加大对两大政党的资金支持。[①] 从此时两大政党的选民阵线来看，美国上层收入阶层选民大多开始倾向于共和党，两者还表现出了史无前例的凝聚力。共和党及其支持者都认为变得富有才是对美国最有利的，故对富人最有利的也是对美国最有利的。[②] 至今共和党仍然被普遍看作是富人的政党。1986 年所做的一份调查显示，个人收入水平成为党派倾向性的决定性因素之一。[③] 美国学者普遍认为，收入水平与党派倾向性更加紧密的正向联系是从 20 世纪 70 年代开始的，到了 80 年代愈发明显。[④] 2012 年美国总统大选的一个出口调查显示，收入水平与党派倾向性的正向关系至今尚未改变。在认为美国经济政策偏向富人的受访者当中，投票给奥巴马的占到 70%；而在认为美国经济政策对所有人来说都公平的受访者当中，投票给罗姆尼的占到 77%。10% 的受访者认为奥巴马的政策主张偏向富人，而认为罗姆尼政策主张偏向富人的占到 77%。[⑤] 2012 年美国有线新闻网的出口调查也显示（如表 5 - 9 所示），年收入 5 万美元以下的选民中投票给奥巴马的占到 60%，投票给罗姆尼的占 38%；年收入在 5 万 ~ 10 万美元的选民中投票给奥巴马的占 46%，投票给罗姆尼的占 52%；年收入在 10 万美元以上的选民投票给奥巴马的占到 44%，投票给罗姆尼的占 54%。

---

① Thomas Byrne Edsall, "Money and Politics in Both Parties," *Dissent*, Fall 1986, p. 406.

② Thomas Byrne Edsall, "Money and Politics in Both Parties," *Dissent*, Fall 1986, p. 406.

③ Thomas Byrne Edsall, "The Republican America," http://www.nybooks.com/articles/archives/1986/apr/24/republican - america/? pagination = false, 1986, 最后访问日期：2012 年 12 月 17 日。

④ John R. Petrocik and Frederick T. Steeper, "The Political Landscape in 1980," *Public Opinion*, September/October 1987, p. 42.

⑤ Karlyn Bowman, "Election Results from A to Z," *The American*, November 7, 2012, http://www.american.com/archive/2012/november/election - results - from - a - to - z, 最后访问日期：2012 年 12 月 17 日。

表 5 - 9　2012 年美国总统选举结果出口调查（按照收入水平的投票情况）

单位:%

年收入	奥巴马	罗姆尼	其他
少于 5 万美元	60	38	2
5 ~ 10 万美元	46	52	2
10 万美元以上	44	54	2

资料来源：http://edition. cnn. com/election/2012/results/race/president#exit - polls，最后访问日期：2012 年 12 月 17 日。

20 世纪 70 年代以来，美国大财阀以及富人与共和党进一步加强的紧密关系，加之共和党推行的新自由主义政策，使共和党的支持者获得了丰厚的回报。然而，尽管中低收入阶层的选民仍然倾向于民主党，但这并未造成美国两大政党政策主张之间的极化。自当代资本主义形式形成即新自由主义政策实施以来，民主党摒弃了罗斯福新政时期的传统自由主义政策，改而奉行在共和党提倡的放松政府管制与福利国家之间走第三条道路的政策。不难看出，因在 20 世纪 70 年代以来逐步向右转，民主党在一些选举中遭遇了挫折，低收入阶层如蓝领工人的投票率在近几十年不断下降的趋势为民主党在选民动员方面制造了麻烦。1968 年，专业人士与蓝领工人的投票率之间相差 24%，而到 1980 年这个差距拉大到了 33%。[1] 在 2012 年美国总统大选中，蓝领工人阶层特别是关键摇摆州的蓝领工人，成为两党候选人争夺选票的重点。

小　结

继茶党运动之后，左翼占领运动在美国各地爆发，并引发了反对新自由主义经济政策的全球性运动。左右翼社会运动在美国的全面爆发，一方面是经济大衰退暴露了美国国内的深层社会矛盾、政治极化等诸多问题，更重要的是，左右翼社会运动的相继爆发及其各自的发展状况进一步验证了自 20 世纪 70 年代以来美国右翼社会运动较之左翼社会运动的相对强势。尽管在网络组织动员以及示威游行的规模上两者可以比肩，但在传统媒体

---

[1]　Thomas B. Edsall, *New Politics of Inequality* (New York：Norton Co. , 1984), pp. 245 - 246.

的支持、运动诉求统一性、领导、策略、与政治精英的互动以及所造成的政治影响等方面，"占领华尔街"运动都要比茶党运动稍逊一筹。从"占领华尔街"运动自身来看，最初的国外策动、国内缺乏核心领袖、缺乏线下草根组织支持、诉求过于多元、运动话语道德层面构建缺失、运动策略单一、忽视与政治精英的结盟、缺少传统媒体的支持都是"占领华尔街"运动逊于茶党运动的重要原因。同样面临着2007年年底到2009年7月历时18个月的经济大衰退，美国右翼力量在2009年年初一马当先，迅速做出反应，而左翼力量却一直保持沉默，直到2011年秋才爆发。这除了有2009年年初民主党候选人奥巴马入主白宫安抚了许多左翼选民的原因以外，左翼社会运动在20世纪70年代以来较之右翼社会运动的相对式微也是重要原因。此时美国社会、政治、经济等各个领域的全面右倾不但使左翼社会运动失去了极富战斗力的工会的领导，也失去了传统上的政治同盟。如此一来，右翼社会运动的相对衰落也就不足为奇了。

结　论

本书开篇提出了一个核心假设与四个核心研究问题，其中三个问题属于现实层面，一个属于理论层面。在本章，笔者将对本书研究的核心假设与四个问题逐一进行简要梳理和解答，并提出本书研究所引发的几点思考。

一个核心假设和四个核心研究问题

首先来看核心假设和一个理论问题。本书试图论证这样一个假设，即社会运动是否具有完善的社区基层组织基础、是否具有统一的运动诉求、是否注重运动话语道德层面的构建与传播、是否具有重心放在影响政党和选举政治层面的策略与手段、是否具有有利的社会结构性诱因与其对社会和政治的影响的大小有关。为了验证该假设，本书以政治过程理论为理论基础，借用该理论中的重要核心概念，并吸收社会运动建构理论思想的精髓来弥补政治过程理论在意义框定分析方面的不足，提出了美国左右翼社会运动的政治过程比较分析模型。

政治过程比较分析模型包含五个核心变量，分别是社会政治经济的变迁、运动组织动员、运动诉求、运动话语构建与传播，以及运动策略与手段。其中，社会运动所处的外在环境指社会政治经济的变迁过程，既包含导致社会运动发生的社会政治经济的变迁，也包含社会运动在发生之后及其发展过程中对外部环境产生的压力和作用，以及此时外部环境对社会运动的发生与发展做出的反应及采取的应对策略，即麦克亚当提出的"社会控制程度"。运动组织动员也是研究社会运动缘起的重要变量。此外，通过对运动诉求、运动话语构建与传播以及运动策略与手段三个变量的考察，研究运动参与者集体身份建构的过程，以此探究个人是如何从情感上的怨愤转变到对社会运动的参与的动态过程。

本书提出的一个理论性问题是右翼社会运动能否被置于政治过程理论

框架下进行研究，以及通过本书对左右翼社会运动案例的比较研究特别是对最新案例的考察能否对理论分析模型提出挑战。研究发现，该模型对比较美国左右翼社会运动皆具一定的解释力，基本验证了具有完善的社区基层组织基础、统一的运动诉求、注重运动话语道德层面的构建与传播、具有重心放在影响政党和选举政治层面的策略与手段、有利的社会结构性诱因与社会运动的社会和政治影响成正向关系。该研究也在一定程度上验证了经验性解释范式在解释诸如社会运动这样的复杂社会现象时的优势，即与形式性解释方法相比，经验性解释范式能够更加真切、更加全面地呈现社会现象的原貌。

　　然而，本书对最新左右翼社会运动案例的研究对笔者提出的左右翼社会运动比较分析模型提出了以下两个新的理论性问题。一是新兴信息传播技术在未来社会运动中愈加广泛的应用或许会对具有完善的社区基层组织基础与社会运动影响的关系提出挑战。新兴信息传播技术的发展与普遍应用使社会运动的发生与发展产生了深刻变化。近二十年来，新兴信息传播技术在美国左右翼社会运动中的广泛应用影响着社会运动的方方面面，如组织动员，运动参与者的集体身份建构，社会运动与外部环境的关系特别是社会运动与政治精英、媒体的关系。目前已有的案例表明，新兴信息传播技术在社会运动最初的组织动员中的确起到了巨大的积极作用。它使社会运动的组织动员更加快速和便捷，甚至超越了国家的界限。然而有关使用新兴信息传播技术对于社会运动的持续性方面的作用，目前仍然无法与以完善的社区组织为基础的社会运动组织动员比肩。"占领华尔街"运动就证明了这一点。然而，随着近些年来美国左右翼社会运动对新兴信息传播技术的广泛应用，新兴信息传播技术与社会运动持续性的关系能否在将来出现新的变化，这或许为将来的社会运动研究提出了一个重要课题。二是关于有利的社会结构性诱因与社会运动影响成正向关系的问题。本书对 20 世纪 70 年代以来左右翼社会运动案例以及最新的茶党运动与"占领华尔街"运动的研究表明，有利的社会结构性诱因与社会运动的影响并非只是单纯的正向关系。事实上，两者的关系要更加复杂。首先，有利的社会结构性诱因能够使社会运动的发展相对更加顺利，其影响力也会随之变大。如 20 世纪 60 年代的左翼社会运动与 70 年代兴起的新基督教右翼运动。然而，有利的社会结构性诱因也可以导致社会运动的不作为，如"占领华尔街"运动。其次，不利的社会结构性诱因会抑制社会运动的发生与发展，同时也会激发处于不利环境中的社会运动力量的勃兴，如茶党运动。毕竟美国的政治环境对社会运动的发展来讲是相对开放的。

本书提出的第二个核心问题是自 20 世纪 60 年代左翼社会运动高潮退去之后的美国社会运动的总体发展轨迹。为了解答该问题，本书从新社会运动理论、后工业社会理论与社会资本三个视角对 70 年代以来美国左右翼社会运动自身结构性特征及其与外部环境的关系进行了系统考察。研究发现：第一，社会运动组织普遍出现职业化趋势、运动诉求碎片化、组织动员方式由以草根动员为主向象征性联络动员方式转变（如直邮方式吸纳组织成员）的特点。这一特点在左翼社会运动组织上表现得尤为明显。而右翼社会运动组织尽管也出现了职业化趋势，但运动诉求相对统一，并采用了以象征性联络动员与草根动员并重的策略。第二，在向后工业社会过渡过程中发生的左右翼社会运动的确出现了与工业社会中的社会运动不同的新特点。这些新社会运动较少关注物质再生产，而更多地关注文化的再生产、集体身份认同以及社会一体化。它们更加关注生活质量、自我实现、参与目标与自我认同。第三，草根动员在社会资本丰富的社会可谓如鱼得水，反而象征性的联络动员则是对社会资本匮乏环境的一种反应与应对方式。20世纪 70 年代以来左右翼社会运动象征性联络动员方式正是对此时美国社会资本匮乏的一种反应。尽管 20 世纪 80 年代以来新基督教右翼运动的草根动员获得了成功，但这对美国社会资本衰减的大趋势来讲却是杯水车薪。从某种程度上讲，这或许只是对社会资本衰减的一种积极的防御性反应。第四，正是由于草根运动的缺失，尽管自 20 世纪 70 年代以来社会运动仍然频繁发生，其中也不乏规模浩大的运动，然而大多数社会运动的运动诉求单一，并经常昙花一现，缺少持续的、以社区为基础的运动的跟进。20世纪 70 年代以来美国社会运动相对衰落主要有社会运动自身结构性变化与其所处外部环境变迁两方面原因。社会运动自身结构性变化包括社会运动组织职业化、运动诉求碎片化与运动策略手段对草根动员方式的忽视；社会运动所处外部机遇环境变迁包括 20 世纪 70 年代以来美国社会资本的衰退、社会进步导致的社会问题的减少与问题强度的减弱、20 世纪 60 年代社会运动冒进导致的社会与政治的全面右倾，以及 20 世纪 70 年代至今大部分时间内的经济总体向好掩盖了新自由主义经济政策对美国社会酿成的恶果。

本书提出的第三个核心问题有关 20 世纪 70 年代以来美国左右翼社会运动的力量对比。总体来讲，20 世纪 70 年代以来，右翼社会运动要相对强势于左翼社会运动，特别是其与群众基础、传统政党联盟联系得更加紧密。从社会运动自身结构性变化来讲，右翼社会运动首先在组织方面更加注重社区组织等地方性组织的建设，特别是扎根于宗教右翼的教会组织网络使其动员群众变得更加容易和有效。从这段时期内的运动诉求来讲，右翼社会运动的诉求相对统一，集中于社会政治与道德等议题。为了得到更多民众对其运动诉求合法性的认可，右翼社会运动还特别注重运动话语在道德层面的构建与传播，并得到了右翼思想库与右翼传统媒体的大力支持，以此获得了与民众在传统道德和价值观上的共鸣。相关调查表明，这种做法在民众中收到了非常好的效果。与左翼社会运动相比，美国民众更加耳熟能详的是右翼社会运动的诉求与话语。从运动策略与手段方面看，右翼社会运动在 20 世纪 70 年代以后强调与政党——共和党——的结盟，建立进入政治过程的渠道，以此获得更大的政治与社会影响力。右翼社会运动的相对强势还在于其所处的有利外部环境。由于"60 年代"左翼社会运动发展后期的过于激进，美国社会无论是民众层面还是精英层面的意识形态都趋向保守。尤其自 20 世纪 80 年代以来推行的新自由主义政策更是在某种程度上扼制了左翼社会运动的发展。里根与克林顿时期良好的经济数据掩盖了新自由主义政策对美国社会酿成的恶果，如全国性金融精英的崛起导致的全美资本的垄断、美国社会贫富差距拉大、地方性产业精英衰落导致的社会阶级关系的断裂。美国社会中产阶级及社会底层并未分享到生产率提高所带来的利润，相反平均收入水平不升反降。这些传统上是左翼社会运动群众基础的中下阶层疲于为生计奔波，加之左翼社会运动自身结构性变化未能使其开展有效的组织与动员，这些都成为左翼社会运动在这段时期内相对式微的重要原因。此外，20 世纪 70 年代以来左翼社会运动组织的职业化、诉求的碎片化，并且为了享受税收优惠，寻求非营利性组织的身份，尽可能与传统上联姻的民主党撇清关系也都在不同程度上导致了左翼社会运动的式微。

本书提出的最后一个核心问题是最新美国左右翼社会运动——茶党运动与"占领华尔街"运动——是否延续了 20 世纪 70 年代以来左右翼社会

运动的力量对比特点。由于两场运动仍在继续，现在就对其盖棺定论还为时尚早，但通过五个核心变量对两个运动案例发展至今的情况进行考察，"占领华尔街"运动仍旧要比茶党运动稍逊一筹，从整体上延续了 20 世纪 70 年代以来左翼社会运动相对式微的趋势。最初的国外策动、国内缺乏核心领袖、缺乏线下草根组织支持、诉求过于多元、运动话语道德层面构建缺失、运动策略单一、忽视与政治精英的结盟、缺少传统政治同盟的有效呼应以及左翼传统媒体的支持都是"占领华尔街"运动势逊于茶党运动的重要原因。同样处在 2007 年年底开始的美国经济大衰退的背景下，美国右翼力量在 2009 年年初一马当先，迅速做出反应，而左翼力量直到 2011 年秋才爆发。这除了有 2009 年年初民主党候选人奥巴马入主白宫安抚了许多左翼选民的原因以外，左翼社会运动在 20 世纪 70 年代以来较之右翼社会运动的相对式微也是重要的因素。此时美国社会、政治、经济等各个领域的全面右倾不但使左翼社会运动失去了极富战斗力的工会的领导，也使它失去了传统上的政治同盟。相反，茶党运动则有相对强势的表现。尽管保守主义势力在小布什执政后期以及 2008 年美国总统大选中短暂受挫，但在意识形态一贯中偏右的有利社会环境中，奥巴马推行的自由主义新政以及美国持续低迷的经济迅速引爆了美国进入 21 世纪后的第一次大规模右翼草根运动。加之得益于右翼势力从 20 世纪 70 年代就建立起来的庞大草根组织网络、右翼智库、传统媒体以及近些年发展起来的新兴信息技术——博客与社交网络对右翼思潮话语的构建与传播，茶党运动伊始就迅速动员了上百万的民众参与到运动当中来。除了草根动员以外，与以往右翼社会运动一样，茶党运动也延续了与政党联姻的策略，为支持其主张的政治候选人筹款并动员选民参与投票。2010 年中期选举中，共和党能够重新获得众议院的控制权与茶党运动的帮助密不可分。尽管"占领华尔街"运动总体来讲较茶党运动相对式微，但也表现出了有别于 20 世纪 70 年代以来其他左翼社会运动的新特点，如利用新兴信息传播技术快速组织动员大规模的抗议示威行动，"我们是 99%"的运动口号具有强大的号召力与吸附力，以及左翼社会运动对政府经济政策、税收政策、福利政策、社会不公、贫富差距等宏观议题的重新关注。

美国社会运动周期

　　本研究所引发的第一个思考即是美国社会运动周期问题。20 世纪 70 年代以来美国右翼社会运动相对强势于左翼社会运动是特定历史阶段下的一种特殊现象，还是一种必然趋势？这种现象在未来会不会发生逆转？社会运动作为一个复杂的社会现象，我们理应抱以审慎的态度来看待这些问题，但美国社会运动的历史与现实都在告诉我们，左右翼社会运动仍将在可预见的未来呈钟摆式周期性变化，左右翼社会运动相互牵制、互为呼应。任何一种社会运动都不会在美国毫无限制地、激进地发展下去。正是由于一左一右两种力量的存在，即使左右翼社会运动在美国的发展时而会走向极端，但往往过于激进的发展都会受到来自反力量的牵绊。

　　德国思想家维尔纳·桑巴特（Wemer Sombart）著述的《美国为什么没有社会主义》[①] 是社会主义运动研究的一部名著，同时也为研究一般性的美国社会运动提供了有益的启示。尽管此书写于 20 世纪初，但桑巴特有关美国为什么没有社会主义运动的思想至今仍然适用，特别是为解释过于激进的社会运动在美国存活的寿命都会如此短暂提供了思想基础。桑巴特将美国没有社会主义运动归结为六个方面的原因：美国工人对资本主义的友好态度、美国工人对美国政治制度和不同寻常的公民整合度持友好的态度、新的政党在美国两党制下很难成长起来、美国工人阶级潜在的激进主义倾向受到了美国资本主义提供的物质报酬的抑制、美国工人有更多的向上流动的机会、美国开放的边疆地区消解了美国工人的好斗性。[②] 美国人也同样具有美国工人的特点。说到底，过于激进的社会运动在美国难以维持长久的原因在于美国的自由主义核心价值观以及例外论的意识形态。美国人认为他们是上帝的选民，是"地球的精华"。[③] 世界上也没有任何地方的人们

---

① 〔德〕维尔纳·桑巴特：《美国为什么没有社会主义》，赖海榕译，社会科学文献出版社，2003。
② 〔德〕维尔纳·桑巴特：《美国为什么没有社会主义》，第 12~15 页。
③ 〔德〕维尔纳·桑巴特：《美国为什么没有社会主义》，第 33 页。

像美国人这样将自己与自己国家的伟大如此经常地联系起来。① 美国人对作为自由主义核心价值观根源的清教思想的信仰与维护使过于激进的社会运动在美国失去了生存的土壤。

美国学界通常将左翼社会运动视为社会的边缘力量不满社会现状而希望通过变革的方式改变社会的危机型运动，而右翼社会运动则是能够适应现状的社会力量针对左翼变革的力量展开的防御型运动。回顾美国的历史，不难发现，左翼思想和社会运动的萌生与发展大都发生在美国危如累卵之时，如 19 世纪末 20 世纪初的进步主义时期、20 世纪 30 年代经济大萧条时期、20 世纪 60 年代深陷越战泥潭时期以及最近始于 2007 年年底的次贷危机的经济危机时期。值得一提的是，当这些左翼社会运动发展到过分背离美国基督教保守传统的轨道进而存在危及其生存的可能时，右翼社会运动就必然兴起，使社会右转。例如，美国第三次宗教复兴运动就是对 19 世纪末 20 世纪初广泛流行的社会主义思潮的反应，兴起于 20 世纪 70 年代的第四次宗教复兴运动即新基督教右翼社运动也是对"60 年代"发生的一系列左翼社会运动给美国社会带来的反正统文化和世俗化浪潮的反应，以及进入 21 世纪之后左右翼社会运动"占领华尔街"运动与茶党运动之间的较量。美国的历史和现状都表明，左翼思想和社会运动只是美国社会陷入危机时上演的一段插曲，是美国社会变革与进步以及自我调节的重要方式之一，并不具有从根本上反对资本主义制度的颠覆政权的性质。曲目上演到高潮之时，不但会刺激右翼保守思想和社会运动的萌生和发展，还会使美国社会向传统保守理念回归。

本研究引发的另一个重要思考则是美国左右翼社会运动的未来发展趋势。根据美国政治权力的后多元理论，社会运动是美国传统政治的一股重要限制和抵抗力量。② 作为美国实现社会变革、推进社会发展的重要自我调节方式之一的社会运动仍将在美国社会长期存在下去，这主要是由于美国社会为其存在提供了合法与开放的环境。社会运动长期以来都是美国活跃的公民社会的一个重要标志，并有其存在的宪法基础。美

---

① 〔德〕维尔纳·桑巴特：《美国为什么没有社会主义》，第 33 页。
② Anne N. Costain and Andrew S. McFarland, *Social Movements and American Political Institutions*, p. 10.

国宪法第一修正案就明确规定保护人民和平集会和向政府请愿申冤的权利。①

　　尽管社会运动仍将在美国社会继续存在，但作为美国传统政治的牵制力量，它还具有相当多的局限性。首先，随着 20 世纪后半叶美国公民社会的衰落、社会资本的减少，以完善社区组织为基础的规模浩大、能够长时间持续的、草根参与的社会运动自 20 世纪 70 年代以来已经十分罕见。其次，美国左右翼社会运动的最新案例表明社会运动很难像 20 世纪初和 "60 年代" 那样得到政治精英的有效呼应。毋庸置疑，"占领华尔街" 运动并未得到以奥巴马为首的美国左翼政治精英的有效和实质性呼应，尽管他们都对其表示出同情之心。再以右翼茶党运动为例，尽管它得到了保守派共和党人的大力支持，但这种同盟关系是非常脆弱的和有限的。2009 年 7 月在共和党众议员米歇尔·巴赫曼呼吁下成立的 "茶党连线" 在时隔 4 年之后已然不再是帮助茶党运动实现其诉求的有效政治工具，其成员共和党众议员乔·L. 巴顿（Joe L. Barton）曾在 2013 年 3 月对媒体说："我们（茶党连线）不够积极太轻描淡写。我们什么都没做。"② 2010 年曾在茶党运动的大力支持下获得中期选举胜利的政治新星马可·卢比奥在当选共和党参议员之后也于 2013 年开始改变自己的政策主张。他在 2013 年 3 月举行的 "保守政治行动大会" 的发言中一改过去大力倡导减少开支与减税政策，相反却在描述苦苦挣扎的中产阶级家庭，呼吁能够帮助这些家庭的政府项目。③ 为什么 2009 年曾是茶党运动坚定的同盟者会做出如此大的改变？其实原因非常简单。美国政治精英深知，在重要的联邦选举层面，如联邦参议员选举以及总统大选，是中间选民而非处在政治光谱两端的左右翼选民决定着选举的最终结果。因此，在这些重要的选举中，候选人对社会运动的支持难以为其获取政治资本。这也是茶党运动未能在 2012 年总统大选中有所作为的原因所在。在 2012 年的国会选举中，"茶党快车" 支持的 16 名参议员候

---

①　*The Declaration of Independence and the Constitution of the United States of America*，p. 43.

②　Elspeth Reeve，"Say Goodbye to Bachmann's Tea Party，" *The Atlantic Wire*，March 21，2013，http：//news. yahoo. com/goodbye－bachmanns－tea－party－173523088. html，最后访问日期：2013 年 3 月 29 日。

③　Elspeth Reeve，"Say Goodbye to Bachmann's Tea Party，" *The Atlantic Wire*，March 21，2013.

选人仅有 4 名胜出。以巴赫曼为首的"茶党连线"曾有 60 名成员,在 2012 年选举中有 10 名败选。① 鉴于这些局限性,社会运动要想再现 20 世纪 60 年代的辉煌并非易事。

中外学界普遍认为美国是一个中间偏右的国家,那么是不是这样的大环境对右翼社会运动总是有利呢?事实上,应该从两种时间维度思考这个问题。若从历史总的发展趋势看,美国社会是对右翼社会运动的发展有利的。但若将历史切割成块,左右翼社会运动在不同的历史时期则有不同的发展机遇。从历史上看,19 世纪末 20 世纪初与 20 世纪 60 年代为左翼社会运动提供了萌生和发展的良好机遇。然而,20 世纪 70 年代以来左翼社会运动也并未由于右翼运动相对强势而销声匿迹,如环境保护运动、反战和平运动、支持堕胎运动、支持同性恋运动等仍然以各自不同的方式寻求发展。美国右翼力量在小布什执政后期与 2008 年巴拉克·奥巴马当选美国总统时遭遇低潮。然而,在如此不利的外部环境下,右翼力量却先于左翼力量在 2009 年年初发起茶党运动,并对美国政治产生了相对更大的影响。由此可见,外部机遇环境与社会运动的发生及其所产生的影响的关系十分复杂,并非呈现单纯的正向关系。

美国左翼社会运动目前面临的形势令很多左翼人士担忧。20 世纪 70 年代以来,美国右翼社会运动的相对强势是全方位的,如相对强大的地方性组织建设、庞大的宗教右翼教会组织网络、右翼思想库及媒体对右翼运动话语构建与传播的帮助,以及相对有利的外部社会政治经济环境。2008 年自由派民主党候选人巴拉克·奥巴马当选后,外部机遇似乎朝着对左翼社会运动有利的方向发展。然而,从最新的左翼社会运动案例——"占领华尔街"运动来看,左翼社会运动并未得到奥巴马政府的有效回应。主要原因主要有二:第一,基于历史经验和现实的考虑,政治精英都会与手段和策略相对激进的社会运动保持一定的距离。第二,自 20 世纪 80 年代以来建立起来的政治精英与经济精英的稳固联盟,即华尔街精英对华盛顿政治精英的影响在未来可预见的一段时间内难以发生根本性的改变。这也是奥巴马政府或任何未来其他民主党总统对左翼社会运动做出有效呼应的最大掣

---

① Elspeth Reeve, "Say Goodbye to Bachmann's Tea Party," *The Atlantic Wire*, March 21, 2013.

肘。此外，20 世纪 70 年代以来左翼社会运动自身结构性变化也使左翼社会运动在短时间内很难扭转劣势的局面。正如现在的美国很难回到 20 世纪 30 年代罗斯福新政时期的大政府状态一样，左翼"占领华尔街"运动提出的"大政府、削弱华尔街大财团对美国经济以及华盛顿政治精英的影响和控制"诉求也非常难以实现。

然而，新兴信息传播技术可能为左翼社会运动未来的发展提供转机。2008 年民主党候选人巴拉克·奥巴马的当选就要归功于网络筹款。左翼"占领华尔街"运动的爆发、快速组织动员及其短时间内在全美甚至全球产生的连锁反应都要归功于对新兴信息传播技术的使用。新兴信息传播技术会如何影响左右翼社会运动的未来发展将是未来社会运动研究的重要课题。

从历史上看，每每美国发生危机之时，两大政党都会协同渡过。然而，自 2007 年年底陷入金融危机以来，美国政治不断走向极化。茶党运动与"占领华尔街"运动的相继爆发既是美国政治极化现象加剧的表现，同时也会进一步拉大两大政党在意识形态上的距离。因此，美国两大政党在处理此次危机中的后续表现，即政治极化现象的未来发展态势，以及美国经济的发展状况将是影响茶党运动与"占领华尔街"运动后续发展的关键性因素。

总之，社会运动是宏观社会变迁的一面镜子，是社会结构、政治经济体制以及文化变迁的晴雨表。社会运动的发生不仅是国家政治矛盾的体现，也是经济、社会、文化等方面矛盾激化的反映。作为美国的一个重要社会现象，对美国社会运动的研究是了解美国社会方方面面的一个重要切入点，对美国研究也具有十分重要的意义。

索 引

人名

组织名

核心词语

参考文献

一 英文资料

1. 网络资料

Barton, Chris, "'Occupy Auckland' Protest Speaks with Many Voices," *The New Zealand Herald*, October 29, 2011, http://www.nzherald.co.nz/nz/news/article.cfm? c_id = 1andobjectid = 10762353, 最后访问日期：2012年12月3日。

Bellafante, Ginia, "Gunning for Wall Street, With Faulty Aim," *The New York Times*, September 25, 2011, http://www.nytimes.com/2011/09/25/nyregion/protesters – are – gunning – for – wall – street – with – faulty – aim. html? _r = 1andpagewanted = print, 最后访问日期：2012年12月6日。

Beutler, Brian, "Pelosi: This is Astroturf, Not Grassroots Protests," *Talkingpointsmemo.com*, April 15, 2009, http://tpmdc.takingpointsmemo.com/2009/04/pelosi – this – is – astroturf – not – grassroots – protest. php, 最后访问日期：2012年10月30日。

Boaz, David, "The Roots of the Tea Parties," *Cato@Liberty*, May 15, 2010, http://www.cato – at – liberty.org/the – roots – of – the – tea – parties/, 最后访问日期：2012年11月5日。

Bowman, Karlyn, "Election Results from A to Z," *The American*, November 7, 2012, http://www.american.com/archive/2012/november/election – results – from – a – to – z, 最后访问日期：2012年12月17日。

Brooks, David, "The Tea Party Teens," *The New York Times*, January 4, 2010.

Brulle, Robert J., "The U. S. Environmental Movement," 2003, p. 1, http://

www. pages. drexel. edu/ - brullerj/Twenty% 20Lessons% 20in% 20Environmental% 20Sociology - Brulle. pdf, 最后访问日期: 2012 年 9 月 8 日。

Burghart, Devin and Leonard Zeskind, "Tea Party Nationalism: A Critical ExTea Party Movement and the Size, Scope, and Focus of its National Factions," Rep. Institute for Research and Education on Human Rights, Fall 2010, http: //justanothercoverup. com/wp - content/uploads/2010/11/TeaPartyNationalism. pdf, 最后访问日期: 2012 年 11 月 2 日。

Captain, Sean, "Infographic: Who is Occupy Wall Street?" *Fast Company*, November 2, 2011, http: //www. fastcompany. com/1792056/infographic-who - occupy - wall - street, 最后访问日期: 2012 年 12 月 4 日。

Censky, Annalyn, "A Rough 10 Years for the Middle Class," *CNN Money*, October 14, 2011, http: //money. cnn. com/2011/09/21/news/economy/middle_class_income/index. htm, 最后访问日期: 2012 年 11 月 15 日。

Coscarelli, Joe, "What Comes after May Day for Occupy Wall Street?" *New York*, May 1, 2012, http: //nymag. com/daily/intel/2012/05/may - day - occupy - wall - street - uncertain - future. html, 最后访问日期: 2012 年 12 月 5 日。

Devereaux, Ryan, "Occupy Wall Street: 'There's a Militant Animosity Bred by Direct Action'," *The Guardian*, February 3, 2012, http: //www. guardian. co. uk/world/2012/feb/03/occupy - wall - street - animosity - direct - action? newsfeed = true, 最后访问日期: 2012 年 12 月 12 日。

Edsall, Thomas Byrne, "The Republican America," http: //www. nybooks. com/articles/archives/1986/apr/24/republican - america/? pagination = false, 1986, 最后访问日期: 2012 年 12 月 17 日。

Election Day Tea Party 2010, http: //www. electiondayteaparty. com/, ElectionDayTeaParty. com, a project of the Nationwide Tea Party Coalition, 最后访问日期: 2012 年 12 月 20 日。

"Executive Order 10925 - Establishing the President's Committee on Equal Employment Opportunity," *The American Presidency Project*, http: //www. presidency. ucsb. edu/ws/index. php? pid = 58863, 最后访问日期: 2012 年 9 月 11 日。

Flock, Elizabeth, "Occupy Wall Street: An Interview with Kalle Lasn, the

Man behind it All,", *The Washington Post*, October 12, 2011, http：//www. washingtonpost. com/blogs/blogpost/post/occupy － wall － street － an － interview － with － kalle － lasn － the － man － behind － it － all/2011/10/12/gIQAC81xfL_blog. html, 最后访问日期: 2012 年 12 月 4 日。

Gapper, John, "A Better Way to Occupy Wall Street," *Financial Times*, November 16, 2011, http：//www. ft. com/intl/cms/s/3724b32a － 1047 － 11e1 － 8211 － 00144feabdc0, Authorised = false. html? _i_location = http% 3A% 2F% 2Fwww. ft. com% 2Fcms% 2Fs% 2F0% 2F3724b32a － 1047 － 11e1 － 8211 － 00144feabdc0. htmland _ i _ referer = http% 3A% 2F% 2Fen. wikipedia. org% 2Fwiki% 2FOccupy_Wall_Street_Movement#axzz2DxV9Vx9a, 最后访问日期: 2012 年 12 月 3 日。

Gardner, David, "A Million March to US Capitol to Protest against 'Obama the Socialist'," http：//www. dailymail. co. uk/news/article － 1213056/Up － million － march － US － Capitol － protest － Obamas － spending － tea － party － demonstration. html, 最后访问日期: 2012 年 10 月 30 日。

Gertz, Matt, "Beck's Mutually Beneficial Partnership with FreedomWorks," June 14, 2010, http：//mediamatters. org/research/2010/06/14/becks － mutually － beneficial － partnership － with － free/166159, 最后访问日期: 2012 年 11 月 1 日。

Grant, Justin, "The Tea Party Remains Strong as Occupy Wall Street Sputters," *Advanced Trading*, May 9, 2012, http：//www. advancedtrading. com/regulations/the － tea － party － remains － strong － as － occupy － w/240000089, 最后访问日期: 2012 年 12 月 5 日。

Guth, James L. , Lyman A. Kellstedt, John C. Green and Corwin E. Smidt, "Onward Christian Soldiers?: Religion and the Bush Doctrine," Books and Culture, August 2005, http：//www. booksandculture. com/articles/2005/julaug/13. 20. html, 最后访问日期: 2012 年 9 月 17 日。

Hambruger, Tom, Kathleen Hennessey and Neela Banerjee, "Koch Brothers Now at Heart of GOP Power," *Los Angeles Times*, February 6, 2011, http：//articles. latimes. com/2011/feb/06/nation/la － na － koch － brothers － 20110206, 最后访问日期: 2012 年 11 月 2 日。

Hampson, Rick, "'Occupy' Movement Faces Challenge from Violent Fringe," *USA Today*, November 14, 2011, http://usatoday30. usatoday. com/news/nation/story/2011 – 11 – 13/occupy – movement – violent – fringe/51188258/1, 最后访问日期: 2012 年 12 月 12 日。

Hurt, Charles, "Sarah's Tea Talk Sounds Presidential," *New York Post*, February 8, 2010, http://www. nypost. com/p/news/national/sarah_tea_talk_sounds_presidential_w3U7DqYM18s7uhq6ydzDiL, 最后访问日期: 2012 年 11 月 1 日。

"9·12 计划"官网, http://the9/12 – project. com/about/the – 9 – principles – 12 – values/, 最后访问日期: 2012 年 11 月 11 日。

Krencicki, Jeni and Dahvi Wilson, "Lessons from the Right: Saving the Soul of the Environmental Movement," Spring 2005, http://www. commonwealinstitute. org/cw/files/LessonsFromTheRightSavingEnvironMovt. pdf, 最后访问日期: 2012 年 12 月 22 日。

Lambert, Richard, "Its Camp is Gone, but the Occupy Movement will Grow," *Financial Times*, November 15, 2011, http://blogs. ft. com/the – a – list/2011/11/15/its – camp – is – gone – but – the – occupy – movement – will – grow/? Authorised = false#axzz2DxURXgGf, 最后访问日期: 2012 年 12 月 3 日。

Last, John V. , "A Growing 'Tea Party' Movement?" *Weekly Standard*, March 4, 2009, http://www. cbsnews. com/stories/2009/03/04/opinion/main4843055. sht-ml, 最后访问日期: 2012 年 10 月 31 日。

Liptak, Adam, "Tea – ing Up the Constitution," *The New York Times*, March 12, 2010, http://www. nytimes. com/2010/03/14/weekinreview/14liptak. html, 最后访问日期: 2012 年 11 月 14 日。

LoGlurato, Brett, "The Resurgent Tea Party is about to Take out a Six – Term Republican Senator," May 8, 2012, http://www. businessinsider. com/dick – lugar – trails – tea – party – candidate – mourdock – in – indiana – republican – senate – 2012 – 5, 最后访问日期: 2012 年 11 月 13 日。

"Mark Kirk's Extremely Liberal Voting Record," *Republican News Watch*, http://republicannewswatch. com/wp/? p = 30, 最后访问日期: 2012 年 11 月 12 日。

McVeigh, Karen, "Occupy Wall Street: the Direct Action Committee Driving the Protes's Success," *The Guardian*, October 5, 2011, http://www. guardian. co. uk/world/2011/oct/05/occupy－wall－street－direct－action, 最后访问日期: 2012 年 12 月 12 日。

Melendez, Eleazar David, "Occupy Wall Street's May Day in New York Ends in Failed Plaza Occupation," *International Business Times*, May 2, 2012, http://www. ibtimes. com/occupy－wall－streets－may－day－new－york－ends－failed－plaza－occupation－694899, 最后访问日期: 2012 年 12 月 5 日。

Mullins, Brody, "Americans for Prosperity to Air Ads Slamming Obama's Ties to Solyndra," *Wall Street Journal*, November 9, 2011, http://blogs. wsj. com/washwire/2012/01/14/americans－for－prosperity－to－air－ads－slamming－obamas－ties－to－solyndra/, 最后访问日期: 2012 年 11 月 2 日。

Murray, Shailagh and Lori Montgomery, "House Passes Health－care Reform Bill without Republican Votes," *The Washington Post*, March 22, 2010, http://www. washingtonpost. com/wp － dyn/content/article/2010/03/21/AR2010032100943. html, 最后访问日期: 2012 年 11 月 15 日。

Newcomb, Alyssa and Carlos Boettcher, "Occupy Wall Street Anniversary Protests Dwarfed by Police Presence," *ABCnews*, September 17, 2012, http://abcnews. go. com/US/occupy－wall－street－celebrates－anniversary－protests/story? id = 17249773#. UMZ_iqWzm9o, 最后访问日期: 2012 年 12 月 11 日。

Newport, Frank, "Americans' Satisfaction at All－Time Low of 9%," *Gallup Politics*, October 7, 2008, http://www. gallup. com/poll/110983/americans－satisfaction－alltime－low. aspx, 最后访问日期: 2012 年 11 月 14 日。

Occupy Movement, http://topics. nytimes. com/top/reference/timestopics/organizations/o/occupy_wall_street/index. html, *The New York Times*, May 2, 2012, 最后访问日期: 2012 年 12 月 20 日。

Our Country Deserves Better PAC, "Mission Statement," http://www. teapartyexpress. org/mission, 最后访问日期: 2012 年 11 月 2 日。

Page, Susan, "Analysis by Jim Norman of USA TODAY/Gallup Poll of 1007 Adults Taken March 27 - 29," *USA TODAY*, April 14, 2009, http://www.usatoday.com/news/washington/2009 - 04 - 14 - biggovernment_N.htm#table, 最后访问日期：2012 年 11 月 14 日。

Palin, Sarah, "Speech to the 2008 Republican National Convention," September 3, 2008, http://www.msnbc.msn.com/id/26535811/ns/politics - decision_08/t/transcript - palins - speech - convention/, 最后访问日期：2012 年 11 月 1 日。

Pappas, Alex, "Congressional Tea Party Caucus Receives Mixed Reviews from Tea Party Activists," *The Daily Caller*, July 22, 2010, http://dailycaller.com/2010/07/22/congressional - tea - party - caucus - receives - mixed - reviews - from - tea - party - activists/, 最后访问日期：2012 年 11 月 15 日。

PR Newswire. "Tea Party Numbers Released: 2 Million, 2 Thousand," April 29, 2010, http://www.breitbart.com/article.php? id = xprnw.20100429.DC96062andshow_article =1, 最后访问日期：2012 年 12 月 20 日。

"700 Arrested after Wall Street Protest onBrooklyn Bridge," *Foxnews.com*, October 2, 2011, http://www.foxnews.com/us/2011/10/01/500 - arrested - after - wall - street - protest - on - nys - brooklyn - bridge/, 最后访问日期：2012 年 12 月 11 日。

Rasmussen Reports, "35% View Tea Party Favorably, 42% Do Not," July 11, 2012, http://www.rasmussenreports.com/public_content/politics/general_politics/july_2012/35_view_tea_party_favorably_42_do_not, 最后访问日期：2012 年 10 月 31 日。

Reeve, Elspeth, "Say Goodbye to Bachmann's Tea Party," *The Atlantic Wire*, Mar 21, 2013, http://news.yahoo.com/goodbye - bachmanns - tea - party - 173523088.html, 最后访问日期：2013 年 3 月 29 日。

Robertson, Pat, "A Message from the President," Christian Coalition of America, http://www.robertsonelectric.com/president - message.php, 最后访问日期：2012 年 9 月 26 日。

Rosen, Daniel Edward, "Is Ray Kelly's NYPD Spinning Out of Control?" *New York Observer*, December 1, 2011, http://observer.com/2011/11/is -

ray - kellys - nypd - spinning - out - of - control/? show = all, 最后访问日期:
2012 年 12 月 12 日。

Saba, Michael, "Wall Street Protesters Inspired by Arab Spring Move-
ment," *CNN*, September 17, 2011, http: //edition. cnn. com/2011/09/16/
tech/social - media/twitter - occupy - wall - street/index. html, 最后访问日期:
2012 年 12 月 3 日。

Schoen, Douglas, "Polling the Occupy Wall Street Crowd," *The Wall
Street Journal*, October 18, 2011, http: //online. wsj. com/article/SB10001424
052970204479504576637082965745362. html? mod = WSJ _ Opinion _ LEAD-
Top, 最后访问日期: 2012 年 12 月 4 日。

Schumacher - Matos, Edward, "Newsworthy? Determining the Importance
of Protests on Wall Street," September 26, 2011, http: //www. npr. org/
blogs/ombudsman/2011/09/26/140815394/newsworthy - determining - the -
importance - of - protests - on - wall - street, 最后访问日期: 2012 年 12 月
6 日。

Seib, Gerald F., "Lawmakers Seek Middle Ground at Their Own Risk,"
Wall Street Journal, March 12, 2010, http: //online. wsj. com/article/SB10001
4240527487043493045751155583850338638. html, 最后访问日期: 2012 年 11
月 15 日。

Shenker, Jack and Adam Gabbatt, "Tahrir Square Protesters Send Message
of Solidarity to Occupy Wall Street," *The Guardian*, October 25, 2011, ht-
tp: //www. guardian. co. uk/world/2011/oct/25/egyptian - protesters - occu-
py - wall - street? newsfeed = true, 最后访问日期: 2012 年 12 月 3 日。

Smith, James F., "Ron Paul's Tea Party for Dollars," *Boston Globe*, De-
cember 16, 2007, http: //www. boston. com/news/politics/politicalintelli-
gence/2007/12/ron_pauls_tea_p. html, 最后访问日期: 2012 年 10 月 30 日。

Stoeffel, Kat, "Occupy Wall Street's Media Problems," *New York Observer*,
September 26, 2011, http: //observer. com/2011/09/occupy - wall - streets -
media - problems/, 最后访问日期: 2012 年 12 月 6 日。

Swicord, Jeff, "Occupy Movement Works to Maintain Credibility," *VOA
News*, November 16, 2011, http: //www. voanews. com/content/occupy -

movement – works – to – maintain – credibility – 133995808/148307. html，最后访问日期：2012 年 12 月 12 日。

Tamayo, Carolina, "Occupy Anniversary Protests Fall Flat," September 17, 2012, http：//www. ntn24. com/news/news/occupy – anniversary – protests – fa – 17431，最后访问日期：2013 年 2 月 8 日。

Tea Party Movement, http：//www. conservapedia. com/Tea_Party_Movement, Conservapedia. com, June 22, 2012，最后访问日期：2012 年 12 月 20 日。

Tea Party Nation, http：//www. teapartynation. com，最后访问日期：2012 年 11 月 2 日。

Tea Party Patriots, https：//www. teapartypatriots. org/about/，最后访问日期：2012 年 11 月 2 日。

The Economist/YouGov poll, February 20, 2010, http：//www. economist. com/blogs/democracyinamerica/2010/02/economistyougov_poll_0，最后访问日期：2012 年 11 月 1 日。

Thorndike, Joseph J. , "A Tax Revolt or Revolting Taxes?" *Tax History*, December 14, 2005, http：//www. taxhistory. org/thp/readings. nsf/ArtWeb/ 1BC5839831CD15EE852570DD0061D496? OpenDocument，最后访问日期：2012 年 11 月 5 日。

"Union Members Summary," Bureau of Labor Statistics, January 27, 2012, http：//www. bls. gov/news. release/union2. nr0. htm，最后访问日期：2012 年 9 月 28 日。

"Wall Street Protests Receive Limited Attention," October 12, 2011, http：//www. people – press. org/2011/10/12/wall – street – protests – receive – limited – attention/? src = prc – headline, Pew Research Center for the People and the Press，最后访问日期：2012 年 12 月 20 日。

Wallsten, Peter and Tom Hamburger, "Conservative Groups Reaching New Levels of Sophistication in Mobilizing Voters," *The Washington Post*, September 20, 2012, http：//www. washingtonpost. com/politics/decision2012/ conservative – groups – reaching – new – levels – of – sophistication – in – mobilizing – voters/2012/09/20/3c3cd8e8 – 026c – 11e2 – 91e7 – 2962c74e7738 _ story. html，最后访问日期：2012 年 11 月 2 日。

Warren, Jeniffer, "Former Black Panther Eldridge Cleaver Dies at 62," *Los Angeles Times*, May 02, 1998, http://articles. latimes. com/1998/may/02/news/mn - 45607，最后访问日期：2012 - 08 - 30。

Weigel, David, "Behind the Cato - Koch Kerfuffle," *Slate*, March 1, 2012, http://www. slate. com/blogs/weigel/2012/03/01/behind _ the _ cato _ koch_kerfuffle. html，最后访问日期：2012 年 11 月 2 日。

Weinstein, Adam, " "We are the 99 Percent" Creators Revealed," *Mother Jones*, October 7, 2011, http://www. motherjones. com/politics/2011/10/we - are - the -99 - percent - creators，最后访问日期：2012 年 12 月 6 日。

"Who are the Tea Party Activists?" CNN Polling Center, February 18, 2010, http://www. cnn. com/2010/POLITICS/02/17/tea. party. poll/index. html，最后访问日期：2012 年 11 月 1 日。

Whoriskey, Peter, "CBO: Incomes of Top Earners Grow at a Pace Far Faster than Everyone Else's," *The Washington Post*, October 27, 2011, http://www. washingtonpost. com/business/economy/cbo - incomes - of - top - earners - grow - at - a - pace - far - faster - than - everyone - elses/2011/10/26/gIQAHl-VFKM_story. html，最后访问日期：2012 年 12 月 6 日。

Zernike, Kate, "Republicans Strain to Ride Tea Party Tiger," *New York Times*, January 23, 2010, http://www. nytimes. com/2010/01/23/us/politics/23teaparty. html? pagewanted = print，最后访问日期：2012 年 11 月 12 日。

2. 档案类

Horace Webb, "Police Preparedness for Control of Civil Disorders," 1969, *Municipal Yearbook*, Washington D. C. : International City Management Association.

Senate Select Committee to Study Governmental Operations with Respect to Intelligence Activities, *Final Report*, *Hearings*, Vols. 1 - 7, 1976, Washington D. C. : U. S. Government Printing Office.

The Omnibus Crime Control and Safe Streets Act, Pub. L. 90 - 351, June 19, 1968, 82 Stat. 197, 42 U. S. C. § 3711.

3. 文章

Abramowitz, Alan I. and Kyle L. Saunders, "Is Polarization a Myth?" *The Journal of Politics* Vol. 70, No. 2, 2008.

"An Interview with VictorReuther, Paying Dues for Half a Century," *Multinational Monitor*, February, 1987.

Andrews, Kenneth T., "The Impacts of Social Movements on the Political Process: The Civil Rights Movement and Black Electoral Politics in Mississippi," *American Sociological Review*, Vol. 62, No. 5, 1997.

Becker, Bernie, "A Revised Contract forAmerica, Minus 'With' and Newt," *The New York Times*, April 15, 2010.

Bennet, William, "Communicating Global Activism," *Information, Communication and Society*, Vol. 6, No. 2, 2003.

Berman, Ari, "Big $ $ for Progressive Politics," *The Nation*, October 16, 2006.

Blumer, Herbert, "Elementary Collective Behavior," in Alfred McClung Lee, *New Outline of the Principles of Sociology* (Barnes and Noble, Inc., 1951).

Boaz, David, "We Miss You, Bubba," *Washington Times*, January 11, 2010.

Boehm, Eric, "Liquor Store PrivatizationBattle Begins, Again," *PA Independent*, July 8, 2011.

Bosso, Christopher J., "Facing the Future: Environmentalists and the New Political Landscape," in Allan J. Cigler and Burdett A. Loomis, eds., *Interest Group Politics*, 5th ed. (CQ Press, 1999).

Burstein, Paul, "Interest Organizations, Political Parties, and the Study of Democratic Politics," in Ann N. Constain, and Andrew S. McFarland, *Social Movements and American Political Institution* (New York: Rowman and Littlefield Publishers, 1998).

— April Linton, "The Impact of Political Parties, Interest Groups, and Social Movement Organizations on Public Policy: Some Recent Evidence and Theoretical Concerns," *Social Forces*, Vol. 81, No. 2, 2002.

Cahnman, Werner J., "Book Review: Lorenz von Stein: The History of the Social Movement in France, 1789 – 1850, Translated by Kaethe Mengelberg," *The American Journal of Sociology*, Vol. 71, No. 6, May 1966.

Caniglia, Beth Schaefer and JoAnn Carmin, "Scholarship on Social Movement Organizations: Classic Views and Emerging Trends," *Mobilization: An International Journal*, Vol. 10, No. 2, 2005.

Castells, Manuel, "The Rise of the Network Society," in Volume 1 of *The Information Age: Economy, Society and Culture* (Oxford: Blackwell, 1996).

Caufield, Henry P., "The Conservation and Environmental Movements: An Historical Analysis," in *Environmental Politics and Policy: Theories and Evidence* (Durham, NC: Duke University Press, 1989).

Clark, Kenneth B., "The Civil Rights Movement: Momentum and Organization," in Richard P. Young ed., *Roots of Rebellion: the Evolution of Black Politics and Protest since World War II* (New York: Harper & Row, 1970).

Clark, Peter B. and James Q. Wilson, "Incentive Systems: A Theory of Organizations," *Administrative Science Quarterly*, Vol. 6, No. 2, 1961.

Cohen, Jean L., "Strategy or Identity: New Theoretical Paradigms and Contemporary Social Movements," *Social Research*, Vol. 52, No. 4, 1985.

Costain, Anne N., Richard Braunstein, and Heidi Berggren, "Framing the Women's Movement," in Pippa Norris ed., *Women, Media, and Politics* (New York: Oxford University Press, 1996).

Diani, Mario, "Social Movement Networks Virtual and Real," *Information, Communication and Society*, Vol. 3, No. 3, 2000.

Eckholm, Erik, "Occupy Movement Regroups, Preparing for Its Next Phase," *The New York Times*, February 11, 2012.

Edsall, Thomas Byrne, "Money and Politics in Both Parties," *Dissent*, Fall 1986.

Eisinger, Peter K., "The Conditions of Protest Behavior in American Cities," *The American Political Science Review*, Vol. 67, No. 1, March 1973.

Finkel, S. E., E. N. Muller and K. D. Opp, "Personal Influence, Collective Rationality, and Mass Political Action," *The American Political Science Review*, Vol. 83, No. 3, 1989.

Fiorina, Morris P. and Samuel J. Abrams, "Where's the Polarization?" in Richard G. Niemi, Herbert F. Weisberg and David C. Kimball, *Controversies in Voting Behavior* (Washington D. C. : CQ Press, 2011).

Fireman, Bruce and William A. Gamson, "Utilitarian Logic in the Resource Mobilization Perspective," in Mayer N. Zald and John D. McCarthy, eds. , *The Dynamics of Social Movements* (Cambridge, Mass. : Winthrop, 1979).

Fowler, Linda L. and Ronald G. Shaiko, "The Grass Roots Connection: Environmental Activists and Senate Roll Calls," *American Journal of Political Science*, Vol. 31, No. 3, 1987.

Gamson, W. A. and D. S. Meyer, "Framing Political Opportunity," in D. McAdam, J. McCarthy and M. N. Zald, eds. , *Comparative Perspectives on Social Movements, Political Opportunities, and Cultural Framings* (Cambridge: Cambridge University Press, 1996).

Ganz, Marshall, "Left Behind: Social Movements, Parties, and the Politics of Reform," paper prepared for Annual Meeting of the American Sociological Association, Montreal, P. Q. , 2006.

Garder, Amy, "Gauging the Scope of the Tea Party Movement in America," *The Washington Post*, October 24, 2010.

Gibson, M. L. , "Public Goods, Alienation, and Political Protest: The Sanctuary Movement as a Test of the Public Goods Model of Collective Rebellious Behavior," *Political Psychology*, Vol. 12, No. 4, 1991.

Glanz, Oscar, "The Black Vote," in Allen Weinstein and Frank Otto Gatell, *The Segregation Era, 1863 – 1954* (New York: Orford University Press, 1970).

Goodstein, Laurie, "Coalition's Woes May Hinder Goals of Christian Right," *The New York Times*, August 2, 1999.

Habermas, Jürgen, "New Social Movements," *Telos*, No. 49, 1981.

Hicks, John, "The Political Subsistence of the Religious Right: Why the Christian Right Survives and Does not Thrive," *The American Religious Experience*, 2001.

Jacobson, Louis, "Welcome to the Tea Party," *State Legislatures*, September 2011.

Jenkins, Craig J. , "Resource Mobilization Theory and the Study of Social Movements," *Annual Review of Sociology*, Vol. 9, 1983.

— Craig M. Eckert, "The Right Turn in Economic Policy: Business Elites and the New Conservative Economics," *Sociological Forum*, Vol. 15, Issue 2, June 2000.

—W. Form, "Social Movements and Social Change, in T. Janoski, R. Alford, A. Hicks and M. A. Schwartz, eds. , *The Handbook of Political Sociology: States, Civil Societies, and Globalization* (Cambridge: Cambridge University Press, 2005).

Johnson, Erik W. , "Social Movement Size, Organizational Diversity and the Making of Federal Law," *Social Forces*, Vol. 86, No. 3, 2008.

Judis, John B. , "Tea Minus Zero: The Tea Party Menace will not Go Quietly," *The New Republic*, May 27, 2010.

Kidd, David, "Indymedia: A New Communications Commons," in Barbara McCaughney and Michael Ayers, *Cyberactivism: Online Acts in Theory and Practice* (New York, NY: Routledge, 2003).

Klandermans, Bert, "Mobilization and Participation: Social – Psychological Expansions of Resource Mobilization Theory," *American Sociological Review*, Vol. 49, No. 5, 1984.

Kobrin, Stephen, "The MAI and The Clash of Globalizations," *Foreign Policy*, Vol. 112, 1998.

Kriesi, Hanspeter, "The Political Opportunity Structure of New Social Movements: its Impact on their Mobilization," in J. Craig Jenkins and Bert Klandermans, eds. , *The Politics of Social Protest* (Minneapolis: University of Minnesota Press, 1995).

— "Movements of the Left, Movements of the Right: Putting the Mobilization of Two New Types of Social Movements into Political Context," in Herbert Kitschelt et al. , eds. , *Continuity and Change in Contemporary Capitalism* (New York: Cambridge University Press, 1999).

Leibovitch, Mark, "Being Glenn Beck," *The New York Times*, September

29, 2010.

Lemberg Center for the Study of Violence, "April Aftermath of the King Assassination," *Riot Data Review*, No. 2, Brandeis University Mimeographed, August 1968.

Lenski, Gerhard, "Status Crystallization: A Non – vertical Dimension of Social Status," *American Sociological Review*, Vol. 19, No. 4, 1954.

Levinson, M. and L. MIshel, "Whose Recovery is it, Anyway?" *Democratic Left*, September/October 1987.

Lipsky, Michael, "Protest as a Political Resource," *The American Political Science Review*, Vol. 62, No. 4, 1968.

Marcinek, Laura, "Wall Street Areas Blocked as Police Arrest Seven in Protest," *Businessweek*, September 19, 2011.

Marwick, Arthur, "The Cultural Revolution of the Long Sixties: Voices of Reaction, Protest, and Permeation," *The International History Review*, Vol. 27, No. 4, December 2005.

Marx, Gray T., "External Efforts to Damage or Facilitate Social Movements: Some Patterns, Explanations, Outcomes, and Complications," Paper prepared for conference on the Dynamics of Social Movements: Resource Mobilization, Tactics and Social Control, Vanderbilt University, 1976.

Mayer, Margit, "Social Movement Research and Social Movement Practice: the U. S. Pattern," in Dieter Rucht ed., *Research on Social Movements: the State of the Art in Western Europe and the USA* (Boulder, Colo: Westview Press, 1991).

McCarthy, John D. and Mayer N. Zald, "The Trend of Social Movements in America: Professionalization and Resource Mobilization," monograph (Morristown: General Learning Press, 1973).

— Mayer. N. Zald, "Resource Mobilization and Social Movements: A Partial Theory," *American Journal of Sociology*, Vol. 82, No. 6, 1977.

— "Pro – Life and Pro – Choice Mobilization: Infrastructure Deficits and New Technologies," in Mayer N. Zald and John D. McCarthy eds., *Social Movements in an Organizational Society: Collected Essays* (New Brunswick, N. J.:

Transaction Books, 1987）.

— Clark McPhail and Jackie Smith, "Images of Protest: Dimensions of Selection Bias in Media Coverage of Washington Demonstrations 1982 and 1991," *American Sociology Review*, Vol. 61, No. 3, 1996.

McAdam, Doug, Sidney Tarrow, and Charles Tilly, "To Map Contentious Politics," *Mobilization*, Vol. 1, 1996.

Melucci, Albeno, "The New Social Movements Revisited: Reflections on a Sociological Misunderstanding," in L. Maheu ed. , *Social Movements and Social Classes: The Future of Collective Action* (London: Sage, 1995) .

Messinger, Sheldon L. , "Organizational Transformation: A Case Study of a Declining Social Movement," *American Sociological Review*, Vol. 20, No. 1, 1955.

Meyer, David, "Protest Cycles and Political Process: American Peace Movements in the Nuclear Age," *Political Research Quarterly*, Vol. 46, Issue 3, 1993.

Minkoff, Debra C. , "The Sequencing of Social Movements," *American Sociological Review*, Vol. 62, No. 5, 1997.

Mitchell, Robert Cameron, Angela G. Mertig and Riley E. Dunlap, "Twenty Years of Environmental Mobilization: Trends among National Environmental Organizations," *Society and Natural Resources*, Vol. 4, Issue 3, 1991.

Moynihan, Colin, "80 Arrested as Financial District Protest Moves North," *The New York Times*, September 24, 2011.

Murphy, Caryle, "Promise Keepers at a Prayerful Crossroads: One Year after Mall Rally, Men's Religious Group Grapples with Message, Money," *The Washington Post*, October 7, 1998.

Newman, Nathan, "Governing the Nation from theStatehouses: The Rightwing Agenda in the States and How Progressives can Fight Back," *The Progressive Legislative Action Network*, February 21, 2006.

Nipp, Joyce, "The Queer Sisters and its Electronic Bulletin Board: A Study of the Internet for Social Movement Mobilization," in Wim Van De Donk et al. , *Cyberprotest: New Media, Citizens and Social Movements* (New York, NY:

Routledge, 2004).

Offe, Claus, "New Social Movements: Changing Boundaries of the Political," *Social Research*, Vol. 52, No. 4, 1985.

Osterman, Paul, "Overcoming Oligarchy: Culture and Agency in Social Movement Organizations," *Administrative Science Quarterly*, Vol. 51, No. 4, 2006.

Petrocik, John R. and Frederick T. Steeper, "The Political Landscape in 1988," *Public Opinion*, September/October 1987.

Piercy, Marge, "The Grand Coolie Damn," in Robin Morgan eds. , *Sisterhood is Powerful: An Anthology of Writings from the Women's Liberation Movement* (New York: Vintage Books, 1970).

Rich, Frank, "Hollywood's Brilliant Coda to America's Dark Year," *The New York Times*, December 12, 2009.

Robinson, Sara, "What can We Learn from Conservatives about Winning in Politics," *AlterNet*, March 13, 2008.

Ryun, Ned, "Wither the Tea Party?" *The American Spectator*, July/August 2011.

Shaiko, Ronald G. , "More Bang for the Buck," in Allan J. Cigler and Burdett A. Loomis, *Interest Group Politics*, 3rd ed. , (CQ Press, 1991).

Snow, David A. , B. Rochford, S. Worden and R. Benford, "Frame Alignment Processes, Micromobilization, and Movement Participation," *American Sociological Review* , Vol. 51, No. 4, 1986.

— R. Benford, "Ideology, Frame Resonance, and Participant Mobilization," *International Social Movement Research*, Vol. 1, Issue 1, 1988.

— Pamela E. Oliver, "Social Movements and Collective Behavior: Social Psychological Dimensions and Considerations," in Karen S. Cook, Gary Alan Fine and James S. House eds. , *Sociological Perspectives on Social Psychology* (Boston: Allyn and Bacon, 1995).

Spilerman, Seymour, "The Causes of Racial Disturbances: A Comparison of Alternative Explanations," *American Sociological Review* , Vol. 354, 1970.

Tarrow, Sidney, " 'The Very Excess of Democracy' : State Building and

Contentious Politics in America ", in Ann N. Constain, and Andrew S. McFarland, *Social Movements and American Political Institution* (New York: Rowman and Littlefield Publishers, 1998).

Teixeira, Ruy and John Halpin, "The Progressive Tradition in American Politics: Part Two of the Progressive Tradition Series," *Center for American Progress*, April 2010.

"The Rolling Stone Interview of Barack Obama," *Rolling Stone Magazine*, October 15, 2010.

Tilly, Charles, "Social Movements and National Politics," in Charles Bright and Susan Harding, eds. , *Statemaking and Social Movements* (Ann Arbor: University of Michigan Press, 1984).

Touraine, Alain, "An Introduction to the Study of Social Movement," *Social Research*, Vol. 52, No. 4, 1985.

Udehn, Lars, "Twenty – five Years with *The Logic of Collective Action*," *Acta Sociologica*, Vol. 36, No. 3, 1993.

Wald, Kenneth D. and Jeffrey C. Corey, "The Christian Right and Public Policy: Social Movement Elites as Institutional Activists," *State Politics and Policy Quarterly*, Vol. 2, No. 2, 2002.

Walker, Rebecca, "Becoming the Third Wave," inAmy Kesselman, Lily D. McNair, and Nancy Schniedewind eds. , *Women: Images and Realities*, *A Multicultural Anthology*, 2nd ed. (Mountain View, CA: Mayfield, 1999).

Wapner, Paul, "Politics beyond the State: Environmental Activism and World Civic Politics," *World Politics*, Vol. 47, No. 3, 1995.

Weiss, Nancy J. , "The Negro and the New Freedom," in Allen Weinstein and Frank Otto Gatell, *The Segregation Era*, *1863 – 1954* (New York: Orford University Press, 1970).

Zald, Mayer N. and Roberta Ash, "Social Movement Organizations: Growth, Decay and Change," *Social Forces*, Vol. 44, No. 3, 1966.

Zernike, Kate, "Unlikely Activist Who Got to the Tea Party Early," *The New York Times*, February 28, 2010.

Zurcher Jr. , Louis A. and David A. Snow, "Collective Behavior: Social

Movements," in Morris Rosenberg and Ralph H. Turner, eds. , *Social Psychology: Sociological Perspectives* (New York: Basic Books, 1981).

4. 著作

Andrews, Richard N. L. , *Managing the Environment, Managing Ourselves: A History of American Environmental Policy* (Yale University Press, 1999).

Baer, Denise and David Bositis, *Elite Cadres and Party Coalitions* (Westport, CT: Greenwood, 1988).

Brecher, Jeremy, Tim Costello and Brendan Smith, *Globalization from Below: The Power of Solidarity* (Cambridge, MA: South End Press, 2000).

Brooks, Thomas R. , *Walls Come Tumbling Down: A History of the Civil Rights Movement, 1940 - 1970* (Englewood Cliffs, N. J. : Prentice - Hall, 1974).

Bruce, Steve, *The Rise and Fall of the New Christian Right* (New York: Clarendon, 1988).

Carson, Rachel, *Silent Spring* (Boston: Houghton Mifflin, 1962).

Carty, Victoria, *Wired and Mobilizing: Social Movements, New Technology, and Electoral Politics* (New York: Routledge, 2011).

Castells, Manuel, *The Power of Identity* (*The Information Age: Economy, Society and Culture, Volume II*) (Oxford, UK: Blackwell Press, 1997).

——*The Internet Galaxy: Reflections on the Internet, Business and Society* (Malden, MA: Blackwell Publishers, 2001).

Chesters, Graeme and Ian Welsh, *Social Movements: The Key Concepts* (New York: Routledge, 2011).

Costain, Anne N. , *Inviting Women's Rebellion: A Political Process Interpretation of the Women's Movement* (Baltimore, MD: Johns Hopkins University Press, 1992).

—— Andrew S. McFarland, *Social Movements and American Political Institutions* (New York: Rowman and Littlefield Publishers, 1998).

Crossley, Nick, *Making Sense of Social Movements* (Philadelphia : Open University Press, 2002).

Dalton, Russell J. and ManfredKuechler, *Challenging the Political Order: New*

Social and Political Movements in Western Democracies (Oxford University Press, 1990)

Dellinger, Dave, *More Power than We Know: The People's Movement Toward Democracy* (Garden City, N. Y. : Anchor Press, 1975).

Dunlap, Riley E. and Angela G. Mertig, eds. , *American Environmentalism: The U. S. Environmental Movement, 1970 - 1990* (Washington D. C. : Taylor and Francis, 1992).

Dunn, Charles W. , *The Future of Conservatism: Conflict and Consensus in the Post - Reagan Era* (Wilmington, Del. : ISI Books, 2007).

Durkheim, Emile, *Suicide* (New York: Free Press, 1951).

Edsall, Thomas B. , *New Politics of Inequality* (New York: Norton Co. , 1984).

—Mary D. Edsall, *Chain Reaction: the Impact of Race, Rights and Taxes on American Politics* (New York: W. W. Norton, 1991).

Feagin, Joe R. and Harlan Hahn, *Ghetto Revolts, the Politics of Violence in American Cities* (New York: Macmillan, 1973).

Ferguson, Thomas and Joel Rogers, *Right Turn: The Decline of the Democrats* (New York: Hill and Wang, 1986).

Freeman, Jo, *The Politics of Women's Liberation* (New York: McKay, 1975).

—*Social Movements of the Sixties and Seventies* (New York: Longman, 1983).

— Victoria Johnson, *Waves of Protest: Social Movements since the Sixties* (Maryland: Rowman and Littlefield Publishers, Inc. , 1999).

Friedan, Betty, *The Feminine Mystique* (New York: W. W. Norton, 1963).

Gamson, William A. , *The Strategy of Social Protest*, 2nd ed. (Belmont, CA: Wasdsworth, 1975/1990).

Garfinkle, Adam, *Telltale Hearts: The Origins and Impact of the Vietnam Antiwar Movement* (New York: St. Martin's Press, 1995).

Gerlach, Luther P. and Virginia H. Hine, *People, Power, Change: Move-*

ments of Social Transformation (Indianapolis: Bobbs – Merrill, 1970).

Gerth, Hans H. and C. Wright Mills, *From Max Weber: Essays in Sociology* (New York: Oxford University Press, 1946).

Godwin, R. Kenneth, *One Billion Dollars of Influence: The Direct Marketing of Politics* (Chatham House Pub, 1988).

Goldfield, Michael, *The Decline of Organized Labor in the United States* (Chicago: University of Chicago Press, 1987).

Goldman, Peter, *Report from Black America* (New York: Simon and Schuster, 1970).

Goldstone, Jack A. , *States, Political Parties and Social Movements* (Cambridge, MA: Cambridge University Press, 2003).

Goodwin, Jeff, James M. Jasper and FrancescaPolletta, eds. , *Passionate Politics: Emotions and Social Movements* (Chicago: University of Chicago Press, 2001).

— J. M. Jasper, *Rethinking Social Movements: Structure, Meaning and Emotions* (Lanham, Md. : Rowman and Littlefield, 2004).

Gortz, Andre, *Farewell to the Working Class: An Essay on Post – Industrial Socialism* (London: Pluto Press, 1982).

Gurr, Ted R. , *Why Men Rebel* (Princeton: Princeton University Press, 1971).

Habermas, Jürgen, *The Theory of Communicative Action* (Cambridge: Polity, 1981).

—*Moral Consciousness and Communicative Action* (Cambridge, MA: MIT Press, 1983).

Hayek, Friedrich, *The Road to Serfdom* (Routledge Press (the UK), 1944).

Heinz, John P. , Edward Laumann, Robert L. Nelson, and Robert H. Salisbury, *The Hollow Core: Private Interests in National Policy Making* (Cambridge, MA: Harvard University Press, 1993).

Helmreich, William B. , *The Black Crusaders: A Case Study of a Black Militant Organization* (New York: Harper & Row, 1973).

Inglehart, Ronald, *Culture Shift in Advanced Industrial Society* (Princeton, NJ: Princeton University Press, 1990).

Jenkins, Henry, *Convergence Culture* (New York, NY: New York University Press, 2006).

Katz, Milton, *Ban the Bomb: A History of SANE, 1957 – 1985* (Westport, CT: Greenwood Press, 1986).

Killian, Lewis M. , *The Impossible Revolution, Phase II: Black Power and the American Dream* (New York: Random House, 1975).

Klandermans, Bert, Hanspeter Kriesi and Sidney G. Tarrow, eds. , *From Structure to Action: Comparing Social Movement Research across Cultures*, International Social Movement Research, Vol. 1 (Greenwich, Conn. : JAI, 1988).

Kornhauser, William, *The Politics of Mass Society* (Glencoe, Ill. : The Free Press, 1959).

Lambert, Frank, *Religion in American Politics: A Short History* (New Jersey: Princeton University Press, 2010).

Lawson, Steven F. , *Black Ballots: Voting Rights in the South, 1944 – 1969* (New York: Columbia University Press, 1976).

Leites, Nathan and Charles Wolf Jr. , *Rebellion and Authority: An Analytic Essay on Insurgent Conflicts* (Chicago: Markham, 1970).

Levine, Paul and HarryPapasotiriou, *America since 1945: the American Moment*, 2nd ed. (Palgrave Macmillan, 2011).

Lomax, Louis E. , *The Negro Revolt* (New York: Harper & Row, 1962).

Lubell, Samuel, *White and Black, Test of a Nation* (New York: Harper & Row, 1964).

Maheu, Louis ed. , *Social Movements and Social Classes: The Future of Collective Action* (London: Sage, 1995).

Major, Reginald, *A Panther is a Black Cat* (New York: Morrow, 1971).

McAdam, Doug, *Political Process and the Development of Black Insurgency, 1930 – 1970* (Chicago: University of Chicago Press, 1982/1999).

—*Freedom Summer* (Oxford University Press, 1990).

— J. D. McCarthy and M. N. Zald, *Comparative Perspectives on Social Move-*

ments: *Political Opportunities*, *Mobilizing Structures*, *and Culture Framing* (Cambridge University Press, Cambridge, 1996).

McCarty, Nolan, Keith T. Poole and Howard Rosenthal, *Polarized America: the Dance of Ideology and Unequal Riches* (MA: The MIT Press, 2008).

McFarlane, Deborah R. and Kenneth J. Meier, *The Politics of Fertility Control: Family Planning and Abortion Policies in the American States* (New York, N. Y. : Chatham House, 2001).

Meier, August and ElliotRudwick, *CORE*, *A Study in the Civil Rights Movement*, *1942 - 1968* (New York: Oxford University Press, 1973).

Melluci, Alberto, *Nomads of the Present: Social Movements and Individual Needs in Contemporary Society* (Philadelphia: Temple University Press, 1989).

Miller Jr. , George Tyler, *Environmental Science: Sustaining the Earth* (Wadsworth, 1991).

Morgan, Robin, *Goodbye to All That*, reprint (Pittsburgh, PA: Know, Inc. , 1971).

Mundo, Philip A. , *Interest Groups: Cases and Characteristics* (Chicago: Nelson - Hall, 1992).

Ness, Immanuel, ed. , *Encyclopedia of American Social Movements* (NY: M. E. Sharpe Inc. , 2004).

Noel, Alain, and Jean - Philippe Therien, *Left and Right in Global Politics* (New York: Cambridge University Press, 2008).

Oberschall, Anthony, *Social Conflict and Social Movements* (Englewood Cliffs, N. J. : Prentice Hall, 1973).

—*Social Movements: Ideologies, Interests, and Identities* (New Brunswick, NJ: Transaction Books, 1993).

Oldfield, Duane Murray, *The Right and the Righteous: The Christian Right Confronts the Republican Party* (Lanham, Md. : Rowman and Littlefield Publishers, 1996).

Olson, Mancur, *The Logic of Collective Action* (Cambridge, Mass. : Harvard University Press, 1965).

Piven, Frances Fox and Richard A. Cloward, *Poor People's Movements: Why They Succeed, How They Fall* (New York: Vintage Books, 1977).

Portnoy, Paul, *Public Policies for Environmental Protection* (Johns Hopkins University Press, 1990).

Rand, Ayn, *The Virtue of Selfishness* (New York: Penguine, 1964).

Rasmussen, Scott and Douglas Schoen, *Mad as Hell: How the Tea Party Movement is Fundamentally Remaking our Two - Party System* (NY: New York HarperCollins Publishers, 2009).

Roper Report 97 - 3 (New York: Roper Starch Worldwide, 1997).

Rorabaugh, W. J., Donald T. Critchlow, Paula C. Baker, *America's Promise: A Concise History of the United States* (New York: Rowman and Littlefield Publishers, 2004).

Rose, Melody, *Safe, Legal, and Unavailable?* (Washington, D. C.: CQ Press, 2007).

Rozell, Mark J. and Clyde Wilcox, *God at the Grass Roots 1996: the Christian Right in the 1996 Elections* (New York: Rowman and Littlefield Publishers, 1997).

Rubin, Jerry, *Do It* (New York: Simon and Schuster, 1970).

Skocpol, Theda and Vanessa Williamson, *The Tea Party and the Remaking of Republican Conservatism* (New York: Oxford University Press, 2012).

Skolnick, Jerome H., *The Politics of Protest* (New York: Ballantine Books, 1969).

Smelser, Neil, *Theory of Collective Behavior* (London: Routledge and Kegan Paul, 1962).

Snow, David A., Sarah A. Soule and Hanspeter Kriesi, *The Blackwell Companion to Social*

Movements (Malden, MA: Blackwell Publishing Ltd., 2004).

Snow, Donal, *Inside the Environmental Movement: Meeting the Leadership Challenge* (Washington D. C.: Island Press, 1991).

Sprinker, Michael et al., *The Year Left: An American Socialist Yearbook* 1985 (Verso Books, 1985).

Switzer, Jacqueline Vaughn, *Environmental Politics: Domestic and Global Dimensions* (NY: St. Martin's Press, 1994).

Tarrow, Sidney, *Power in Movement: Social Movements and Contentious Politics*, 2nd ed. (Cambridge: Cambridge University Press, 1998).

The Declaration of Independence and the Constitution of the United States of America, the Cato Institute, 1998.

Tilly, Charles, *From Mobilization to Revolution* (Reading, Mass.: Addison – Wesley, 1978).

Toch, H., *The Social Psychology of Social Movements* (Indianapolis, IN: Bobbs – Merrill, 1965).

Touraine, Alan, *The Voice and the Eye* (Cambridge: Cambridge University Press, 1981).

Toussaint, Laura L., *The Contemporary U. S. Peace Movement* (New York: Routledge, 2009).

Truman, David, *The Governmental Process: Political Interests and Public Opinion* (Knopf, New York, 1951).

Tucker, Robert C., ed., *The Marx – Engels Reader*, 2nd ed. (New York: Norton, 1978).

Turner, Ralph T. and Lewis M. Killian, *Collective Behavior*, 2nd ed. (Englewood Cliffs, N. J.: Prentice Hall, 1972).

Walker, Jack L., *Mobilizing Interest Groups in America: Patrons, Professions, and Social Movements* (Ann Arbor: University of Michigan Press, 1991).

Walton, Gary M. and HughRockoff, *History of the American Economy*, 11th ed. (OH: South – Western, Cengage Learning, 2010).

What is Occupy? Inside the Global Movement (NY: Time Books, 2011).

Wilcox, Clyde, *God's Warriors: The Christian Right in Twentieth – Century America* (Baltimore, Maryland: The John Hopkins University Press, 1992).

——*Carin Robinson, Onward Christian Soldiers?: The Religious Right in American Politics* (Bolder, CO: Westview Press, 1996).

Wuthnow, Robert, *Sharing the Journey* (Free Press, 1996).

Zernike, Kate, *Boiling Mad: Inside Tea Party America* (New York: Times Books, 2010).

二　中文资料

1. 网络资料

丁雄飞、郑诗亮：《康纳里谈 60 年代以来的欧美社会运动》，《东方早报》2011 年 9 月 25 日，http：//www. dfdaily. com/html/2529/2011/9/25/670650_s. shtml，最后访问日期：2012 年 9 月 2 日。

克里斯托弗·考德威尔：《"占领"运动的警示》，《金融时报》2011 年 11 月 25 日。http：//www. ftchinese. com/story/001041906？page = 2，最后访问日期：2012 年 12 月 20 日。

密歇根大学全国选举研究资料库，http：//www. umich/edu/_nes/nes - guide/nesguide. htm，最后访问日期：2012 年 9 月 11 日。

"西南大都市茶党"组织官方网站，http：//www. swmetroteaparty. com/educate - motivate. php，最后访问日期：2012 年 11 月 5 日。

郑飞：《鲜为人知的美国黑人民权运动另一面》，《文史参考》2010 年第 11 期，http：//www. people. com. cn/GB/198221/198819/198855/12346592. html#，最后访问日期：2012 - 8 - 29。

2. 文章

巴拉克·奥巴马：《开创负责任的新时代》，转引自《奥巴马演说集》，王瑞泽编译，译林出版社，2009。

冯建华、周林刚：《西方集体行动理论的四种取向》，《国外社会科学》2008 年第 4 期。

何平立：《认同感政治：西方新社会运动述评》，《探索与争鸣》2007 年第 9 期。

胡文涛：《"占领华尔街"运动的特征、动因及影响》，《现代国际关系》2011 年第 11 期。

江涛：《茶党搅局美国中期选举》，《瞭望》2012 年第 Z2 期。

李道揆：《九十年代的美国政治》，《美国研究》1997 年第 4 期。

郦菁：《美国社会运动兴衰的秘密》，《社会观察》2011 年第 11 期。

刘澎：《宗教右翼与美国政治》，《美国研究》1997 年第 4 期，第 33 页。

〔美〕R. G. 哈切森：《白宫中的上帝》，段琦、晓镛译，中国社会科学出版社，1992。

王恩铭:《当代美国的妇女运动》,《美国研究》1995 年第 3 期。

谢岳、曹开雄:《集体行动理论化系谱:从社会运动理论到抗争政治理论》,《上海交通大学学报》(哲学社会科学版) 2009 年第 3 期。

严海波:《奥巴马新政与新自由主义的终结》,《人民论坛》2009 年第 6 期。

杨灵:《社会运动的政治过程——评〈美国黑人运动的政治过程和发展(1930 - 1970)〉》,《社会学研究》2009 年第 1 期。

姚佩芝、谢文玉:《战后美国经济发展与 20 世纪 60 年代美国新左派运动》,《科教文汇》2012 年第 3 期。

袁晓明:《保守仍然是美国本色》,《环球时报》2006 年 12 月 7 日。

赵梅:《"选择权"与"生命权"——美国有关堕胎问题的论争》,《美国研究》1997 年第 4 期。

赵敏:《美国"茶党"运动初探》,《现代国际关系》2010 年第 10 期。

周琪:《"布什主义"与美国新保守主义》,《美国研究》2007 年第 2 期。

周琪等:《占领华尔街:资本主义的困惑》,《世界知识》2011 年第 21 期。

3. 学位论文

刘颖:《新社会运动理论视角下的反全球化运动》,山东大学博士学位论文,2006。

张惠玲:《当代美国政治中的新基督教右翼运动》,华东师范大学博士学位论文,2007。

4. 著作及译著

〔美〕艾尔东·莫里斯、卡洛尔·麦克拉吉·缪勒编《社会运动理论的前沿领域》,刘能译,北京大学出版社,2002。

〔法〕埃米尔·涂尔干:《社会学方法的准则》,狄玉明译,商务印书馆,1995。

〔法〕埃米尔·涂尔干:《社会分工论》,渠东译,生活·读书·新知三联书店,2000。

〔英〕安东尼·吉登斯:《现代性的后果》,田禾译,黄平校,译林出版社,2011。

〔美〕彼德·科利尔、戴维·霍洛维茨：《破坏性的一代：对六十年代的再思考》，文津出版社，2004。

〔美〕查尔斯·蒂利：《社会运动，1768~2004》，胡位钧译，上海人民出版社，2009。

陈宝森、王荣军、罗振兴主编《当代美国经济》，社会科学文献出版社，2011。

〔美〕大卫·哈维：《资本之谜》，陈静译，电子工业出版社，2011。

〔美〕丹尼尔·贝尔：《后工业社会的来临：对社会预测的一项探索》，高铦、王宏周、魏章玲译，新华出版社，1997。

——《资本主义文化矛盾》，赵一凡等译，生活·读书·新知三联书店，1989。

〔法〕古斯塔夫·勒庞：《乌合之众：大众心理研究》，冯克利译，中央编译出版社，2004。

〔美〕杰克·A. 戈德斯通：《国家、政党与社会运动》，章延杰译，上海人民出版社，2009。

李道揆：《美国政府与美国政治》，商务印书馆，1999。

刘杰：《当代美国政治》（修订版），社会科学文献出版社，2011。

〔美〕罗伯特·帕特南：《独自打保龄：美国社区的衰落与复兴》，刘波等译，北京大学出版社，2011。

〔美〕曼瑟尔·奥尔森：《集体行动的逻辑》，陈郁等译，上海世纪格致出版社，2011。

〔美〕塞缪尔·P. 亨廷顿：《变化社会中的政治秩序》，王冠华等译，上海人民出版社，2008。

〔英〕托马斯·霍布斯：《论公民》（剑桥政治思想史原著系列影印本），中国政法大学出版社，2003。

〔德〕维尔纳·桑巴特：《美国为什么没有社会主义》，赖海榕译，社会科学文献出版社，2003。

〔美〕西德尼·塔罗：《运动中的力量：社会运动与斗争政治》，吴庆宏译，译林出版社，2005。

谢岳：《抗议政治学》，上海教育出版社，2010。

〔英〕亚当·斯密：《国富论》（英文版），中央编译出版社，2012。

〔英〕约翰·洛克:《政府论》,刘晓根译,北京出版社,2007。

〔英〕约翰·米克尔思韦特、阿德里安·伍尔德里奇:《右翼美国:美国保守派的实力》,王传兴译,上海人民出版社,2008。

张敏谦:《大觉醒:美国宗教与社会关系》,时事出版社,2001。

张友伦:《当代美国社会运动和美国工人阶级》,天津人民出版社,1993。

张友伦、李剑鸣:《美国历史上的社会运动和政府改革》,天津教育出版社,1992。

赵鼎新:《社会与政治运动讲义》,社会科学文献出版社,2012。

周琪主编《意识形态与美国外交》,上海人民出版社,2006。

朱世达:《当代美国文化》(修订版),社会科学文献出版社,2011。

后　记

本书基于我的博士论文改写而成。回忆起博士论文题目酝酿、开题、撰写的整个过程，这恐怕是我至今为止所经历的最为耗神、耗时、耗力的一次写作。功夫不负有心人。此时回望二十余万字的写作成果，尽管写作和研究水平还很有限，但在写作过程中所经历的专业知识与研究方法的积累，思考问题方式的改变，乃至所感悟到的老师、同事、同窗、朋友以及家人的关爱将是我一生中最值得珍藏的宝贵经验与财富。

回首三年来在中国社会科学院研究生院美国研究系博士学习生活的点点滴滴，我庆幸自己结识了许多良师益友，有国内资深美国研究专家为我传授知识、释疑解惑，也有知识渊博、思想活跃的师长学友与我一起讨论，使我倍感学术争辩中思想碰撞的无穷乐趣。

在三年博士求学生涯中，首先要感谢的就是自己的导师，中国社会科学院美国研究所周琪研究员，是周老师个人深厚的学术造诣与严谨和勤奋的治学态度一直激励并鞭策着我这个妈妈级别的学生不畏艰辛、按期完成学业，也是周老师三年来对我学术研究的一贯严格要求使我最终品尝到了进步的欣喜。三年中，周老师用各种不同的方式向我传授专业理论知识和研究方法。除了正常的教学授课、指定阅读书目以外，周老师还带我参加各种学术研讨会议和活动，使我有机会接触更多国内外美国研究专家的思想和观点，以及更多学术研究的前沿信息。此外，周老师还常常亲自指导我参与研究实践，如合写学术文章、合译理论著作、悉心指导我博士论文的开题和写作。周老师的谆谆教导使我受益匪浅，也使我能够在短时间内提升自身的学术研究水平。常言说，大恩不言谢。周老师三年来对我学术研究的培养与指导、对我生活的关注和爱护，我只能以加倍的努力、勇攀学术高峰来报答。

同样要在此表达由衷感谢的还有中国社会科学院美国研究所黄平所长、

倪峰副所长、赵梅研究员、胡国成研究员、袁征研究员、姬虹研究员等。各位学识渊博的老师三年来对我的教育不仅丰富了我的专业知识，更加宝贵的是，他们的个人研究心得、看待问题的独特视角以及具有启迪性的授课方式不但激发了我对未知领域研究和钻研的渴望，而且仿佛给我插上了一双有力的翅膀，使我能够在未来研究中自由翱翔。这里要特别感谢的是黄平所长。黄老师事务繁忙，常常分身乏术，但尽管如此，他还拨冗专门为我指导博士论文的开题并提出了很多宝贵的意见和建议。倪峰副所长、赵梅研究员、姬虹研究员也为我的博士论文初稿提出了许多宝贵的修改意见和建议，让我万分感激、至今难忘，也为我能够顺利完成论文奠定了坚实的基础。同时，也要感谢美国所的李枏老师为本书提供切合主题的封面照片，这为我的论文出版增色不少。此外，还要在此特别感谢北京外国语大学国际关系学院张志洲教授在我读博期间给予我学术上的帮助。

除了师恩难忘，同门师兄弟和同窗的情谊也弥足珍贵。感谢我的同门师弟张子介、李明博，感谢我的学友曹筱阳、张鹏、余功德、于江霞、张金勇、夏伟。没有他们的鼓励和帮助，我恐怕无法如期完成学业。特别是我的同门师弟张子介，经常在我遇到困难时伸出援手，给了我莫大的帮助。还有张鹏同学在自己忙于论文写作的同时，还帮助我修改论文中的图表，令我万分感激。在学术上，与师弟和学友的讨论使我受益颇多，不但拓宽了自己的知识面，还丰富了审视问题的视角。

对于一个在职求学者来讲，我能够顺利完成学业与所在工作单位的各位领导和同事的鼓励、支持和帮助是分不开的。首先要感谢外交学院秦亚青教授，感谢他多次在我的导师面前对我的褒奖与鼓励，以及在我许多个人生关键时刻对我的帮助。还要特别感谢外交学院孙吉胜教授对我的鼓励以及为我的工作、学习和生活提供的无私帮助。英语系同事石毅副教授、梅琼副教授、陆晓红副教授、吴晓萍副教授、冯继承副教授、冉继军副教授、周慧老师，还有办公室的郑荣老师，他们的每一句问候和关心都给我带来了无限温暖，使我沐浴在这个温暖集体的关爱当中。

最后还要感谢我的家人。父母年事已高，做女儿的无法尽孝道以让父母欢度晚年令我心生太多愧疚和遗憾。为了支持我考博并能够在读博期间安心学习，父母和爱人为我解决了生活上的后顾之忧。没有父母和爱人背后无私的支持，我根本无法顺利完成博士论文的写作。当然还要感谢家里的小小男子汉，他用独特的方式一直在默默地支持着妈妈。对于 4 岁的宝贝儿子来说，我不是一个合格的妈妈。儿子出生不到半岁，我就开始了求学之路，从准备考博到博士学习，再到博士论文写作。在儿子 4 年多的成长历程中，大部分时间都缺少了妈妈的陪伴和爱护，但懂事的儿子从未抱怨过，还时而在我看书时提醒我注意保护眼睛，不要看太多书。

老师、同窗、同事、朋友、父母以及爱人和孩子的深恩与关爱，或许我没有能力报答。但我会以此作为激励，未来一如既往地好好工作、好好学习、好好生活！

杨　悦

2014 年 2 月

图书在版编目（CIP）数据

美国社会运动的政治过程 / 杨悦著 . —北京：社会
科学文献出版社，2014.7
ISBN 978 - 7 - 5097 - 5761 - 1

Ⅰ. ①美… Ⅱ. ①杨… Ⅲ. ①社会运动 - 对比研究 -
美国 - 现代 Ⅳ. ①D771. 25

中国版本图书馆 CIP 数据核字（2014）第 044420 号

美国社会运动的政治过程

著　　者 / 杨　悦

出 版 人 / 谢寿光
出 版 者 / 社会科学文献出版社
地　　址 / 北京市西城区北三环中路甲 29 号院 3 号楼华龙大厦
邮政编码 / 100029

责任部门 / 全球与地区问题出版中心　　　　　　　　责任编辑 / 张金勇
　　　　　（010）59367004　　　　　　　　　　　　　　　　　高明秀
电子信箱 / bianyibu@ ssap. cn　　　　　　　　　　　责任校对 / 甄　飞
项目统筹 / 高明秀　张金勇　　　　　　　　　　　　责任印制 / 岳　阳
经　　销 / 社会科学文献出版社市场营销中心　（010）59367081　59367089
读者服务 / 读者服务中心（010）59367028

印　　装 / 三河市东方印刷有限公司
开　　本 / 787mm×1092mm　1/16　　　　　　　　印　　张 / 18
版　　次 / 2014 年 7 月第 1 版　　　　　　　　　　　字　　数 / 293 千字
印　　次 / 2014 年 7 月第 1 次印刷
书　　号 / ISBN 978 - 7 - 5097 - 5761 - 1
定　　价 / 69. 00 元